WILEY FINANCE 威立金融经典译丛

Alternative Risk Transfer

Integrated Risk Management through Insurance, Reinsurance and the Capital Markets

Erik Banks

新型风险转移

——通过保险、再保险和资本市场进行综合风险管理

(美)埃里克·班克斯 著

丁友刚、董双全、岳小迪译

东北财经大学出版社
Dongbei University of Finance & Economics Press
大连

图书在版编目（CIP）数据

新型风险转移／（美）班克斯（Banks，E.）著；丁友刚等译．—大连：东北财经大学出版社，2008.8
（威立金融经典译丛）
书名原文：Alternative Risk Transfer
ISBN 978－7－81122－391－0

Ⅰ．新… Ⅱ．①班… ②丁… Ⅲ．风险管理－研究 Ⅳ．F272.3

中国版本图书馆 CIP 数据核字（2008）第 101126 号

辽宁省版权局著作权合同登记号：图字 06－2007－161 号

Erik Banks：Alternative Risk Transfer

东北财经大学出版社出版
（大连市黑石礁尖山街 217 号 邮政编码 116025）
总 编 室：（0411）84710523
营 销 部：（0411）84710711
网 址：http://www.dufep.cn
读者信箱：dufep@dufe.edu.cn

大连图腾彩色印刷有限公司印刷　　东北财经大学出版社发行

幅面尺寸：170mm×240mm　字数：261 千字　印张：13　插页：1
2008 年 8 月第 1 版　　2008 年 8 月第 1 次印刷

责任编辑：章北蓓　　责任校对：何 群
封面设计：冀贵收　　版式设计：钟福建

ISBN 978－7－81122－391－0
定价：36.00 元

作者简介

埃里克·班克斯（Erik Banks）曾在许多国际性的金融机构担任高级风险管理职务，包括担任百慕大再保险公司下的信利资产的能源和气候衍生产品子公司的合伙人和首席风险执行官，以及美林公司风险管理部的管理总监。他在美林公司的东京、中国香港、伦敦以及纽约等地的分支机构从事了 13 年的信贷风险、市场风险分析工作，并成为技术小组中的一员。他在纽约的花旗银行和汉华银行接受了最初的银行业务训练。他还是十几本有关风险管理、新兴市场、衍生工具、治理及商业银行业务等书的作者。

致　谢

我要向为此书的完成提供过帮助的各界人士表达我的感激之情。要特别感谢约翰·威立出版公司的出版编辑 Samantha Whittaker 对本书的支持。同样感谢出版编辑 Patricia Morrison 以及助理编辑 Carole Millett 在该书出版过程中对我的支持。还要感谢制作编辑 Samantha Hartley 为本书制作所做的协调工作。

同时，我还要向来自不同组织的众多人员所提供的有价值的协助表示感谢。这些组织包括保险服务局、保险信息协会、信利资产公司和美林公司。他们为本项目的进行提供了重要的投入及信息支持。

最后，我还要特别感谢 Milena。

E. Banks
Redding，CT

译者序

出于对东北财经大学出版社编辑同仁敬业精神的敬佩，贸然接下了这本书的翻译工作。尽管这本书的内容与我们平常关注的领域并不十分相关，但是在大家的努力下终于完成了。从某种程度上来说，翻译工作本来就是译者对作者思想一种蹩脚的解读，其中既包括专业的失真，也包括语言的失真。因此，如果能够将作者的主要意思表达出来，我们就觉得心满意足了。

本书的第 1、2、3 章由丁友刚翻译，第 4 章由蒋基路翻译，第 5、6、10 章由岳小迪翻译，第 7、8、9、11 章由董双全翻译，术语表则主要由岳小迪和董双全翻译。此外宋颖、王璐、陈笑聪、朱庆伟、吴黎明参与了本书的部分译校工作。古捷和许晗瑜通读了全书，并提出了一些好的建议和意见。

丁友刚

2008 年 1 月

目　录

第 1 章 风险管理总论

风险管理是一个不断发展且发展良好的领域，世界上许多公司都开展这项工作。传统的风险管理形式包括损失控制、损失融资和风险降低等。这些风险管理形式都是借助于保险和衍生工具等手段进行的。它们在公司中已经被广泛运用几十年了，并且也是大多数公司战略必要的组成部分。但是那些源自于**新型风险转移**①（alternative risk transfer，ART）市场比较新型的风险防范形式也是一些可行的、灵活的、低成本的选择形式。所谓的风险转移市场，就是指创新保险方式和资本市场运作方式相结合的风险管理市场。实际上，有些公司已经开始运用 ART 机制作为传统风险管理战略的补充；然而还有许多公司还没有开始利用这一市场带来的好处。不管每个公司的具体的风险管理方法怎样，它都应该关注与 ART 相关的解决方法，以便了解所有可行的风险管理方法，做出最好的、最客观的决策。

本书讨论的是 ART 市场及其功能、参与者、产品、优缺点及它的未来发展前景。然而，在考虑这一市场的一些具体情况之前，我们还是要回顾一下风险和风险管理的基本概念，这有助于为接下来的内容提供一个适当的框架。在本章接下来的部分，我们将考察与风险和报酬、一般的风险管理过程和技术，以及基本的风险概念和方法相关的话题。

1.1 风险和报酬

风险是一个广泛、复杂并十分重要的话题，几乎涉及现代公司经营的所有方面。尽管在接下来的内容里我们将比较详细地讨论**风险**，但我们现在还是从定义风险开始。在大多数情况下，风险被定义为未来结果或事件的不确定性。具体到公司层面，我们可以说，风险就是由不确定性事件所引起的利润、损失或现金流量的期望方差。在风险管理领域中，还会经常遇到其他一些通常与风险有关的术语，比如**风险起因和风险因素**（当然，在本书中我们也会用到这些术语）。但是这两个概念是有区别的。风险起因是指造成损失的原因。而风险因素则是指引发或加剧风险起因的事件。尽管这两个术语都与风险有关，但是风险本身却是一个比较宽泛的概念。公司随时都会陷入许多风险之中，比如经营中断、灾难性和非灾难性的财产损失、产品召回/责任、董事或管理人员责任、信用违约/损失、员工赔偿及环境责任等。如果想提高公司的市场价值，或将公司财务困境的可能性降到最低，那么就一

① 黑体字项目列示在术语表中。

定要对这些风险进行管理。一些风险可以被当作公司的核心经营部分而被保留，而其他的则最好在具有成本效益的前提下将其转移。

在后面我们会更详细地对风险进行分类，但我们现在先将风险概括地划分为经营风险和财务风险。

- **经营风险**，是指由日常实体（非财务）经营活动所引发的损失风险。
- **财务风险**，是指由公司财务活动引发的损失风险。

经营风险和财务风险可以被进一步分解。比如，在经营风险大类之下可以继续分为若干子分类，如个人责任以及商业财产/伤亡责任。在商业财产/伤亡（P&C）责任中，我们又可以将其区分为与商业财产（直接的和非直接的）、机械、运输（陆运/海运）、犯罪、商业责任、商业汽车、员工补偿及雇员责任有关的损失等。对财务风险也可以进行类似的分解，首先可将其分解为信用风险、市场风险、流动性风险以及模型风险等。其中的诸如市场风险等又可以被分解为方向性风险、波动风险、时间衰退风险、曲线风险、基准风险、利差风险和相关性风险等。

我们也可以把财务风险和经营风险分为纯粹风险和投机风险。

- **纯粹风险**，是指只有造成损失而无获利可能性的风险，比如，损失。
- **投机风险**，是指既可能造成损失也可能产生利得的风险，比如，利得或损失。

至于如何分类本身并不重要，重要的是我们要明白风险会以多种形式出现。这一点在风险管理过程中表现得越来越明显，也越来越重要。

一个公司生产产品和服务，并将其出售给客户，目的是为了获得回报。这些回报又被用来扩充业务（比如，通过留存收益进行内部融资）以及对权益投资者进行补偿。这些权益投资者为生产性资产（比如，厂房、机器、知识产权）提供权益风险资本。投资者提供了风险资本，因此必须要得到补偿。一般说来，他们所要求的报酬要与公司固有风险相关：公司的风险越高，投资者要求的报酬（**风险溢价**）就越高。然而，不管一个公司是否存在风险，投资者始终都会寻求报酬最大化。这意味着公司的一个关键目标就是**企业价值（EV）**最大化。我们将企业价值定义为公司未来净现金流量（NCF）以适当的折现率（例如，无风险利率加上相关的风险溢价）折现之后的现值之和。我们将其归纳为：

$$EV = \sum_{t=1}^{n} \frac{NCF_t}{(1+r)^t}$$

式中：NCF（t）为在时间 t 的预期净现金流量；r 为折现率，由无风险利率 r（f）和风险溢价 r（p）组成。

我们将会在第二章中对其进一步深入研究，但现在要注意的是，预期的 NCF 受预期现金流量大小、时间和波动情况的影响。风险能够影响上述三个因素，因此风险能改变公司的价值。实际上，未预期的 NCF 变化将会对公司的价值造成相当大的损害。积极风险管理的一个主要目的就是对这种变化采取防范措施。

1.2　积极的风险管理

公司应该对其正常经营活动中所面临的风险进行控制。尽管投机风险既可能造成损失也可能产生利得，但是纯粹风险则只能造成损失。无论在哪种情况下，如果不能通过积极的风险管理关注潜在的不利趋势，那么都会导致公司面临财务上的不确定性。如果企业因此失去偿付能力，就可能会对股东、债权人以及其他有经济影响的利益相关者产生损害。风险管理是一门重要的学科，因为与纯粹的公司财务理论①不同的是，股东不能自己有效地管理公司所面临的风险。投资者面临信息不对称，无法像公司主体（面临着较低的交易费用）那样方便地利用风险转移机制，同时也无法影响或控制公司的投资政策。因此，如果想要在实务中最大化公司价值，那么积极的风险管理不但是值得进行的，而且是十分必要的。

当然，关于公司为什么要积极而不是被动地进行风险管理有许多理由。通过集中控制、自留、转移或对冲等手段进行积极的风险管理将有助于：

- 在最需要的情况下提供资金，有助于保持流动性以及将面临**财务困境**的可能性降到最低。财务困境包括较高的资本成本、不利的供应条款、较低的流动性以及关键人员的离职等；
- 降低现金流的波动性，以及使投资计划中断所带来的损失降到最低；
- 降低**投资不足**或者将资金用于较低回报和风险项目（对债权人有利而不是对权益投资者有利）的可能性；
- 稳定收入流，并因此获得特定的税收利益（比如，不对称的税收结构导致当公司的收入和利润业绩波动较大时承担的税负也比较高）；
- 创造更稳定的盈利，这将有助于公司股票价格获得较高的评价。

对处在21世纪的公司来说，运用风险管理程序来控制风险正成为越来越普遍的现象。在一开始我们就必须强调，所采取的活动是用来控制风险的，而不是用来消除风险的。这两者是有很大区别的，因为风险天性上并非是不利的，公司并非必须不惜任何代价都要将其消除。在接下来的几章中我们将会看到，许多情况下公司保留，甚至提高其风险敞口是有意义的，这将会提高公司对于股东的价值。相反，我们应把重点放在控制（理解并密切管理）风险上，这样才能使利益相关者充分意识到公司将会受到怎样的影响。控制风险的关键是保证没有出乎人们意料的事件发生。如果利益相关者了解损失发生的可能性，并对其进行了适当的经济评估，那么损失就是可接受的。的确，风险是一种机会游戏：投机风险可能产生有利的结果或损失，纯粹风险只能产生损失。作为风险承担者的企业必须要对两种情况都有所预期。如果风险敞口得到适当的控制，那么就会有助于增加公司的价值。当公司及其利益相关者不了解公司面临的特定风险类型或金额时所发生的损失就是未预期损

① 比如，在MM理论框架下。

失。未预期损失一定是不可接受的。从本质上来说，未预期损失的发生意味着风险没有得到控制。因此，开发和运用规范化的风险管理流程必须成为公司经营和公司治理的中心工作。

1.2.1 风险管理过程

标准的**风险管理过程**可以被划分为四个部分：识别、量化、管理和监控。每一个组成部分都是链条上的关键环节，为了使管理过程有效，必须正确执行这些步骤。

- **风险识别** 风险识别过程的核心是定义及识别公司实际的、察觉到的以及预期的所有风险。在一个大公司中，这可能要包括数十种的财务和经营风险驱动因素，暗示着这将是一个十分复杂的过程。在有些情况下，风险是很容易被识别的，在另一些情况下要识别出风险则要困难得多。比如，一家公司在美国生产产品，然后在日本销售，收取日元，这样公司就面临着日元兑美元汇率变动的风险，识别这一风险是相对容易的。类似的，一家公司有一座工厂坐落于飓风经过的地段，那么其潜在的巨灾损失也可以容易地被识别出来。另外一种情况是一个公司在温度超过华氏 95 度的时候，就要在电力市场上购买能源。这一公司实际上面临的是电力价格和温度各自的绝对水平及相关性的风险。在这种情况下，风险的方向就比较难确认了。这一阶段的工作是关键的，因为如果未能合理识别所有的财务及经营风险，就意味着公司可能遭受出乎意料的损失（例如，由“未知”事件造成的损失）。
- **风险量化** 量化过程是要决定风险对于公司经营所能产生的财务影响。这可以通过多种量化工具来完成。回到日元兑美元汇率一例，一个面临外汇风险的公司希望尽可能准确的知道风险对其损益账户所造成的影响（例如，日元价值下跌 5% 会造成 500 万美元的损失）。在飓风经过地段有工厂的公司需要量化许多不同类型的情况，包括由暂时经营中断所引起的较小损失（例如，飓风的破坏迫使经营中断两个月），以及由于彻底破坏而造成的巨大损失（例如，飓风对工厂造成了无法修复的破坏）。计量风险对财务影响的具体技术有很多，怎样使用取决于标的风险的性质。像信用及市场风险这一类的风险，可以以基于分析型计算、闭合形式定价模型、模拟方法等的金融数学来计量。其他的风险，例如高频率的与保险相关的风险，可以使用保险精算技术；某些低频的保险风险，如巨灾风险，可以使用模拟模型。
- **风险管理** 在风险被识别和量化以后，就必须对其进行管理。经过积极的决策制定过程之后，公司必须决定是否控制、保留、消除或扩展其风险敞口。比如，一个公司决定它将承担由于日元兑美元汇率所产生的 1 000 万美元损失（或利得）并将其控制在这一水平；另一方面，如果公司不想面对风险，它就应该（花费代价）将全部风险消除。类似的，要保留部分或全部的由于飓风所导致的损失对于一个公司来说成本可能是巨大的，所以它可能决定将所有的风险转移。风险管理决策最终取决于多种变量，包括公司的财务资源、管理层的经营理念、股东的期望，以及不同风险战略的成本和效益。我们在接下来的部分将对此进行讨论。

- **风险监控**　一旦公司决定它将如何管理风险，它就必须积极地监控风险敞口情况。这意味着要对风险和风险决策经验进行定期的追踪和报告，并且对内部和外部信息进行沟通和交流以便利益相关者（比如，管理层、董事会主席、监管者、债权人和投资者）清楚可能的有利或不利趋势。良好的监控对于内部决策者来说尤为重要。这些决策者需要运用反馈信息来评估甚至调整他们的决策。所以，如果公司决定保留日元兑美元汇率风险，那么就必须要定期（比如，每日或每周）对其进行计量和报告，以便管理者能及时了解市场走势及风险头寸的变化所带来的潜在影响。对于灾难性的飓风风险敞口，虽然不会经常发生变化（除非公司扩展或压缩了工厂规模），但是也应对其进行监控和报告，当然频率可以低一些。风险监控过程的一个重要的副产品就是使管理者知道如何改变风险管理方式；如果缺乏监控，一个公司的战略就会保持静止状态。监控对管理过程具有反馈作用。

我们在接下来的几章中对一般的风险管理过程的几个方面（如图1—1所示）进行更具体的了解，但是现在，我们先介绍风险管理过程的第三阶段，即公司可以用来进行财务和经营风险管理的方法。

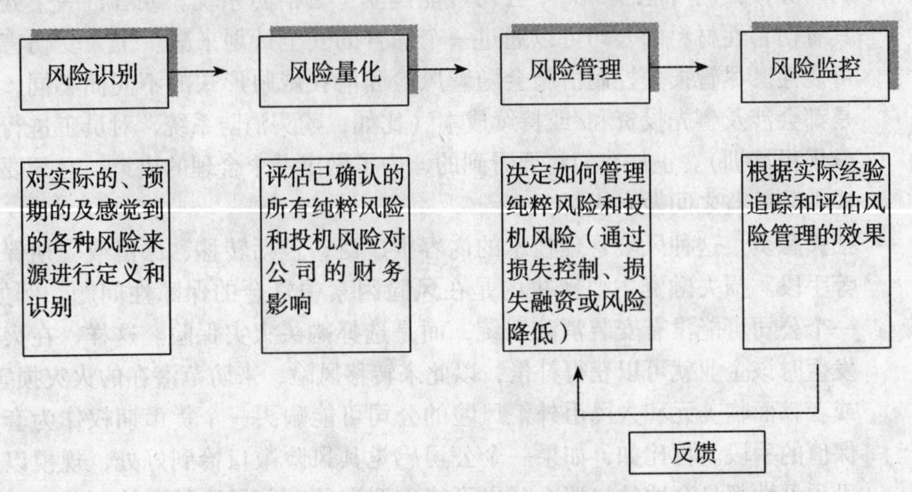

图1—1　一般的风险管理过程

1.2.2 风险管理技术

面临各种风险的公司的明智之举就是发展一种能明显指明其对待风险的方法和其愿意为风险分配的资源（及潜在损失）的理念。最好的管理实践就是要求公司董事会将风险敞口与公司整体目标、股东期望及财务/技术资源联系起来，清楚地表明他们的风险承受能力（或倾向）。将承担风险视为主要业务，并且拥有财务资源来补偿潜在巨大损失的公司可能选择承担大额的财务及经营风险。比如，银行可能会承担很大的信用及市场风险并将其作为该核心经营部分；在充足的财务资源及有效的管理之下，它有足够的能力积极地保留和管理这些风险。而那些主要以生产产品和提供服务为主而不是以冒险为主的，或者缺乏足够的财务资源去吸收大额损失的公司，不太可能愿意承担较大风险。比如，一个生产汽车的公司可能面临一系列像钢铁、橡胶等组成零件价格变动的风险，以这种形式的核心业务为主的公司及董事会可能希望通过自留或对冲的方式来管理风险。然而，为了使注意力不从主营业务中分散出去，他们可能不愿承担任何与核心业务无关的风险，比如购买原材料或在外国出售整车时产生的汇率风险。这些不但会分散注意力，而且也超出了公司的专业技术范围。假设消除这些风险的成本与公司的风险/报酬目标是一致的，那么公司可能会消除非核心风险。

通常情况下有三种风险管理方法可以考虑，包括损失控制、损失融资和风险降低。

- **损失控制**　损失控制（有时也被称为损失预防）是指一个公司采取必要的防范措施从而降低特定风险的威胁。比如，为了消除工厂发生火灾而引起的财务损失的可能性，一个公司可能建立一套消防系统。或者，一个处理具有伤害性材料的公司可以通过一个综合的安全计划来减少工人受伤害的可能性。尽管损失控制措施会随着风险和潜在威胁形式的不同而不同，但是都会涉及事先投资和/或持续成本（比如，购买消防系统，对员工进行安全规程培训）。正如我们将要看到的，为了做出一个合理的决策，必须要在成本与效益之间做出权衡。
- **损失融资**　这种风险管理技术的内容很广泛，包括转移、保留或套期保值等手段。损失融资主要解决的是在风险因素中资金的保障性问题。例如，一个公司可能没有安装消防系统，而是选择购买火灾保险。这样，在火灾发生时该企业就可以获得补偿，以此来转移风险，来防范潜在的火灾损害。或者，面临美元和人民币外汇风险的公司可能购买一个货币期权作为套期保值的手段。再比如，如果一个公司感觉其风险敞口恰到好处，规模以及可预见性都是合适的，那么公司可能采取保留部分风险的政策。公司还可以选择将多种技术捆绑在一起从而形成一种混合的或者个性化的解决方案。例如，公司可能保留部分的美元和人民币外汇风险而将剩余部分对冲，或者将财产面临的火灾险或外汇风险等完全不同的风险结合在一起，通过一种转移机制转移出去。实际上，正如在下面章节将要看到的，对风险进行混合管理是 ART 市场的基石。不管应用自留、转移、套期保值或混合产品中的哪一种具体技术，在做出决策之前，都应该权衡决策的成本与可能的效益。

- **风险降低** 在一些情况下，风险可能过于特殊或难以把握，从而使得公司无法实行损失控制或损失融资方法。因此，公司可以采取风险降低技术，这一技术包括可以部分地或全部地从具有某种特征的业务中退出，或者通过组合等形式对风险进行分散。任何一种方式都可以使风险水平降低。同样，风险降低过程必须与成本联系起来，而且必须在决策之前通过成本/效益分析框架对其进行分析。

未消除的风险必须通过自留、转移或融资等方式进行管理（损失控制措施可能对风险控制有帮助，但其只适用于被保留下来的风险，比如，损失控制要取决于损失保留的水平而不是相反的情况）。实际上，损失融资是一种主要方式，也是积极风险管理的重点。损失融资技术包括使用留存收益、自我保险、专属保险、应急资本等。损失融资技术可以从内部和外部角度进行管理，在损失发生之前可以进行融资也可以不进行融资。由于这些方法是 ART 市场的重要组成部分，所以在下面的章节中我们会对这些技术方法进行讨论。图 1—2 对常用的**风险管理技术**进行了总结。

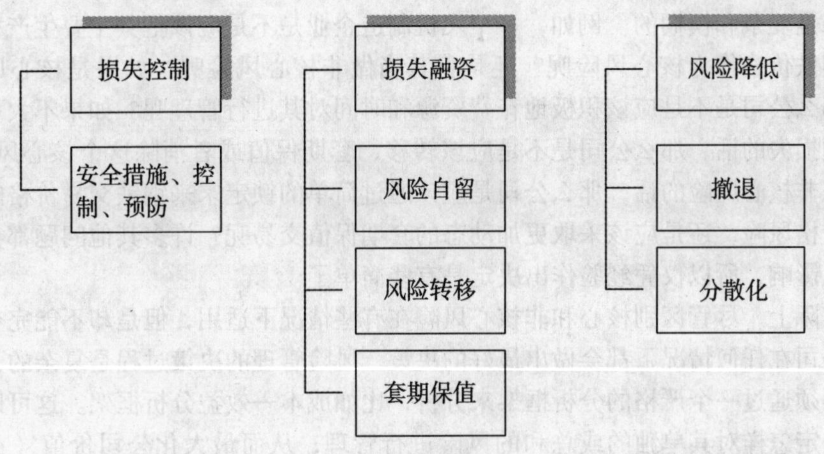

图 1—2 风险管理技术

实际上，金融和非金融公司可以采用多种金融工具进行积极的风险管理。企业通常都使用一系列的风险管理工具组合，甚至将许多风险管理工具捆绑在一起，从而获得更加有效率和有效果的解决方案。例如，保险公司的业务就是承担风险，它必须对其自身的风险进行积极而持续的管理。保险公司可以用以下方式来进行风险管理：

- 在对损失发生的可能性进行评估并收取合理的保费（能覆盖预期损失并提供一个公允的回报）之后，保留一部分风险；

- 为了对增加的风险进行补偿，要识别出必须对其增加保费额的风险；
- 停止承担其认为不能获得合理回报的风险；
- 建立额外的准备金以弥补非预期损失；
- 通过新的、不相关的以及可获利的市场来进一步分散其资产组合；
- 购买再保险从而从再保险人那里获得部分的风险覆盖；
- 发行保险连接型证券或组建应急资本体系，从而提供额外的资金性或非资金性的风险补偿。

无论对于工业企业还是对于金融公司都有很多种可行的风险管理方法，大多数部门都喜欢采用多种风险管理方案。每一种方案都有特定的成本和效益，但是很多方法都可以用在与其相适合的风险管理计划中。在许多情况下，改变企业资产组合的风险特征是要花费很多时间的。尽管有些解决方案很快就发挥作用，但是诸如提高保险费率、分散组合或者发行保险连接型证券等可能要花费几个月（甚至更长）的时间。因此，公司必须注意风险管理过程所要花费的时间。

传统的凭经验进行的风险管理技术认为那些与公司日常经营相关的核心风险应该被保留，而日常经营附带产生的非核心风险应该被转移或对冲。这一论断的基本假设是：公司掌握与核心风险相关的信息和专业技术，因此，能够比较明智地（例如安全地、有效地，以及具有成本效益地）管理其风险。承担其缺乏知识或竞争优势的风险可能会比较危险且成本更高。这个道理说起来很令人感兴趣，但是操作起来是复杂和模糊的。例如，一个飞机制造企业是不是应该把其主要生产材料之一的钢铁价格作为核心风险呢？还是将其当做非核心风险呢？如果是核心风险的话，那么公司是不是应该积极地花费资源和时间对其进行管理呢？如果不大可能发生巨额损失的话，那么公司是不是应该转移、套期保值或者消除这个核心风险呢？如果是非核心风险的话，那么公司是应该通过简单的锁定未来钢铁交易价格的方式回避价格风险，还是应该采取更加动态的套期保值交易呢？许多其他问题都会对决策产生影响，所以仅凭经验作出决定是有些简单了。

实际上，尽管区别核心和非核心风险在有些情况下适用，但是却不能完全保证每个公司在任何情况下都会做出最好的决策。风险管理的决策过程是复杂的，并且通常必须通过一个严格的分析框架来分析，比如成本—效益分析框架。这可以帮助公司决定怎样对其单独的或总和的风险进行管理，从而最大化公司价值（在第二章我们将会指出，这是普遍的公司目标）。成本与效益的权衡是企业任何一个风险决策过程中必须进行的。成本与效益的权衡是很简单的：

- 付出成本并通过消除和降低净现金流量的不确定性获得效益；
- 不付出任何成本，但是承受净现金流量的不确定性，保留潜在的现金流量变动风险。

因为每一个风险都有一个理论价格，所以通过支付用于消除各方面风险的所有成本（比如，通过保费、安全计量、分散、退出业务等）建立一个无风险的公司是可能的；这样与预期净现金流量相关的不确定风险就会被消除。但在下面我们会提到，这样做成本过高也是不现实的，并且通常也不一定会让公司的价值最大化。因此，与公司治理哲学和理念相一致的风险管理方案必须在成本与效益间作出权衡；只有当这一原则被充分理解之后，才有可能发展一个能让公司价值最大化的方案。

1.2.3　风险管理所要考虑的一般因素

风险管理是要通过最好并且最有效的方法处理财务和经营中所发生的不确定性事件。当要形成一个风险战略时，公司通常分两个阶段来考虑这一过程：损失前的管理和损失后的管理。**损失前的管理**保证企业价值最大化且预防由于法律和合同责任可能导致的损失。**损失后的管理**则保证公司有稳定的盈利并且使财务困境发生的可能性最小，从而使公司能够持续经营。我们这本书所要讨论的技术可以被归类为损失前和损失后风险管理工具。

公司治理过程要求公司在充分对股东负责任的前提下，考虑并定义经营风险和财务风险承受水平。董事们必须保证执行长官及独立的监控部门在持续经营的基础上监控、管理和控制风险。另外，必须让股东意识到公司对风险的保留、消除或转移情况。

正如前面提到的，风险管理过程的一个关键因素就是公司对于**风险理念**的定义。风险理念反映了公司的风险管理目标。理想情况下，它应该与公司将要承担、保留、转移或降低的特定风险相关。比如，在损失发生前，公司希望采取降低财务困境发生的可能性、符合监管要求以及有效经营的风险管理战略。在损失发生后，公司希望采取保证公司持续经营，并继续扩大收入和稳定报酬的风险管理战略。

通过课本知识的学习，我们将会发现有很多考察和管理风险的方法，但没有一种标准的“模版”能够适用于所有的情况。每一家公司都是不同的。它们从事于不同的业务，有着独特的财务情况和要求，并且面临着不同的内部和外部压力，这意味着没有一种统一范式能适用于所有公司。因此，我们只能够针对常见的“风险不利”公司提出一些常见的风险管理方法。在实际当中，我们发现从成本效益的角度出发，对于面临低频率（比如，不太可能发生的风险）和低损失风险（比如，有较小财务影响的风险）的公司来说采取风险保留，当损失发生时对其注资（或者通过自保基金对其进行提前注资）的做法是有利的。对低频率而高损失风险（比如不经常发生，但有较大财务影响的风险）通常可以采取损失融资的风险管理方式（比如，保险、套期保值）。高频率而低损失风险（比如，有很大发生的可能性但是不会造成太大损失的风险）经常适合于采取损失预防和/或损失自留的办法。对高频率及高损失风险（比如，有很大可能会发生并且可能造成很大损失从而导致公司陷入财务危机的风险）则必须要避免其发生。尽管这些只是简单的概括，但它们将有助于我们集中关注文章中的各个要点。表1—1和图1—3对这些指引进行了总结。

表 1—1　　概括性的风险管理指引

频　率	强　度	方　法
低	低	自留
低	高	损失融资（保险、套期保值）
高	低	预防、自留
高	高	避免

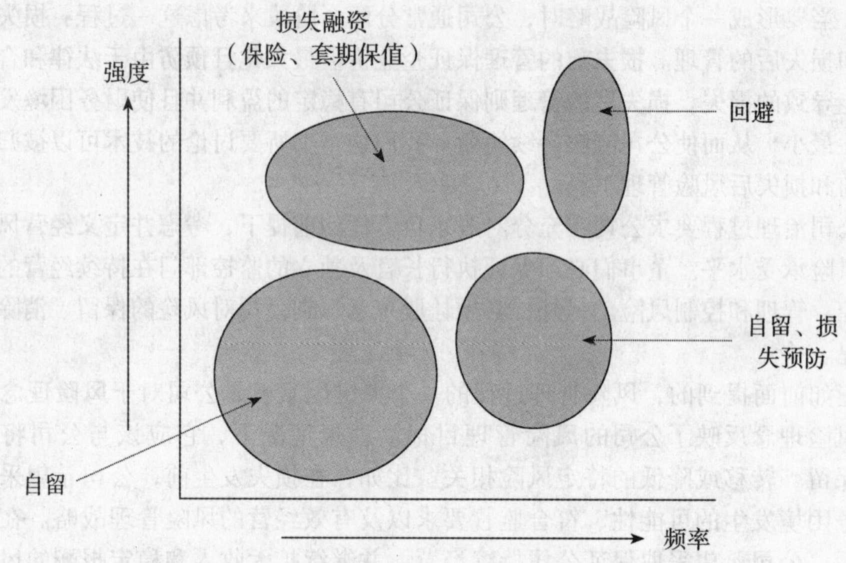

图 1—3　概括性的风险管理指引

1.3 风险概念

为了进一步对我们的讨论问题建立一个框架，我们在这部分介绍几个基本的风险概念。这对于我们以后几章讨论各种风险管理工具和技术的优点时会有帮助作用。风险概念很快演变为较高的技术（运用大量复杂的数学和统计知识），但我们的讨论集中于基本的定义；对详细的技术处理感兴趣的读者可参阅本书后的参考文献。

1.3.1 预期损失和方差

我们从**随机变量**这个概念开始。随机变量是具有不确定性结果的变量。变量可以是离散的（事件在特定时间段发生）或者是连续的（事件在任何时间点上发生），可能包含某一确定价值或任何价值。投掷硬币的结果就是有一或两个可能数值出现。将一些样本的随机变量画出来，我们就可以得到一个表示所有可能结果以及它们发生的可能性的分布。分布线可能有不同的形状，但是我们通常认为它们是具有传统的钟形形状的正态分布。所有关于随机变量的信息都可以在统计分布上体现出来。统计分布因此可以用来估计某一事件发生的可能性。比如，我们可以根据统计属性获取特定事件（如损失）发生的概率及其规模信息。

期望值（EV）是根据给定某一事件发生的概率计算得出的，它是统计学中的一个重要概念，并在风险评估中广泛使用。EV 通过各事件发生的概率乘以相应事件的结果进行确定；从风险管理的角度来看，这通常被概括为事件发生的频率（概率）乘以强度（结果）。更正式地来说，我们可以表示为：

期望值 =（概率 × 结果）+（1 - 概率）× 结果

或　$$EV = \sum_{i=1}^{N} x_i p_i$$

式中：x_i 为结果，p_i 为概率。

因此，当付款 80 美元的概率为 20%，付款 100 美元的概率为 80% 时，则该项付款的期望值就是 96 美元。概率分布的期望值反映了结果平均水平的信息。平均来说，一个期望值较高的分布，其结果会比期望值较低的分布高（如图 1—4 所示）。

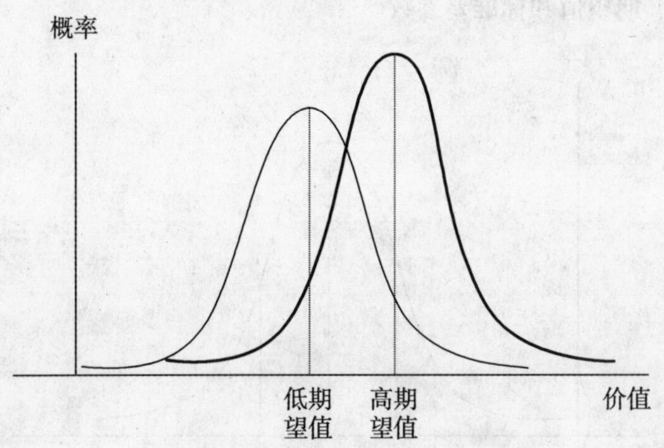

图 1—4　分布及期望值

从纯粹风险的角度来看，我们可以建立一个损失的概率分布；损失分布的期望值相当于**预期损失**。我们可参考损失的历史经验（可能来自保险公司或其他拥有风险管理长时间历史数据的金融中介机构）来建立这一损失分布，但还要考虑相当大量的区域分布。也可以选用一些模拟技术或非统计估计（例如，可通过技术或经济研究）来进行。

下面我们介绍**方差**（或标准差，标准差等于方差的开平方）；这个指标反映各个结果偏离期望值的程度，具体表示如下：

方差 = 概率 ×（结果 - 期望值）^{2}

或　$$Var = \sum_{i=1}^{N} p_i (x_i - \mu)^2$$

式中：μ 为期望值，其他各项定义同上。

标准差 = $\sqrt{方差}$

若方差较小，则实际结果与期望值非常接近；若方差较大，则可能与期望值偏离较大且难以预测。这并不奇怪，因为方差是实际与期望结果差异的一种度量，所以它是一个重要风险指标。的确，它反映的是实际值与期望值的偏离程度，这正是风险的本质所在。当我们想考察一个观察值落在特定取值范围的可能性时，我们可以使用标准差。一个观察值落在 ±1 标准差的范围内的概率是 68%，落在 ±1.96 标准差范围内的概率是 95%，依此类推。利用这些信息，我们可以建立一个损失分布，来确定由风险行为引起的可能损失，再调整到具体的统计置信水平（如，90%、95%、99%）。我们还可以计算**破产概率**，或平均损失分布超过偿债能力限额（如，最低盈余或精确的净价值量）的机会，这也是风险管理中一个重要的衡量指标。

因为全部观察值都出现是不现实的，所以我们需要依赖于规模较小的样本；相应地，我们用样本均值（μ）和样本标准差（σ）来进行描述。假设采用的抽样技术是正确的，在特定的置信区间内，样本量越大，误差的范围就越小。图 1—5 总结了正态分布、期望值和标准差参数。

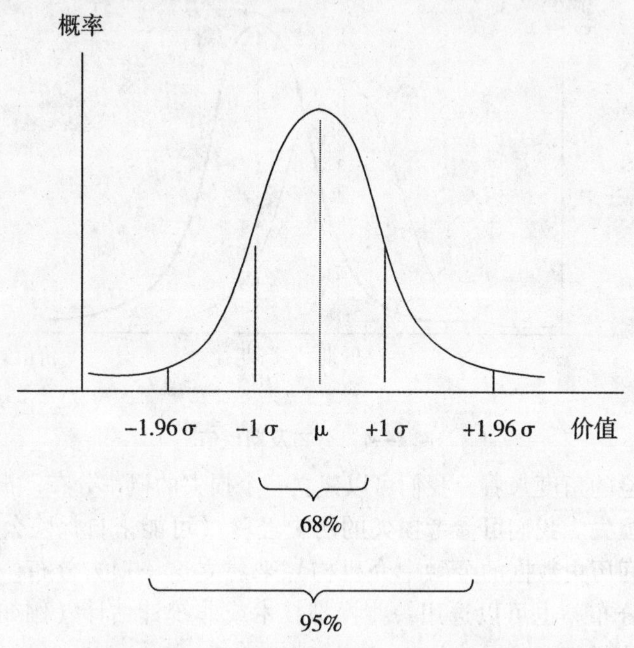

图 1—5　正态分布、期望值和标准差参数

统计损失预测是风险管理的一个重要方面。它是通过概率分析、回归分析、损失分布分析和其他技术来实现的。例如，概率分析主要关注引起风险暴露的事件数量以及事件彼此之间的相互独立性或依赖性。回归分析则能利用历史数据来确定因变量是如何受到一系列自变量影响的，例如摩托车队的损坏情况（因变量）取决于下雪或下雨的英寸数（自变量）。

1.3.2　风险厌恶

风险厌恶是指企业偏好较少的风险，并且愿意为保护自身（通过减少风险、转移风险、套期保值）付出代价这样一种特性。对保险和其他减轻风险措施的需求，是风险厌恶存在的很好证明。个人或团体之所以愿意花钱去进行风险管理，是因为他们都在不同程度上厌恶风险，厌恶风险所造成的损失。如果不存在风险厌恶，人们就不会愿意为了减轻风险而付出代价和耗费金钱，个人和企业就会直接承受因遭遇风险所造成的损失。

我们都知道，潜在结果的多变性越大，风险也就越大，这主要是由于对将要发生的结果缺乏事先的了解。当不存在风险时，决策是简单的：理性的公司则会选择能产生最大期望值的决策方案，决策方案的最终结果就是决策者想要的最高价值。将期望值与经济概念**预期效用**或由某些活动导致的加权平均效用值（如，来自于收入或财富的满足感）相联系，我们可以考察边际效用递减规律。边际效用递减规律指的是单位增量（边际）财富所带来的效用在达到某个点后开始递减。风险厌恶企业会面临一个如图1—6所描述的凹形效用函数曲线，如果它必须支付的风险溢价或保护性的支付小于或等于损失的期望值，那么企业就会尽力去保护自己免受风险损失。不具有保护作用的预期效用点通常会在效用函数曲线之下；如果**风险溢价**不大于损失的期望值，那么所要求的保护会将风险厌恶企业的预期效用点移至效用曲线边缘之上。凹形效用函数曲线的存在，使得厌恶风险的团体会愿意付出一定代价来避免那些会危及其财富的风险。他们会通过上述的风险管理技术来规避风险，包括损失控制、损失融资和降低风险等。需要说明的是，风险喜好企业面临的是一条凸形的效用函数曲线，财富的边际效用会随着财富的增加而增加。

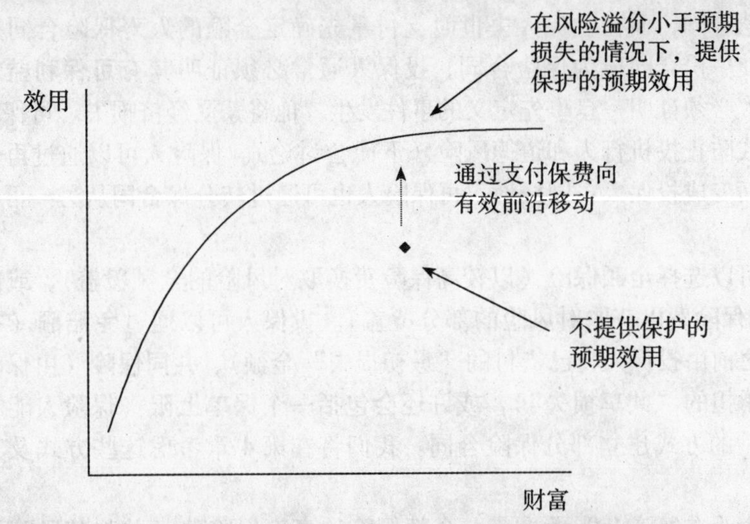

图1—6　风险溢价和一个风险厌恶型公司的效用

尽管理论上效用函数可能相当有趣，但它却很少被应用于实际的公司风险管理，因为构建一个有意义的效用函数绝非易事。然而，“风险厌恶企业”是风险管理市场存在的根本。

1.3.3 风险转移和保险机制

保险市场是以两个根本特征为前提的：将个体风险向团体转移以及损失将由团体中的成员共同分担。**风险转移**，顾名思义，就是一方向另一方支付较少的一部分费用（如，风险溢价）以换取其对不确定损失保障的一种方法，即敞口转移。风险厌恶企业，出于其风险价值观，可能会决定通过一种或多种机制来转移风险。这些机制包括保险或再保险机制、衍生工具或混合结构。企业转移风险的数量取决于其自身整体的承受能力（即它的风险厌恶程度）、希望获取的具体效益和总成本；这通常又是由成本—效益分析框架决定的。

保险人通常会在比较严格的范围内对既定类型风险可能发生的损失作出预测。大样本量能改善对发生概率的估计。因此，当保险人拥有大量具有类似保险单集成的投保组合时，他对损失的评估能力就会提高。这符合两条统计原则：**大数定律**，这一定律指出，当参与者的数量非常大时，结果的平均水平会非常接近期望值；**中心极限定理**，它表明当数量非常大量时，平均结果的分布接近正态分布①。

保险合同是两方之间达到的协议——保险人（风险保护的提供者）和**分保人**（通常所说的被保险人，风险保护的购买者）。保险合同是用事前的保险费交换事后的要求权。协议一旦签订，就不得随意变更要求权。保险合同遵循**损害补偿原则**，即投保人不得从保险活动中获利；也就是说，保险的目的是用来弥补损失，而不是赚取投机利得的。保险总额可通过**损害补偿合同**（覆盖实际的损失）或**定值合同**（覆盖事先一致决定的金额）来确立。例如，赔偿火灾所有实际损失的保险合同是赔偿合同，而在投保人去世时支付事先确定金额的人寿保险合同是定值合同。为了使一份合同成为保险合同，投保人通常必须证明其有**可保利益**，也就是说，投保人必须证明一旦事先定义的事件发生，他将蒙受经济损失。可保利益的存在能减少或防止投机行为和道德风险（下面会讨论）。保险人可以通过**再保险合同**寻求保护而变成投保人；同样地，再保险人也可通过**转分保合同**从另一再保险人处获取保护。

公司可以选择**全额保险**（以较高保险费换取对风险的全额覆盖），或**部分保险**（支付较低保险费以获取对风险的部分覆盖）。投保人可以通过**免赔额**（在保险人作出赔偿之前由投保人自己支付的“最初损失”金额）、**共同保险**（由保险人和投保人一同承担的“共享损失”），或许还会包括一个**保单上限**（保险人能够支付的最高金额）的方式建立部分保险合同。我们将在第 4 章考虑这些方式及其相关的技术细节。

如果企业在经济上能承受获取全额保险的高额保险费（并与其风险价值观相

① 均值为 μ，标准差为 $\sigma/\sqrt{N}$。

一致），他就会这样做。否则，他就会选择一种部分保险合同。如果企业能明确估算其合适的最佳损失期望值，那么他的风险保护选择就会相对直接了。但是，可以通过对损失期望值划分等级来确立全额保险和部分保险的选择范围；在这些情况下，企业需要根据其效用函数确定优先考虑哪种选择。实务中，因为企业面临一系列复杂的业务，这些业务有着各种各样的优先顺序和目标，所以确定其效用函数的斜率是比较困难的，企业必须转向选择其他技术（如，成本—效益评估，具体考虑误差或标准差且不需事先了解效用函数的均方差分析，以及类似“实务”的措施）。

1.3.4 分散化和风险分担

分散化是指对风险暴露的扩散或分散。分散化是一种常用的风险管理技术，它通过对彼此不相关的风险暴露进行组合以寻求风险的降低。这方面的工作大多是建立在1952年马科维兹的资本市场投资组合理论基础上的。该理论论证了分散化如何使厌恶风险的投资者通过建立投资组合最优化其不同水平上的风险与报酬，旨在**有效边界上**，建立一个投资的组合，或构建一条能在既定风险于水平下提供最大预期报酬的边界。任何位于有效边界下方的投资组合都不能在既定风险水平下创造出最大价值，但通过分散化能提高其报酬（值得注意的是通过无风险借贷，沿着“资本市场线”能获得较优的风险与报酬投资组合）。[①]

风险分担是分散化的实际运用，也是风险管理市场的根本机制。它的理论依据是相互独立的风险结合在一起可以降低整体风险水平。除了前面章节讲述的大数定律和中心极限定理之外，集中效应还依赖于相关系数来衡量随机变量（即个体的风险暴露量，比如保险政策）彼此之间是如何相互联系的。随机变量之间的相关系数是由两个随机变量的协方差除以其各自的标准差得来的。[②] 它的范围在+1至

① 从纯粹投资的角度来说，投资者必须要单独看每一种证券的μ和σ，以及两者间的相关性，从而决定怎样构建一个风险最小化和收益最大化的最优投资组合。当所有可能结合的加权资产都被找到之后，一个有效的前沿就可以产生了。有效前沿上的资产组合代表着风险和收益之间可能的最好组合方式。在有效前沿之下的组合都是次优组合（比如，在给定的收益下风险过高）。可以以无风险利率r（f）进行没有限制的借贷意味着投资者既可以投资风险资产，又可以投资无风险资产，从而在忽略风险厌恶水平的情况下创造比有效前沿上更好的投资组合，资本市场线就是对此问题的描述。因此，风险厌恶型的投资者可以将部分资本投资到X，同时再以r（f）贷出部分资本。而那些更加喜欢冒险的投资者则可以以r（f）的利率贷进资本再投资于X。因此，所有的投资者选择的都是相同的组合，只是组合中各资产的权重有所变化。

我们假设一个保险公司有个体单位的风险敞口（比如，单独的保单），这些风险敞口彼此间是相互独立的，即如果一个保单上规定的损失发生了，其他的未必发生。每一单位的风险敞口都有一定的损失发生概率，而所有单位的加总则代表着保险公司的全部责任。非独立风险单位的统计分布取决于每一个体单位的分布（可能具有任何特殊形式）。然而，如果它们之间是真正独立的，那么平均损失的分布（比如，所有单位的风险敞口）就接近正态分布。这意味着我们可以描绘出预期损失和损失的差。特别地，当独立风险单位的数量达到了足够大的数量N时，实际的损失水平将接近预期的损失水平，而预期损失的方差则有所降低，如图1—7所示。这意味着如果一个保险公司能够将其风险充分分散（比如，如果该公司能创造足够的独立风险单位），那么它就可以降低其经营中的风险。在实务中，通过相关性来衡量独立程度，再利用风险汇聚技术将其实现。风险汇聚能够被应用于广泛的风险类别，但通常与汽车事故、员工安全或健康赔偿等联系起来。它也可能被应用于财务风险，比如由公司贷款引发的信贷风险（的确，通过对此类技术的应用，保险公司已经成为信贷风险转移市场上的关键参与者）。一个组合的风险敞口，与个体单位风险敞口的加总值是不一样的，所以将焦点集中在组合的特质上是十分重要的。如果一个公司只有少数的风险单位，那么风险资产组合就不会显著地改变风险敞口情况，所以风险单位的数量是分散化过程中一个主要的驱动因素。然而，即使在N不是特别大的情况下，也能获得某些好处，只要这些风险单位之间不是完全相关的。

② 更正式的表示为，$\rho(x, y) = cov(x, y) / (\sigma(x)\sigma(y))$，在这里 $cov(x,y) = \sum p(x - \mu(x)) \times (y - \mu(y))$。

-1 之间，+1 表示两变量完全正相关，-1 表示两变量完全负相关；若相关系数等于0，则表示两个变量间不存在任何关系，两个变量彼此独立。因此，如果两个随机变量的相关系数为 +0.7，那么一个变量移动 +1 就会引起另一变量移动 +0.7。如果预期损失是不相关的，那么风险分担就会减少风险；此时，预期损失（成本）没有变化，但标准差降低了，如图 1—7 所示。思考下面一个简单的例子：

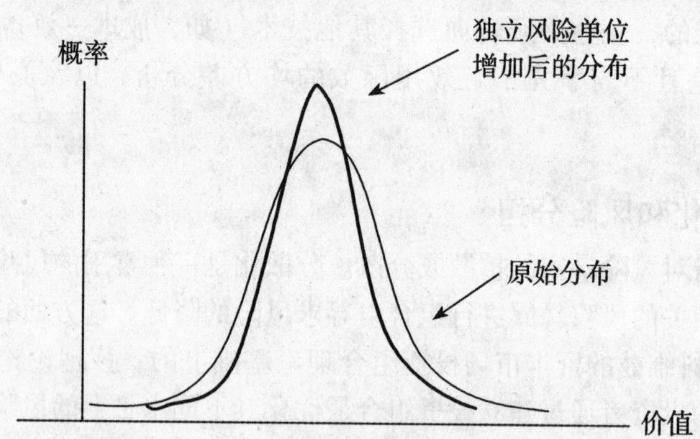

图 1—7 分布随独立的风险单位变化而改变

一个摩托车手（A）发生意外遭受2 500 美元损失的概率是 20%。按照先前介绍的方程计算，期望值是500 美元（80% ×0 +20% ×2 500），其标准差是1 000 美元（即 $\sqrt{80\% \times (0-500)^2 + 20\% \times (2\ 500-500)^2}$）。另一个车手（B）面临着相同的意外事件概率，而且两个驾驶事件不相关（即 A 发生意外不会导致 B 也发生意外，反之亦然）。按照风险分担概念，两车手同意平均地分担发生意外的损失。因此，如果 A 发生意外，他就只需支付 1 250 美元（B 支付剩下余额），反之亦然。我们在表 1—2 中总结了可能出现的几种情况和成本。

表 1—2 **几种情况和成本**

意外索赔	成本（美元）	每个车手需承担成本（美元）	概 率
0	0	0	80% ×80% =64%
1（A）	2 500	1 250	20% ×80% =16%
1（B）	2 500	1 250	20% ×80% =16%
2（A 和 B）	5 000	2 500	20% ×20% =4%

通过分担，每个参与者的成本概率分布都发生了改变，反映风险的标准差则有所下降。例如，现在发生 2 500 美元损失的概率是 4%，而不是先前的 20%，因为只有当两个车手都发生意外时，这种损失情况才会出现。由此可推断、证明，只要参与者们的风险不相关，那么参与分担的人越多，风险水平就越低，而且极端结果出现的概率会下降。风险分担不是一个风险转移机制，而是一种风险降低的方法，只要事件之间不相关。如果风险在一定程度上正相关，风险就可能会减少，但减少

的幅度没那么大（即分散化起了一定作用，但有效的影响是有限的）；当它们强烈相关时，风险分担的好处就比较小（或没有）。而当风险负相关时，风险减少的幅度也不及独立风险时大，但它们可被用作“套期保值”（因此，它们有利于风险的降低）。综上所述，我们会注意到，随着风险分担的参与者越多，分担后的风险（用标准差衡量）越接近于0；当各损失完全相关时，风险会保持不变。图1—8说明了在有分担和没有分担的情况下，各方的成本效应情况。

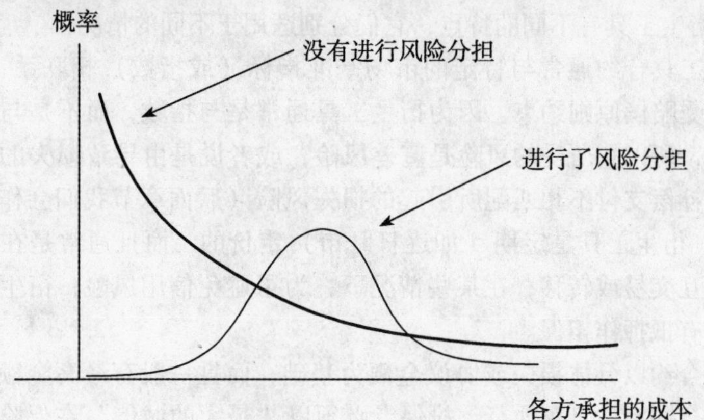

图1—8　风险分担与成本

值得注意的是，尽管在谈及保险技术时，风险转移和风险分担经常被放在一起考虑，但实际上它们不是同义的，事实上，它们是相互依赖的。也就是说，在转移风险时，风险分担也可能会发生，但不一定必然发生。例如，经常会出现这种情况，即保险公司接受了一个风险时，并没有与其他人分担风险。在这个过程中，风险转移肯定发生了，因为这是保险机制的本质。

1.3.5　套期保值

保险一般与可保风险的转移相联系，保险的结果是降低风险。相反，**套期保值**通过标准合同保险框架与不可保风险相联系，其结果是风险转移而不是风险降低。通过套期保值，企业可以将名下的风险转移给另一家企业（通过普通协议而不是保险交易特有的复杂合同）。**衍生工具**或融资交易，它们的价值取决于市场基准指标，常被用作金融风险的保值。它们通过交易所（挂牌合约）进行标准化的交易或通过柜台交易（OTC）市场进行客户化的交易。与保险合同不同，衍生工具反映的是一种可选择的利益而不是可保险的利益，即这种合同的持有者未必面临损失的风险。也就是说，衍生工具能用作投机并从中赚取利润，而不仅仅是保值。衍生工具可分为以下几类：

- **期货**：标准化的场内合约，根据这个合约，参与者可以按照预先确定的远期价格买入或卖出某项基础资产。
- **远期**：客户化的场外合约，根据这个合约，参与者可以按照预先确定的远期价格买入或卖出某项基础资产。

- **互换/掉期**：客户化的场外合约，根据这个合约，参与者按预先确定的指引定期交换流量。
- **期权**：标准化的场内合约或客户化的场外合约，根据这个合约，买者有权按照预先确定的行权价格购买或出售一项基础资产。期权合约授予买者的是一项权利而非义务。

保险和衍生工具有不同的特点，它们分别适用于不同的情况：

- 衍生工具合约通常与特定的市场基准指标（或指数）相联系，没有限额，也不受赔偿原则约束。因为衍生工具通常是与指数，而不是与具体损失相联系，所以它所受的风险是**基差风险**，或者说是由导致损失的风险敞口与套期补偿支付不相匹配所引起的损失风险（后面章节我们会作更详细的探讨）。衍生工具是定期（如逐日盯市）定价的，而且通常是在交易各方之间相互交易或转移；在某些情况下，为了避免信用风险，衍生工具双方会要求有抵押作担保。
- 保险合约以具体损失或协议金额为基础，而且一般有最高金额限制。为了确保合同有效且可执行，投保者必须以“最大的诚信”在保险文件中披露所有相关信息，并证明自己有保险价值。因为大部分保险合同与具体风险相关，所以它们没有基差风险（但也有例外，我们稍后会提及）。保险是不可交易的或逐日盯市的，且信用风险（即投保人可能会遭到保险人的信用欺诈）一般是不受保障的。

鉴于以上的不同，衍生工具一般适用于风险信息比较公开，或企业风险与一些参考指数比较相关（即基差风险并不是主要问题）的情况。而保险可能更适用于投保人有一些与特定风险相关的私人信息，而且损失不与外部指数明显相关的情况。当然，相关的成本与效益（如服务费、保险费、买卖价差、税收利益、损失后的财务利益等）是最终决定性的因素。

1.3.6 道德风险、逆向选择和基差风险

我们再来思考一下几个在风险管理市场上常见的概念，包括道德风险、逆向选择和基差风险。最简单的**道德风险**形式是指由于保险或其他风险保护形式的出现所引起的行为变化。[①] 理论和实践都表明，对损失事件给予补偿性支付会导致企业失去审慎经营的激励。例如，一个企业在生产经营中可能会发生火灾意外。如果火灾损毁了其工厂和设备，它就不能生产产品，就会使销售收入受损。因此，它就会购买火灾损失保险。然而，一旦获得了保险后，企业行事就可能会变得比以前草率，

① 道德风险通常与事前行为联系起来，也可以理解成事前道德风险（比如，在知道保险存在的情况下，未对损失采取保护措施）。也存在一种事后道德风险，这可能由于再保险的出现而引起。在这一概念下，一个保险人如果进行了再保险，那么在损失发生后他可能会弱化损失处理或索赔权核实这一过程。这样会导致索赔和欺诈的增加。

甚至可能会把易燃物料留在工厂内，灭火系统和洒水系统过时了也不更新等。企业之所以这样做是因为它知道它是被保护的：保险会补偿与火灾相关的所有损失，所以它不用再事事小心。同样的行为也会出现在其他类型的风险保护计划中，这也是提供各种风险保护的中介机构最关心的问题。为了应对道德风险，提供保护的保险公司和其他金融机构会调整修改它们的保障范围，使企业承担部分经济损失，可通过免赔额（如，投保人承担按单个事件计或总计的第一损失）、自付垫底费或联合保险（如，投保人与保险人根据某种事先的安排共同承担损失）或保险限额（如，保险人限定了投保人应获得的补偿金额）实现。道德风险也会明确地或隐含地以价格形式反映在保险费中，成为企业及其股东要承担的风险成本。

逆向选择是指由于信息不对称，提供保护者不能明确区分不同种类、级别的风险，以致定价错误的情况。最终的结果是保护提供者在既定价格下提供了过多或过少的风险补偿，进而导致自身损失重大或使企业衰亡。例如，如果保险人不能区分高风险组和低风险组投保人的风险特征，那么就会出现下列之一的情况：保险人按照低损失水平对所有风险定价，这意味着高风险组会消耗大量保险从而使得保险人损失惨重；或者，保险人按照高损失水平对所有风险定价，对低风险不设保，这样就会导致业务流失。无论在哪种情况下，风险都被“逆向地选择了”，对保险人产生了不利影响。为了避免逆向选择风险，保险人必须透彻地了解自己的投资组合的性质，这意味着投保人要投入适当的资源去识别、分类、追踪记录各投保人的损失经历，使自己能恰当地对所提供的保护进行分级和定价。

正如前文所述，基差风险是由风险和与之不完全相关的风险转移或套期保值机制引起的。在衍生工具和保险合同中，当企业试图用不能与其潜在损失准确匹配的方式来保护特定风险时，基差风险就会出现。保险合同所提供的补偿就是投保人遭受的损失，两者之间完全匹配，就不会出现基差风险。根据代理变量向套期者提供支付的衍生工具合同会存在基差风险，风险的程度取决于风险与保值之间的相关系数，以及相关系数的长期表现。当然，并不是所有的衍生工具合同都有基差风险（如，企业套期保值者可能会找到一个市场参照指标准确地反映其风险）。同样地，也不是所有的保险合同都没有基差风险（例如，若一份再保险合同以相关指数或参数为基础，而不以具体赔偿金额为基础提供损失补偿，那么它就会有基差风险）。在其他条件相同的情况下，有基差风险的合同要比没有基差风险的合同廉价；这是合乎逻辑的，因为套期保值者承受了额外的风险，风险保护的提供者又没有将道德风险考虑在保费当中。

1.3.7 非保险性转移风险

除了上述我们所归纳的风险管理机制外，还有其他转移纯粹风险的方法，包括持有无恶意协议、补偿协议和租赁。实际上，这些方法要求为那些通常在标准机制下不可保的风险设置一个保险总额，而且它们可能是保护企业的具有成本效益的方法。然而，保险总额是含糊的，企业承受的信用风险水平就必然会提高。尽管这些都是确实有效的风险转移机制，但是我们在这本书里不打算详细讨论他们。

1.4 本书大纲

在对基本风险管理问题进行简要概述后，接下来我们准备思考 ART 市场为什么存在以及如何存在的问题，并探讨那些积极主动管理风险的人们有哪些产品、工具和解决方法可供选择。本书接下来的章节结构安排如下：

- 在第 2、3 章，我们会从理论上讨论促进 ART 市场成长和创新的关键市场动因，以及市场的规模、发展和演变情况，市场集中的性质，主要参与者在其中所起的作用。
- 在第二部分（第 4、5、6 章），我们会讨论具体的以保险和再保险为基础的 ART 产品和工具，包括风险转移和风险融资合同、专属保险，以及多风险产品（多风险动因和诱因）产品。
- 在第三部分（第 7、8、9 章）我们会探讨资本市场的市场维度，特别关注以保险为主的证券化、应急资本结构和衍生工具。
- 在第四部分（第 10、11 章）我们通过考察目前仍处于发展初期，但是越来越重要的企业风险管理领域（基于综合的风险产品和企业解决方案），集中关注 ART 市场的未来，并对其未来发展前景进行展望。

第 2 章　风险管理的动因：理论动机、效益和成本

正如我们在这本书上所详细讨论的，ART 市场是一个创新的市场，由中介、供应商、服务、产品和解决方案组成，目的在于帮助组织有效地管理他们的财务和经营风险。ART 市场为我们在第 1 章总结的损失控制、损失融资以及风险降低等技术提供了支持，并且这个市场已逐渐变成了一个完整的和全面的市场。

当然，市场并不是简单地在某一个具体时点上开始运作。市场是在许多外生力量的作用下，历经了几十年的时间逐渐演变起来的。这些外生力量使得公司可以：

- 最大化企业的价值，从而满足股东的要求；
- 应对市场周期，市场周期可以影响风险容量的供给（和定价）；
- 获得新的风险容量来源；
- 利用风险中介，分散信用风险敞口；
- 巧妙地管理风险；
- 降低税收和成本；
- 克服监管壁垒；
- 利用放松管制的契机。

接下来，我们将详细讨论上述这些要点，如图 2—1 所示。这将帮助我们理解为什么那些 ART 机制要经历较长时间的发展，以及每一个机制在未来的发展前景。

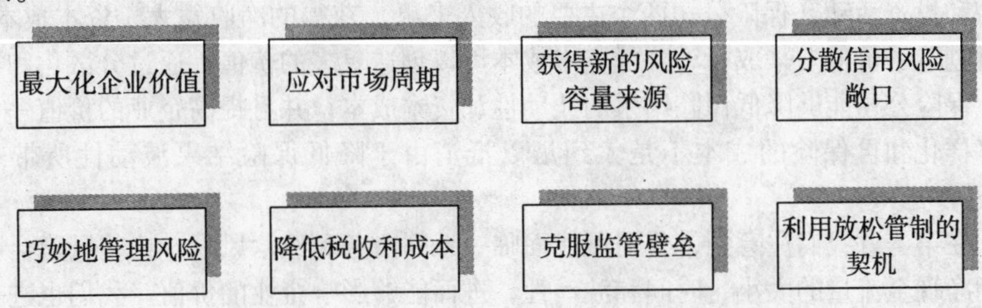

图 2—1　ART 市场成长和创新的动因

2.1 最大化企业价值

公司对各类利益相关者是要承担信托责任的，尤其是对其权益投资人。[①] 权益风险资金的投资者要求合适的资本回报。董事和经理作为权益投资者的代理人，必须要在公司经营的受托权限内努力提供最大可能的回报。公司的股价反应公司未来风险现金流量的折现价值，是公司价值的一个衡量指标。最大化企业价值，从而提供给投资者尽可能高的股价通常是公司至高无上的目标。当然，不同的权益持有者对其投入有不同的价值观，对待风险的态度也不相同。价值最大化过程中的风险成本由公司所有的权益持有者承担，并不仅仅由股东来承担。

为了最大化企业价值，企业追求那些回报率高于资本成本率的项目。从实务的角度来看就是，管理者将寻求实现公司未来净现金流量现值的最大化（正如第1章所说的）。最大化净现金流量通常表明最小化期望的损失——公司风险管理项目的主要目标；实际上，公司努力最小化损失从而保护未来盈余的资本化价值。这个过程涉及的公司决策是：投入当前资源去创造未来价值。这个过程同时也意味着最小化预计损失的不稳定性，因为盈利的低波动性会导致较低的资本成本。实际上，许多学术研究都强调风险管理产品在提高现金流量和降低预期损失波动性方面的好处。虽然价值最大化是一个理想的目标，但是公司至少都会努力避免财务困境以及财务状况恶化所带来的成本；企业必须明白损失事件可能损害财务业绩和信用价值，而且在合理的成本效益范围内（例如，如果花费在风险保护的资金远远多于预期损失的价值，就没有什么意义了）必须尽可能地去减少这些事件发生的可能性。

价值创造考虑的是实际回报减去资本成本。实际回报来源于公司资产，公司资产源自于公司资本的投入，资本成本就是公司为了获得投入资本所要支付的成本。当净回报是正的时候，就表明公司创造出了价值；接下来要关注的问题就是，资产赚取了什么，建立资产的成本是多少，以及所涉及的杠杆大小。例如，保险公司从保险和投资活动（保险公司两个主要的收入来源）获得的净收益大于资本成本时，它就创造了价值。采取行动降低资本成本可以创造更多的价值。通过分散化和再保险，保险公司能够降低保险结果的波动性和资本成本，并且提高企业的价值——假定多样化和再保险的成本不是大到足以抵消由于降低保险结果波动性所带来的效益。

在第1章我们注意到，公司可能面临一系列财务和经营风险。这些风险会影响预期净现金流量的大小、时间和波动性，进而能够影响企业的价值。我们也进一步注意到了，在风险管理过程中，为了降低预期净现金流量非预期变化的可能性，企业运用了损失控制、损失融资、风险降低及其变化形式等多种多样的技术。当然，

---

① 实际上，一个公司有直接或者间接的利益相关者，包括员工、债权人、客户、供应商、监管者和社区。但是从法律上说，经理和公司内的执行官是这些投资者的受托人。

运用这些技术必须要花费一定的成本，因此就会影响公司价值。从根本上说，在建立风险管理战略时，公司必须考虑在管理风险时支付的显性的或隐性的**风险成本**，因为风险成本直接影响公司的价值。从理论上说，风险成本由以下各种要素构成，包括：

- 由于自留风险所导致的直接或间接损失的预期成本；
- 损失控制活动的预期成本；
- 损失融资活动的预期成本；
- 风险降低活动的预计成本。

企业价值最大化的最终目标必定是最小化风险成本。正如我们将要看到的，这不是一定等同于最小化风险。图2—2总结了这些要素的关系。

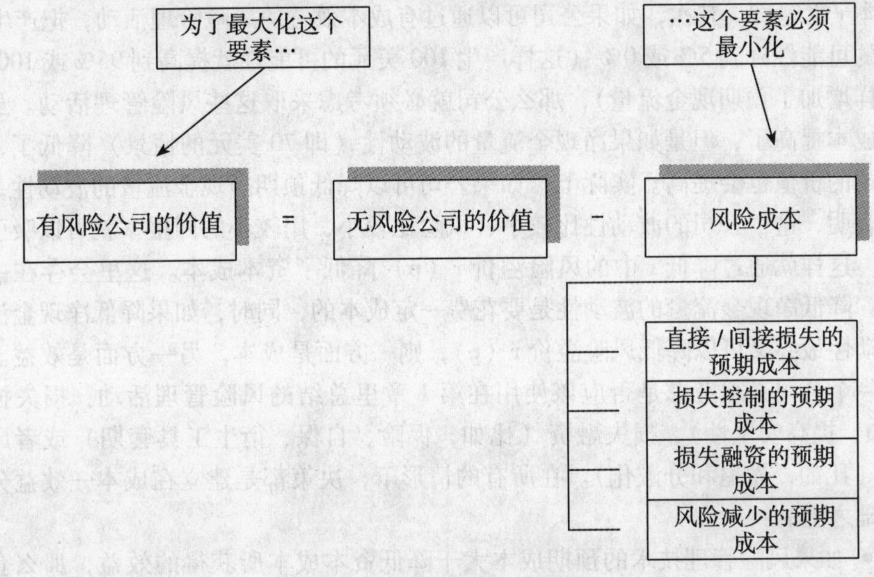

图2—2　价值最大化的关系

公司风险成本上的支出越高，其消除的预期现金流量的波动性就越多，但是经营收益也会减少得更多。在其他条件相同的情况下，预期现金流量较低的公司的破产概率也会得到降低（企业自己承担成本）。但是，有时损失控制、损失融资和风险降低的边际成本将大于预期损失的减少；在这种情况下，公司的风险消除、多样化和控制技术不再与企业价值最大化的目标相一致。这又回到我们早先时候提到的一个观点：我们有可能创造一个完全没有风险的企业，但是这种努力不会得到一个价值最大化的企业。

让我们用一个简单的框架来说明这个概念的若干要点。首先，我们假设最大化企业价值等同于最大化预计净现金流量的现值。这样，如果一个公司在一年内有90%的可能得到100美元（结果1）净现金流量，有10%的可能性得到70美元，那么从现在开始，一年的预期净现金流量就是97美元（结果2）。以5%的折现率折现，可以得到的现值是92.38美元；这就是企业今天的价值，这也是企业在没有开展任何风险管理活动情况下的当前价值。从现在开始一年后，公司的预期价值将比今天的价值（比如，92.38 美元）高 5%，但是，实际的价值取决于结果 1 与结果 2 哪一个会发生。如果结果 1 发生，那么公司获得的回报率是 8.25%，否则是 -24.23%，这并不奇怪，因为它们的加权平均是 5%，即 90% ×8.25% +10% ×(-24.23%)。

现在对这个例子的各方面进行深入的考察。在第一个例子中我们用 5% 作为折现率。这实际上是公司的资本成本，或者说是公司为经营活动募集资本而花费的利率，它由两部分组成，无风险基准利率 r（f）和风险溢价 r（p）。无风险基准利率是对投资者货币时间价值的补偿。风险溢价 r（p）是对投资风险的补偿。如果预期净现金流量的变化性越大，投资者要求的风险溢价率就会越高；这意味着总的资本成本 r 也越高。其次，如果公司可以通过有成本效益的风险管理活动，把产生 70 美元的可能性降到 5% 或 0%（这样产生 100 美元的可能性就提高到 95% 或 100%，这同样增加了预期现金流量），那么公司就必须考虑采取这些风险管理活动。虽然风险成本提高了，但是如果净现金流量的波动性（即 70 美元的情景）降低了，那么公司的价值也会提高。实际上，如果公司可以降低预期净现金流量的波动性，那么就表明，这个公司的波动性比较小、风险比较小，用较小的回报率就可以吸引投资者。这样就通过降低 r 中的风险溢价 r（p）降低了资本成本。这里会存在一个权衡：降低净现金流量的波动性是要花费一定成本的，同时，如果降低净现金流量的波动性最终又可以降低风险溢价 r（p），则一方面是成本，另一方面是效益。因此，一个公司必须考虑是否应该使用在第 1 章里总结的风险管理活动：损失控制（比如，提高安全性）、损失融资（比如，保险、自保、衍生工具套期）或者风险降低（比如，撤退和分散化）。在所有的情形下，决策都是建立在成本—效益分析的基础之上的：

- 如果风险管理技术的预期成本大于降低资本成本所获得的效益，那么套期保值、多样化或者其他预期净现金流量风险的保护活动就可能不会提高公司的价值。
- 如果风险管理技术的预期成本小于降低资本成本所获得的效益，那么套期保值、多样化或者其他预期净现金流量风险的保护活动就可以提高公司的价值。

例如，一个公司可能想要买保险来降低净现金流量的波动性（比如，在上面的例子中，公司需要支付保费，从而在 70 美元的收入发生的情况下，能够获得 30 美元的补偿）。如果损失融资的预期成本低于估计的未来净现金流量，那么采取保护消除不确定性的做法就是明智的。但是，如果公司认为保险的成本太高，他可能采取“不保护”的策略进而保持不确定性。如果他有充足的现金去弥补未来事件所产生的任何损失，那么他必须决定，是用内部资金覆盖未来事件发生时的损失，还是借入相当于预期未来现金流量的资金，然后用手头的资金投资于备选项目。成本效益的权衡决策再次出现：如果项目有一个正的净现金流量，并且可以超过证券发行或者银行借款的费用，那么从公司价值的角度考虑，向银行借款为损失建立准备基金就是一个最优选择。对于手头上没有充足的资金并且缺少损失融资保护的公司来说，情况就稍有不同：它可以根据未来的现金流量情况借入资金，从而弥补今天的损失，或者宣布破产。

企业也可以考虑多样化的策略。理论上说，如果企业能够通过多元化分散风险，那么投资者就会要求更低的风险溢价 r（p）。问题是公司是否能够有效地进行多元化。风险可以被分成两部分：可分散的风险（就是通常所说的异质风险）和不可分散的风险（系统风险）。**可分散风险**是公司特有的风险，可以通过大量义务/敞口的组合来降低。**不可分散风险**是所有公司共同面临的风险，不可以被消除。尽管公司通过多元化分散风险后似乎应该可以得到一个较低的风险溢价 r（p）（因此也是较低的 r），但是实际的节约可能被忽略了，因为投资者常常能比单个公司更有效地进行多元化，这在很大程度上取决于公司及其业务的性质。图 2—3 反映了这些关系。

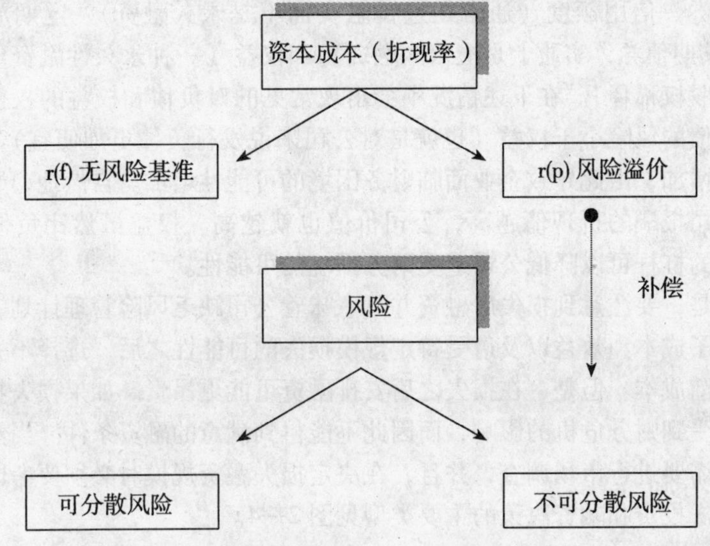

图 2—3　资本成本和风险

需要强调的是，公司必须做出风险管理以及这些风险将如何影响企业价值的决策。这些决策可以通过一定的技术手段（如成本—效益分析）在风险管理过程中的量化阶段制定；如果一项具体的技术能够通过降低预期净现金流量的波动性创造更大的价值，那么它可能就是最优的。

2.2　决策框架

积极的风险管理公司面临着一系列的财务决策，这些决策必须在持续经营过程中制定。这些决策可以被广泛地分为融资决策和投资决策。例如，如果公司决定把对损失控制措施的投资作为风险战略的一部分，那么他必须决定怎样对这个项目进行融资；如果他选择不使用任何损失控制，那么就没有融资的必要。类似地，如果公司决定放弃一个已经受到有形损害影响的项目，那么它也就没有必要融资。但是，如果他决定在损失之后进行再投资（重置），那么他就必须要决定是以事前的情况为基础进行融资还是以事后的情况为基础进行融资。每一个决策都必须要以清晰的成本效益权衡为基础来考虑。

我们可以更加正式地把**损失前融资**定义为预期性融资。这项融资在损失之前进行安排。损失前融资包括各种途径，像保险、衍生工具或应急资本。每种损失前融资方式都有与之相关的事前成本，例如，支付的保费、安排费用或者买卖价差。**损失后融资**是对损失事件作出的反应性融资。损失后融资的方式可能来自于现金储备、短期或者长期的负债或权益。每种方式都有事后成本（即失去的投资报酬、利息费用或股利费用）。虽然我们不应该过细地考虑具体的损失后融资方法，但是我们应该对一些共同的机制有总体的了解。这些共同的机制包括资产负债表上的现金和短期债券、信用额度（通常是过桥融资而不是永久融资）、定期放款、债券（形式上是长期债券，实质上是准永久融资）和权益（一种永久性融资形式，这种融资会导致股权稀释）。在下述情况中会出现常见的对负债和权益的权衡：对投资者来说，负债的风险小于权益（也就是对公司来说发行负债更加便宜），但是负债会导致杠杆增加，由此导致企业面临财务困境的可能性增加。自然地，平均资本成本越低，公司报酬的折现值越高，公司价值也就越高。权益虽然比负债的成本要高，但较低的杠杆可以降低公司遭受财务困境的可能性。

重要的是，要注意到损失后融资并不意味着公司缺乏风险管理计划，只不过是公司在分析了成本和效益以及遭受特定规模损失的可能性之后，选择不去承担不确定事件的事前成本。但是，在损失之后安排融资可能更昂贵。如果损失特别大，公司就更容易受到财务危机的影响，而因此不能得到满意的融资条件。当然，任何形式的融资都需要进行市场调查，并且，在决定损失融资规模时必须要考虑借款成本或发行价格。投资和融资决策的主要类型见图2—4。

2.2.1 重置和放弃

公司致力于风险管理活动是为了保护其盈利性资产的价值。如果资产遭到破坏或者损毁，公司的盈利能力将会受到暂时性或者永久性的降低，企业价值也将随之降低。如果企业可以不花费任何交易成本就可以立即重置损失的资产，那么它就会这样做，以便回到损失之前的生产状态。

假设没有交易费用，谨慎的企业在效益大于资本成本的情况下会始终选择重置。但是，如果被破坏或者损毁的资产的边际效益小于资本成本（即负净现值情形），投资就不是最优的，不应该重置资产。的确，如果企业不需要花费交易费用就可以放弃那些资产，那么企业就应该选择放弃资产，因为这样可以提升企业价值。如果即时销售价值大于资产的未来现金流量的折现值，那么在损失之前选择放

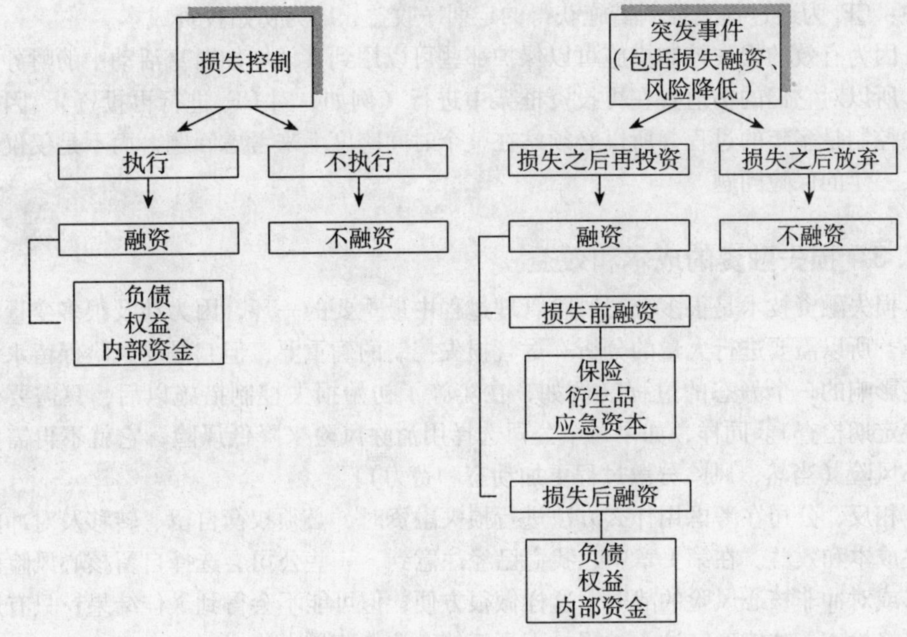

图2—4　投资和融资决策的主要类型

弃也许是明智的；如果销售价值小于未来现金流量的折现值，未来现金流量的折现值又小于投资成本，资产就不应该被放弃，但是也不应该在损失之后重置（例如，投保的公司可以从注入的现金中获利，因为这些现金可以用于更加具有生产性目的的方面）。[①] 当然，如果投资成本小于未来现金流量的折现值，则资产永远不应该被放弃，即使是在损失之后。重置还是放弃决策对于任何包含生产性资产的风险管理来说，都是一个处于中心位置的问题。

2.2.2　损失控制的成本和效益

损失控制是为了减少总损失的期望值而采取的所有物理活动和保护措施的总和，其具体效益可以被认为是降低了损失的发生率。这个过程通常包括在一个能长期创造效益的安全措施或基础设施上的前期投资。相应地，可以通过一个标准的净现值框架进行成本—效益分析。安全措施一般是物理上的（例如，灭火装置、危险品存储、警报器），但也可以是程序性的或者教育性的（例如，安全培训）。这两种情况中的每一种在产生直接的或间接的效益之前都要有最初的投资。因为损失控制方案可能需要定期的维护成本（但是，维护成本可能比初始投资要小得多），所以效益必须以净值为基础进行计算。在标准净现值/资本预算框架下，我们注意到：

$$NPV = \sum_{i=1}^{t} \frac{CF_i}{(1+r)^i} - I_0$$

① 在这些情形下，保险公司可能害怕遭遇道德风险。

式中：CF_i 为通过损失控制措施获得的定期净收益，I_0 为初始投资成本。

因为有效的损失控制措施可以保护那些可以用到其他增加财富活动中的财务资源，所以对它们的估值要在再投资框架中进行（例如，对 CF_i 进行再投资）。因为损失控制是多年的过程，所以必须站在整个时间跨度上来考虑问题，而不是仅仅考虑某一年的保险问题。

2.2.3 损失融资的成本和效益

损失融资技术是很多公司风险管理过程中最重要的一环，因为涉及很多变量和选择，所以需要进行大量的分析。尽管损失控制的确重要，但它是受风险保留水平直接影响的一个静态的过程（例如，在实施了初始损失控制措施以后，只需要作一些定期检查）。同样，如果一个公司选择用消除风险来降低风险，它就不再需要担心风险（当然，风险分散过程更加动态和费力）。

相反，公司在考虑用什么方法进行损失融资时，必须权衡自留、转移及对冲的相关成本和效益。在第 1 章中，我们已经注意到，一些公司会选择自留核心风险而转移或对冲非核心风险的战略。这样做很方便，但可能不会得到最佳结果；只有通过严格检查，才能确定这个过程是否真正使企业价值最大化。

风险自留

风险自留（有时也称自我保险）是基于保留一定量的风险敞口。自留可以是消极的（忽视一个特定风险的存在），也可以是积极的（明确地决定来保留某个风险）。消极自留可能是由于一个失败的或错误的管理过程导致了公司不恰当地确认和度量了风险。相反，积极风险自留是由于公司恰当地确认了其风险并有意识地决定对其中一部分自留。如果保险或转移的成本太高，或者损失可以被合理地预测，或者最坏情形在财务上是可以控制的，或者风险不能投保，那么公司就会选择积极风险自留。如果损失发生，公司就会从内部或者外部为损失筹措资金（如下所述），或者放弃遭破坏的项目/资产。

风险自留可以看成是一种自我融资方法，因为公司通常会建立一个内部账户来弥补其经营过程中产生的损失。一般来说，“行为良好”的风险适合于自留。所谓行为良好的风险是指发生次数多，但损失金额小，而且具有合理的可预测性的风险。高度的可预测性和合理的规模表明它们可以进入公司预算且能够被公司的现金流所消化。例如，自留在员工薪酬和雇员的医疗计划中很平常（事实上，保留和集中管理这种风险的组合很普遍）。风险自留有几个理论上的优点：较低的花费，更强的动机来实行损失控制机制，更大的灵活性或使用内部现金结余。而且，风险自留不需要单独的组织结构（例如，在利用专属保险转移风险时需要）。但是，风险自留也有一些缺点，包括如果风险并不像预期的那样可预测，就会出现过量的损失以及更高的递延税收负债（即损失只有发生才能被扣除，但是为损失支付的现金在支付时却不能扣除，除非所支付的现金是用作保费）。当然，企业必须进行成本和效益权衡以确定风险自留是否能提高企业价值。

在考虑合适的自留水平时，公司可以将风险自留水平设定为公司可以承受的对公司盈利（企业价值）没有严重影响的最大经济损失，或者按照营运资金、流动资产或权益的某一百分比设定一个自留水平的上限。或者，可以使自留水平与财务目标以及公司总体要求相一致。正如前面所讨论的，对自留风险的融资可以安排在损失发生之前（以损失前融资的形式），或者在其发生以后（以损失后融资的形式）。具体措施可能是损失前已融资也可能是损失前未融资，可以是内部融资或者是外部融资。例如，拟采用内部融资且损失前尚未融资的安排就意味着在损失发生之后要使用留存收益，而拟采用外部融资且损失前尚未融资的安排则会导致在损失发生之后需要利用资本市场发行或者银行借贷进行融资。拟采用内部融资且在损失前已经融资的通常都是采用损失之前的自我保险/专属保险和有限规划，而拟采用外部融资且已经融资的主要采用损失前的应急资本和证券化安排。每种结构（我们在后面章节考虑）都有经济成本和效益。损失前已融资的安排因为有一个事前的价格，所以具有更大的确定性；损失前未进行融资安排意味着损失具有更大的不确定性而且可能会发生重大的事后代价（例如，不但有损失发生之后进行融资安排的成本，还有在损失很大、融资不足时发生财务危机的潜在成本）。风险自留基金是管理风险自留过程中现金流的一种常见方法。① 风险自留基金可以通过逐渐积累的方式形成，目的是应对未来损失。无论是何种渠道来源的基金都必须要从成本—效益的角度加以考虑。例如，如果投资报酬高于公司的资本成本，并且公司可以自由地获得外部资本，则通过外部渠道融资建立自留基金要比使用内部渠道更有利。②

风险转移和对冲

一般来说，风险转移和对冲发生在保险和衍生品市场。虽然在本书后面我们将详细讨论具体的产品和技术，但是在这个部分，我们还是简要地介绍一下与使用保险和衍生品的成本—效益有关的概念。根本上说，风险转移/对冲市场可以增强对非系统风险的集中管理并通过风险分散达到更好的财务上的稳定性，有足够的证据表明这种机制在应对混乱状态时很奏效。

保险机制以支付保费为交换条件把再投资产生的事后融资成本从投保人转移给保险公司。这给企业带来了融资和报酬的稳定性，而这两者都是在企业追求价值最大化时至关重要的因素。通过保险进行风险转移有多种实际的和经济上的优点：在损失发生时提供保障，减少净现金流量的不确定性，损失控制报酬和保费可以在税前扣除。当然，也有实际的和经济上的成本，包括保费的支付、索赔结算过程中的协商和滞后、道德风险的代价等。通过保险进行风险转移也存在某些局限：如果保险不能完全弥补损失之后的交易成本，就不可能完全恢复股票价值。同样，如果经

① 用于自我保险或者自留的储备金经常有特定的指定用途以便债权人和投资者能够容易地查阅这种保护的存在。

② 换句话说，决策应该关注基金资产的风险调整回报和基金的风险调整成本之间的关系；如果回报大于成本，价值就产生了。

营中断的损失没有得到弥补，权益的价值就会降低。一份包含维修/重置①、营业中断②、责任理赔和法律成本的全面保单，对任何一个公司来说都是一种选择。但是，因为覆盖面很宽，赔偿的潜在数额很大（投保人承担的部分很小，赔偿的上限又很高），所以全面保单可能十分昂贵而只适用于一些特定类型的风险。例如，对于可以合理准确估计的小额损失，通过在公司预算过程中加以考虑，进而用内部资金来保证比全部用保险来保证的成本可能要低。或者，相对于可能获得的效益，部分保险的成本可能更合理。正如前文所提到的，一些公司喜欢将很难估计的风险进行转移，诸如低频率、高强度风险。虽然这也涉及保费的问题，但是也有两个优点：由于不必准确估计“灾难”（这是一件困难的且不准确的工作）的潜在影响，所以可以节约这部分工作的成本；由于不必为将来可能发生的重大损失事件进行事前的损失后融资，所以又可以节约这部分成本。企业还可以通过索赔所产生的现金流入降低财务困境发生的可能性。财务困境本身也有一些具体成本，由于接近破产，处于财务困境的公司面临更高的借贷成本、更加不利的供应商条款等。这些都是弱势财务状况公司的现实成本，因此必须成为风险转移成本—效益分析的一部分。如果保费是一个常数，或者等于期望损失，公司就会购买保险，这是一个普遍的规律。如果保费是期望损失的常数倍，公司就会选择保留部分风险（例如，通过扣除下限/联合保险来部分投保）。

同样，套期保值的过程也可以从上述的角度进行分析。套期保值可以获得与上面刚刚讨论过的十分类似的理论上的效益，即降低净现金流量不确定性的赔偿支付以及降低财务困境发生的可能性。如果衍生品用来套期保值，则还具有某种税收减免的好处。值得再次强调的是，衍生合约是一种选择性权利工具，不需要对损失的证明。用衍生品合约进行套期保值的成本通常是期权溢价（当然，与保费不同）或者是互换或者远期合约的买卖价差。如果套期保值在外汇交易市场执行（例如，上市期货和期权），成本则是合约费用或者抵押品的置入费用。

在损失融资框架下的风险管理决策通常采用增量决策的分析方法。标准的决策分析过程是，公司的风险经理评估潜在的风险敞口，根据损失的期望值来考虑保费成本或者衍生品套期保值成本，以及风险管理的潜在效益，然后做出决策。因为这些风险管理决策通常是离散的，而且在决策的过程中，通常并没有考虑其他组合的风险，所以保险（特别是纯粹风险）决策可能会导致**超额保险**或者**过量避险**——也就是说，当考虑更广范围的具有“良好”相关性而产生自然的相互抵消的投资组合风险时，风险保护就有些过度了。超额保险/过量避险是不必要的，而且花费了多余的成本，导致企业价值减损——为不必要的风险保护支付不必要的保费不会导致企业价值最大化。因此，需要一个有效的框架，以便于风险管理者在更广泛的

---

① 在一些情况下，企业必须考虑是否保险范围应该扩展到“多余的”资产，例如，那些有价值但是一旦破坏就不可能被重置的资产。虽然他们产生可以用于投资的现金，但是关于是否他们应该被保险的决策并不总是很清晰，必须作为一个单独的成本/效益事件来分析。

② 实际上，对于经营中断损失进行事前的（和事后的）量化是非常困难的。这个过程主要依赖于关于产品、存货水平、产品和服务的供给/需求、市场条件、容量、竞争壁垒等主观假设。

企业风险环境中评估增量风险，减少超额保险和过量避险的可能性。多风险产品和企业风险管理解决方案近年来在企业终端用户中广泛流行。这种多风险产品和企业风险管理解决方案正好可以用来进行组合风险评估，使风险管理者更有效地使用风险管理资源。在一个总体的基础上评估风险，企业能够确定最优的风险保险额；这样，有利于提高企业价值。正如我们将在本书后面看到的，为了建立最有效率和最有成本效益的风险管理结构，企业风险管理框架必须能够广泛地评估不同来源的风险（例如，财务风险、经营风险、可保风险、不可保风险）。

2.2.4　风险降低的成本和效益

企业可以通过从产生有害风险（对成本—效益或公司自己的业务倾向或战略的分析，不能证明对此类风险的保留是经济的）的业务中退出从而实现风险降低。或者，可以通过第1章讨论的风险分散技术（即构造具有不相关风险的投资组合）实现风险降低。企业可以通过放弃或者出售的情景分析量化退出市场的相对成本。退出市场后，降低了不利事件对现金流量波动性的影响，同时也不再需要为风险保护支付成本，企业因此而获益。如果仅仅通过分散计划降低风险，那么成本—效益分析将集中于为实现特定投资组合规模所需要的增量成本上。这并不奇怪，因为这个增量成本和组合规模取决于组合中的各项具体风险（例如，投机风险、纯粹风险）、分散过程的性质（例如，购买具有不相关风险的资产，利用一揽子业务、投资组合机制等）以及实际减少风险的量。在这里，效益还是来自于现金流量波动性的降低。

不管用了什么风险管理技术，成本—效益框架（或某种具有类似能够明确反映流入和流出的客观指标）是决策过程和企业价值确定中的本质要素。

2.3　应对市场周期

2.3.1　保险定价

在这一部分，我们考虑供给和需求周期对保险市场的影响。我们特别关注保险部门内部的力量，因为这些力量导致定价的不平衡，这种不平衡将驱动公司去寻找其他风险管理解决方法（包括衍生工具、资本市场证券等）。事实上，没有具体的证据表明，上述的推论反过来也是正确的。也就是说，如果由于衍生工具经销商倾向于承受低风险，而使得掉期的价差很大，或期权费及报价波动性很高，那么公司的风险管理者不会转向保险市场去获得更有竞争力的定价。

我们对保险定价进行一个简要的回顾。尽管一个公司的保险管理者想要为风险转移机制支付尽可能低的成本，但是保险公司需要去赚尽可能多的回报。如果不能，保险公司就会缺少财务激励和财务资源参与到市场中去。从理论上说，保险费必须足以弥补预期的索赔（简单地说就是期望损失）和经营管理成本，还要给风险资本的提供者提供一个公允的回报。这样的保险费就是一个**公平保费**（也就是通常所说的毛费率），它是对预计未来索赔（损失）①、成本和边际利润的一个前瞻性的估计。向分保者支付的成本通常按照**保险费率**进行分配，保险费率就是保险费除以保险额。这样，如果1 000万美元的保险费是100万美元，那么保险费率就是10%。保险的价格通常是用保费率除以保险精算的损失概率（减1）；当价格是零的时候，保费被认为是“精算公平”。实际上，保费必须大于预计的损失和成本，如果不这样，保险人就可能遭遇财务危机并危害到所有分保人。所以，定价不能不公允或者过分，并且不能随意制定。因此，保险政策的公平保费（如图2—5所示）应该由**纯粹保费**和**额外保费**共同组成。② 纯粹保费用于覆盖损失和损失调整费用，额外保费用来弥补其他费用和产生一个恰当的边际利润。额外保费是必要的，因为保险公司必须为他们的股东提供公允的资本回报。在一个典型的风险/回报框架里，保险公司的业务风险越大，要求的利润也就越高，这是由于索赔权的波动性提高了。索赔波动性更高的业务需要支持的资本也更多，意味着对股东的经济回报也应该更大。如果利润不能正确地决定，股东就不能获得公平的补偿，也就不愿意提供资本。

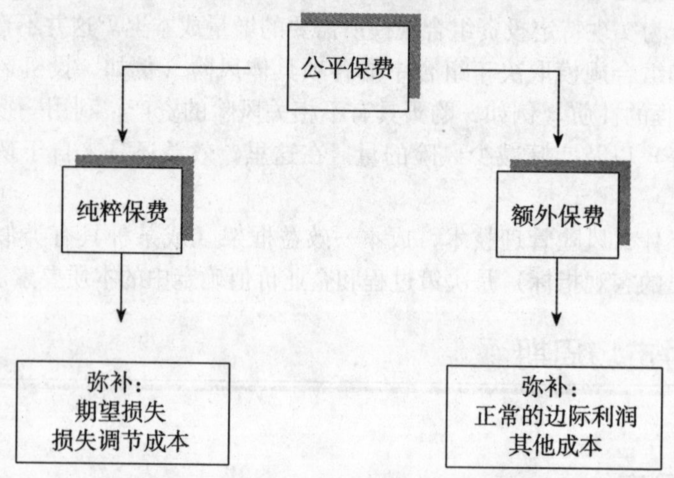

图2—5 保费定价组成

如果风险是独立的并且是同质的，那么保险公司将相对容易决定他应该收取多少保费。有类似特征的风险敞口可以合并到一起，按照相同的保险费率收费，比如，按照一个反映平均损失的经验比率。这可以通过一定的价值调整来补充（也就是基于一定的价值标准对一类比率进行上下调整），包括**表定法**（根据保险的物理特征对保费率进行调整的方法）或者**经验费率法**（根据过去的损失经验对保费

① 保险公司建立和投资**损失准备金**，这些准备包括已经报告和调整但是没有支付的要求权、已经报告和归档但是尚未调整的要求权，以及已经发生但尚未报告的要求权。

② 保险公司建立了**未到期责任准备金**——一项负债，反映总保费收入中尚未赚得的部分。这个准备账户用来支付未来可能的损失和取消保险后退回的资金。实际上，未到期责任准备金含有权益的成分，因为从客户那里收到的总保费可以被留出，只有第1年的成本比较大。

率进行调整的方法①)。但是，如果风险是不同质的，并且不容易分类，定价就会变得相当复杂。费率可能是基于主观的而不是客观的方式产生的，这可能导致不够精确的结果。正如前面看到的，当缺乏好的信息分类的时候，逆向选择就可能产生。

由于保险公司其账面上有着多样化的风险，不能很精确地估计预计的索赔并面临着信息不对称，所以保险定价很少达到最优水平——有些年份，保险公司做得好，另外一些年份则做得差。当保险公司年景不好时，他很可能提高保费，但是任何变化都基于对预期未来索赔的再评估而不是因为年景不好而任意提高保费；实际上，竞争有益于强化这个规则。之所以采用基于平均风险统计的保险精算技术，是因为一些“好的”风险没有得到恰当的定价（例如，从最终使用者的角度来看，他们可能被高估了)。在这种情况下，可能有更大的动机去使用 ART 相关的机制。

当然，保险公司（尤其是那些对价值最大化敏感的保险公司）致力于对不同的预期索赔收取不同的保费。但是，在这个过程中同样要进行成本—效益权衡。为了能够更加合理地对风险定价而减少信息不对称可能是昂贵的，并且可能会高于增加的保费。保险公司对货币时间价值也是敏感的；的确，货币时间价值是利润和损失的关键因素，必须要对其进行恰当的管理。通常的，货币的时间价值对保险公司有利，因为他们先收到分保人的保费（现值较大)，但在一定时期之后才进行赔付（现值较小)。从分保人的角度来看，稳定和透明的保费是必要的，因为他们增加了公司预算和损失控制/融资过程的确定性，并且增加了公司现金流量的可预测性。

2.3.2　硬市场和软市场

保险市场，如同其他很多全球金融市场一样，它的周期可以持续任意长度。在一个理论上“正常的”市场周期中，保险供给和需求在一个均衡的状态下运行，保险公司向投保人收取公平的保费。通过传统的经济学上的供给和需求框架，如图2—6 所示，我们注意到供给曲线和需求曲线的交点 N 反映的是在 P_1 的保险价格上 Q_1 的供给数量。

在实践中，这个理想的均衡状态不可能经常发生或者持续很长时间。市场经常处于非均衡的状态——这个时候我们称之为“硬市场”或“软市场”。保险市场周期主要是受保险行业容量和投资回报驱动，保险行业容量则与保险公司或再保险公司的资本状况直接相关。当资本水平较高时，保险公司倾向于降低保险费和承保更多的项目。当资本水平耗尽时，就会发生相反的情况。投资回报也起到一定的作用。因为保险公司和再保险公司的部分经营收入来自于投资组合和保费的再投资，健康的回报使得他们有能力弥补较差的承保损失，保险公司因此倾向于承保更多的项目。当投资回报较差时，整个行业具有较小的财务弹性和灵敏度，会导致更严格的保险规则、供给的紧缩和保费的上升。

---

①　这常常包括追溯定价法，根据某一期间的损失经验来决定那个期间的保费（例如，在合同开始时支付的初始保费，在合同终止时补充或退回的保费)；我们将在第 4 章更详细地讨论追溯政策。

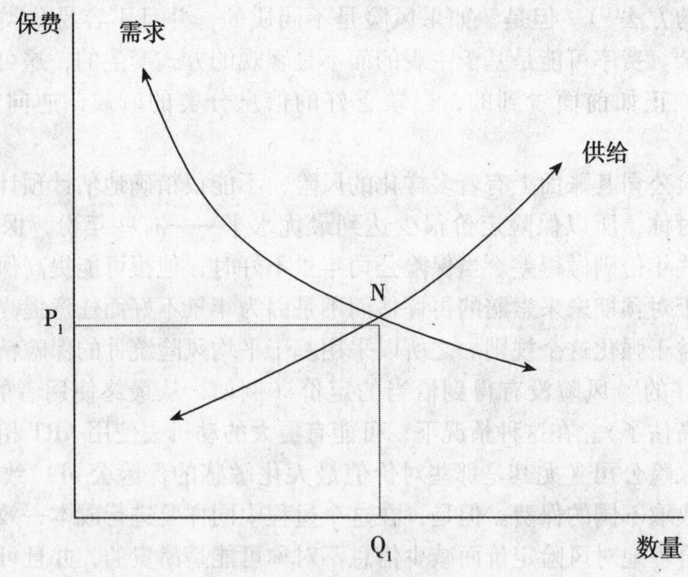

图 2—6 保险的均衡市场

保险业“**软市场**”的特点是风险容量的过度供应导致的较低的保费。“软市场”的产生是由于体制内充斥着大量的需要被有效利用的资金。在这样的情况下，保险公司为了获取市场份额的增加就会降低它们的承保标准；随着更多的竞争者进入市场，它们还可能会降低保费。最终的结果是供给曲线向右移动，表明保险公司愿意在更低的价格上提供更多的保险服务。新的均衡价格如图 2—7 的 N′所示，此时保费由 P_1 降低为 P_2，而市场供应量则由 Q_1 增加到 Q_2。在“软市场”中，传统保险业务的价格竞争十分激烈，业务量是风险管理成本效益框架中一个很重要的因素。

风险容量的过度供给并不是一个可以持续的市场状况。在某种程度上，保险公司为了争取市场份额实行的低投保条件和低保费机制会导致承保损失超过用来弥补实际偿付损失所建立的准备金。这时候市场进入了“硬市场”周期：保险公司减少了它们愿意进行的承保额，使得供给曲线向左移动（如图 2—8 中新的均衡点 N″所示）。这使得保险的供给量减少而保费上升（即实际收到的保费（P_3）要比均衡时的保费（P_1）高）。“**硬市场**”周期会因为一些重大灾难的发生引致的过度索赔需求而加速出现，比如偶发性的或严重的灾祸（如飓风、地震和恐怖主义活动）或**挤兑损失**（如多种保险业务同时遭到索赔要求——如财产保险、公司破产保险、生命和健康保险）。① 在“硬市场”条件下，本书中考虑的多种风险转移机制将会是风险管理者不得不做的选择。

当市场度过“硬市场”周期时，更高的保费收入会吸引到新的竞争者（如那

① 事实上，美国保险服务办公室（ISO）估计在 20 世纪 90 年代中后期有 500 亿美元的灾难发生，这可能导致了保险公司或再保险公司的破产，消耗美国市场上高达三分之一的风险容量。

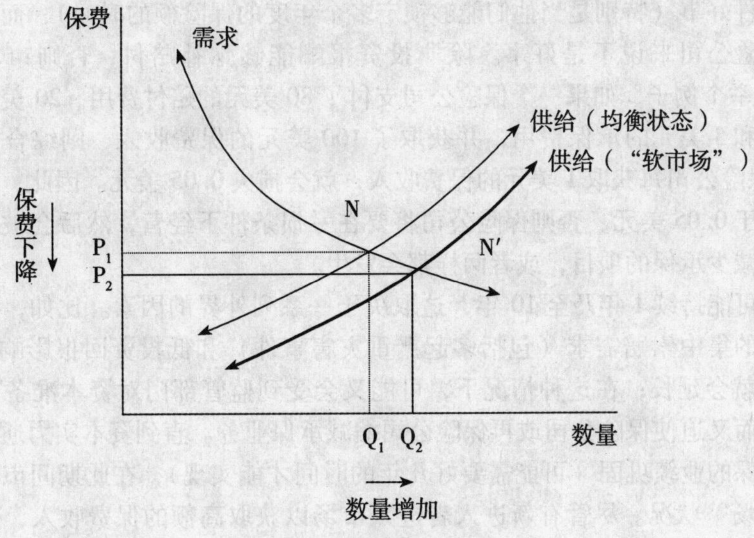

图 2—7　保险“软市场”

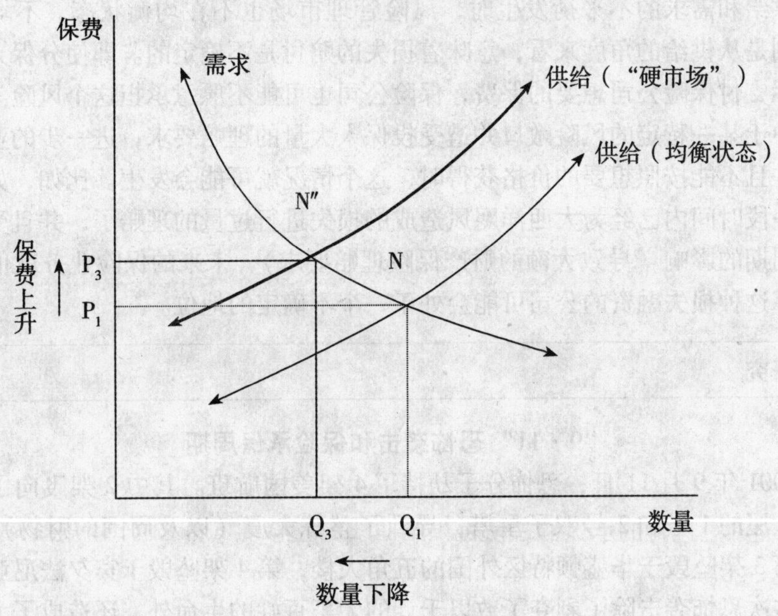

图 2—8　保险“硬市场”

些迫切希望获得新兴有利市场份额的竞争者）。随着更多保险公司的加入（或者重新加入），供给曲线重新向右边移动，重新移向均衡状态，于是正常的或者“硬市场”又或者“软市场”周期重新开始了。为了判断处于哪个周期状态，保险公司或再保险公司往往通过**综合赔付率**的水平来判断，综合赔付率被定义为已经支付的损失、损失调整费用和承保费用之和与保费的比。如果这个比率大于 100%，就说明保险公司是不赚钱的，这说明它处于“软市场”状态。这显然对于最终的顾客来说是一件好事（特别是当他们能够锁定多个年度的保险额的时候），而对保险公司和再保险公司来说不是好事。除非投资报酬能够弥补赔付，否则市场将开始“硬化”。举个例子，如果一个保险公司支付了80美元的赔付费用、20美元的损失调整费用和5美元的承保费用，并获取了100美元的保费收入，则综合赔付率为105%，保险公司每获取1美元的保费收入，就会损失0.05美元。因此，除非投资报酬要大于0.05美元，否则保险公司将要在亏损条件下经营，然后会被迫提高保费，或者减少承保的项目，或者两样都会发生。

周期可能持续1年乃至10年，这取决于一系列外界的因素。比如，如果行业受到偶发的集中索赔需求（包括多起严重灾害事件）和低投资回报影响，“硬市场”周期就会延长；在这种情况下，可能又会受到监管部门对资本准备充足性的关注，进而又迫使保险公司或再保险公司缩减承保业务。直到资本实力通过更强的投资和承保的业绩巩固（可能需要好几年的时间才能实现），在此期间市场一直处于“硬市场”状况。尽管有新进入者进入市场以获取高额的保费收入，但是在短时间内（特别作为新生的保险公司）他们可能获得的进展是很有限的。

当供给和需求的不平衡发生时，风险管理市场也不在均衡状态。不均衡的状态，特别是从供给的角度来看，意味着损失的赔付是不确定的。即使分保人愿意按理论边际支付保险公司想要的保费，保险公司也可能不愿意承担这个风险。当行业过分集中于某一特定的风险敞口并遭受投保人大量的理赔要求，进一步的业务是不确定的并且不能按照想要的价格获得时，这个情况就可能会发生。比如，如果保险公司在一段时间内已经为大西洋飓风造成的损失进行过量的理赔了，并且受到偶发的高危周期的影响（导致大额的财产保险理赔要求），未来的保险业务就值得怀疑了。依靠这种损失融资的公司可能会处于一个不确定的地位。

案例研究

“9·11”恐怖袭击和保险承保周期

2001年9月11日，恐怖分子劫持了4架美国航班。其中2架飞向了纽约世贸大厦的1号和2号双子星塔，导致了整栋大厦（以及周围的财物）的倒塌，第3架坠毁于华盛顿特区外围的五角大楼，第4架坠毁于宾夕法尼亚的乡村。这次恐怖袭击除了剥夺了数以千计的无辜百姓的生命外，还造成了大量直接和间接的财物、基础设施以及服务业的损失。毫无疑问，这些损失必然给保险业带来重大的影响，保险公司为这次灾难进行了大范围的赔偿，包括财物损失赔偿、企业经营中断赔偿、员工薪酬赔偿、健康赔偿、生命赔偿和飞行保险赔偿等。尽管这4场空难被认为是“战争行为”，大多数的政策条款都把它列在赔付范围以外，但是保险公司还是没有把它当成例外，而是及时地进行了赔付。事实上，这个事件是保险行业史上最大的单宗赔付案件，直接和间接的损失在300亿~580亿美元之间[①]（其直接损失如表2—1所示）。受影响最大的是财产保险，财产保险公司为财物损失、公司中断损失和飞行保险损失进行了赔付；健康和生命保险业务，虽然非常重要，但是遭受了较少的损失。"9·11"事件被看作是再保险和转分保机制的一个很重要的测试，因为很多财产保险公司已经把风险敞口转入再保险市场（通过转分保机制转移了一部分），于是产生了再保险公司是否有足够的资产实力来偿付所有理赔的问题。

表2—1 **"9·11"事件预计的直接损失**

类 别	预计损失（亿美元）
寿险	27
财产险	85（包括对世贸中心35亿美元的赔付）
公司中止险	100
员工薪酬险	40
飞行责任险	35
船舶险	5
其他责任险	100
其他险	10

承保周期在"9·11"之前就已经进入"硬市场"状态。在近10年宽松的承保标准和零星的"大额理赔"（如1992年的安德鲁飓风、1994年的加利福尼亚地震、1995年的神户大地震、2000年的英国风暴、洪水）之后，市场在2000年到2001年初开始转入"硬市场"。较低的综合赔付率和较低的投资报酬（较低的利率市场环境和重大的资本市场纠错导致的）导致了逐渐严格的保险条款和保费的增加。"9·11"事件发生之后，保险市场的供给发生了迅速的收缩。某些过去理所应当地被认为可保的风险（比如，恐怖活动）事实上在所有保单中都消失了（导致了某些政府支持的恐怖险种的出现）。某些其他风险敞口的保险业务在2002年1月重新签约的季节中被缩减，导致保费提高了25%（此后保费持续上升，有些情况下，保费水平达到过去一般责任险、员工薪酬险、财产险保费的50%~150%）。"硬市场"在2000年迅速出现，导致了两个直接的结果：其一是在百慕大注册的再保险公司的出现。这些再保险公司旨在提供更多的风险容量并得以利用具有较高保费的环境。其二是保险公司的最终消费者或其他人对风险转移选择机制进行了重新思考，并发现

① Tillinghast将范围限制在300亿美元至580亿美元之间。Hartwig估计有400亿美元的直接损失。其他类似的估计也得出了相似的区间（根据直接或间接损失额来估计）。

风险转移选择机制在“硬市场”状况下有更高的成本效益。在“9·11”事件中，很多再保险公司建立起来了（包括 Axis Specialty、Allied World、Endurance Re、Arch Re、Da Vinci Re 和其他一些公司等），在事件后的 6 ~ 18 个月内增加了市场的风险容量。到了 2002 年年底，超过 100 家新的国际性保险公司在百慕大注册，① 很多公司在保险季度中选择新的客户以利用保费上升的机会。有趣的是，在“硬市场”中非常吸引人的一个话题——转向 ART 市场的趋势，并没有紧接着发生。但是，其他的 ART 活动仍然得到了扩展（如专属保险、整合项目、有限政策）。

需要一再强调的是，市场周期决定了价格，价格水平引导风险机会走向最具有价格竞争优势的风险管理替代机制或代理机制。

2.4 获取新的风险容量

企业如果想要在成本效益框架下制定理性的风险管理决策，就必须尽可能多地考虑各种各样的选择。否则，这个公司就会成为一个被动的价格接受者，不可能使其企业价值最大化。因为每一个风险管理市场都有供给和需求周期，所以就需要开发新的渠道和机制来解决它们的不足和缺陷。如果“硬市场”状况出现而企业投保的边际保险费用非常高，企业就会转向其他渠道来执行其风险计划（如加入风险保持小组、建立专属保险、使用衍生金融工具合约、发行资本市场金融工具等）。② 这些机制虽然非常重要，但是与公司能够找到一个更为经济合理的方法相比还是次要的。当一个公司有能力获得新的**风险容量**（所谓风险容量是指可以接受风险敞口转移的保险总额）时，它就不再面临因为保险额的不确定性可能对公司价值造成的损害。我们在以后的章节中将会谈到，获取新的风险容量是 ART 市场中的一个重要驱动因素和利益。通过使用 ART 的产品和机制，企业可以通过各种风险管理策略减少它们对传统风险容量来源的依赖，也可以减少它们面临不确定性或高额保险的可能性。这些企业不再是被动的价格接受者，它们可以主动地寻找能够产生最低成本的方法。由于不同中介和风险容量提供者具备不同的专业特长、资源和目标，也必须遵循不同的规则、规章和法律或会计的处理方法，因此获取新的风险容量是可能的；新的风险容量的出现也会导致价格差异的出现。

由于存在多种可供选择的机制，所以总能够获得合理定价的风险容量。比如，传统的保险公司关注于为单一年度（可更新）不连续的某些风险敞口提供保险，但是银行主要为跨年的、捆绑的风险提供保险。在不同时期，这些风险容量的供给

① 并不是所有的这些公司都已成立，很多已经获得了批准但是最后决定不进行经营。

② 例如，在 2000 年到 2001 年期间，不良的投资市场、经济下滑、“9·11”事件导致的过度投保需求和北美、欧洲的洪灾这些因素综合起来，使得全球保险风险容量下降了近 25%，导致了“硬市场”中的价格上升。

和需求是不同的，而且定价也是动态变化的。如果某个公司在它需要的时候能够获得其中一种或两种风险容量，那么它就能减少或消除某一特定价格下最优保险的不确定性。我们在下面将会谈到，ART 市场要把“两个世界最好的方面”整合在一起。

当公司或其他消费者需要风险容量时，投资者（直接或间接地）供给他们所需要的风险容量。当投资者能够获取的报酬可以与他们所承受的风险相当的时候，他们就会参与到这个市场中来。如果一个市场的供给和需求表明在某一风险下能得到 x% 的均衡回报，那么高于 x% 的回报对于投资者来说就是具有吸引力的。显然，更多的投资者因为高回报而进入市场，他们把更多的风险容量带入市场，因此“硬市场”转变为“软市场”，使得回报降低到均衡水平（或更低）。这导致了风险容量供给的下降。不过投资者也同样关注他们能从其他的风险资产中获得的报酬，如果投资于全球权益性投资比 P&C 或巨灾险能获得更多的回报，他们就会重新分配他们的资本，这样会导致风险容量的收缩。供给的缺乏会使得回报重新上升到投资者愿意投资的情况，即能够偿付所承受的风险的回报。当然，投资者进行决策的一个重要考虑，就是参与一个既定的市场所能获得的多元化程度。因此，这并不是一个简单的有关保险或再保险市场的绝对回报是否比其他资产更高的问题，而是他们是否和投资组合中的资产相关的问题。如果一项财产险与投资者的权益或固定收入资产组合不相关，即使其回报比组合中其他资产回报略低，那么这项财产险仍然可能是一个值得考虑的选择。

中介机构在风险容量中起到中心的作用，其作用主要体现在以下几个方面：把最终消费者和投资者联系起来，作为投资者提供风险容量，充当最终消费者的风险经理并为其管理风险。因此在市场一体化（我们将在下一章讨论）的概念下，他们的角色起到非常重要和基础性的作用。如果中介（包括全球保险公司、再保险公司、商业银行、投资银行和全能银行）能够通过他们的分销网络把投资者和最终消费者联系在一起，那么能够提供承保的风险容量就会增加。同样地，如果他们愿意作为直接或间接的投资者，他们就有助于提供风险容量。如果他们着手通过管理自身的有关大额和复杂风险的投资组合来吸收一些风险容量，他们就有助于使市场形成一个有效的均衡价格。

2.5　分散中介机构的信用风险

当最终消费者的企业通过中介机构安排风险转移、风险理财或套期保值等手段时，往往就会面临**信用风险**或者损失的风险。如果作为交易对方的中介机构不能够履行契约义务，企业就会面临损失的风险。比如，当一个公司和一家银行签订了衍生金融工具套期合约，套期合约为公司带来了价值（抵消了公司经营中的损失），那么银行的违约就会给公司带来损失。类似地，如果一个公司从保险公司购买了保险，如果保险有价值（如一项可保险的损失发生了，或者赔付要求已经提交上去了），而保险公司不履行责任，公司就会遭受损失。信用风险通常是金融市场一个重要元素，特别是风险管理市场的一个重要元素。任何一家积极开展风险管理活动的企业都有可能会遇到中介的信用风险，因此必须要考虑这个风险敞口。①

当中介机构的信用等级比较高（如 A、AA 或 AAA 级别）而风险敞口不大、不集中或者不是长期的，公司所面临的信用风险就是可以接受的。然而，当这些情况不满足时，风险敞口就必须要得到有效的管理。面临较大或复杂的财务或经营风险的公司可以和多家保险公司或再保险公司和金融机构进行交易，这样可以分散信用风险。企业也可以使用多种机制（包括资本市场和 ART 市场提供的机制）来把风险传递给不同的中介机构，以使风险敞口能够更均匀地分布。公司同样可以使用 ART 市场中某些用以彻底消除保险公司和再保险公司信用风险的机制安排（如发行资本市场证券或使用纯粹专属保险来完全消除保险公司和再保险公司的信用风险）。多样化投资、减少或消除中介的信用风险是 ART 市场中的又一个主要驱动因素。

中介机构彼此之间也存在信用风险。事实上，很多保险公司或再保险公司和金融机构有微妙的商业关系。例如，保险公司通常持有大笔银行负债作为投资，这样他们会面临银行信用风险；他们还会依赖银行来获取或有信用工具（如流动性额度和信用证）。反过来，银行也从保险公司处寻求对其经营风险的保护（如从保险公司处购买信用保险来保护他们在贷款中所承受的风险，购买担保保险、债券保险或特定交易的贸易信用保险等）。银行还会和保险或再保险公司的财务分公司签订长期的衍生金融工具合约。当然，保险公司通常从再保险公司中购买再保险，因此会承受再保险公司的信用风险。因此，在这些机构之间会产生共生性。因为这种类型的交易会产生大量的信用风险，所以它们必须要认真管理，通常通过我们在后续章节中详细讨论的 ART 机制来解决。

2.6 巧妙地管理企业风险

公司和最终消费者在不断需求更新、更灵敏的方法应对传统和非传统风险敞口。这种需求也驱动 ART 市场的形成和发展。虽然公司获得标准的保险（传统的保险业务和一年期限的保险业务）或基础的衍生金融工具是比较简单的事情，但是大公司如果需要更巧妙地管理其风险，则需要更为复杂或综合的解决方案。这意味着在以下方面有更高的需求：

- 多年限和多风险起因的风险管理结构安排，包括覆盖 3～5 年保期（或更长）和多种风险敞口（如地震和飓风、公司中止或员工赔偿）的风险管理计划；
- 非传统风险的保险要求，包括由于金融和贸易管制放松、恐怖主义、声誉、

① 这个信用风险是真实存在的：比如，在 1984 年和 2000 年之间，每年大约有 30 到 60 个专属保险公司破产。

智力资产、科技、地缘政治、舞弊、玩忽职守、非灾难性天气、自然环境等导致的环境变化而产生的新的风险；

- 灵活的保险机制，包括对衍生金融工具、保险公司或再保险公司、资本市场工具、专属保险等的选择。
- 整合的风险计划，包括建立一个平台，把各个客户看起来差异很大的风险敞口集中在一起，制订可能最具成本效益的保险计划。

因为安排风险敞口的比较优势和承担风险、管理风险的比较优势不同，所以 ART 市场能够有助于把风险引导向具有风险容量和优势的组织、产品和解决方案。

2.7　降低税负

税收问题在任何一个经济决策中都是一个重要的问题。一个能够减轻税负的工具、手段或交易（其他因素保持不变）最终能够提高营业利润或净利润和企业价值。因此，了解不同风险管理手段的税负影响非常重要。

例如，我们来考虑一下保险合同的税收待遇。在很多国家的税收法规中，公司支付的保险费用是可以作为一个正常而必要的企业费用而在应税收益中扣除的；这种扣除可以提高净利润。类似地，企业在发生损失和索赔后获得的保险赔偿额也通常是免税的（除非是获得的保险赔偿额大于受损财产税税基或成了受损公司的利润）；这同样也会增加公司的净利润。没有进行保险的公司在遭受损失的时候可以把未投保损失从应税收益中扣除（例如，公司可以把财产损失发生之前和之后的财产公允价值之差或者财产的账面调整价值中的较低者作为财产损失在税前扣除）。保险的来源也会影响税负。比如，从离岸保险公司购买保险的一个美国公司其保险成本更高，因为它的保费包括了向美国财政缴纳的财产税。保险公司通过汇聚风险能够从当前的税收政策中获得特定的免税待遇。专属保险所获得的税收待遇和公司使用的专属保险的类型有关。我们在第 5 章将深入探讨这个问题，一个使用集团专属保险、高级专属保险或者子公司间专属保险的公司，可以把向专属保险公司交纳的保费当作公司的正常费用来扣除。相反，如果公司使用的是只承接小部分或不承接第三方业务的纯粹专属保险，那么就不能够扣除了。

相比之下，有关衍生金融工具的税收待遇非常不透明，因此需要特别关注。很多相关的法规是很主观的，取决于基础交易和参考指数的性质。然而，税务收益取决于衍生金融工具被认为是风险管理的套期目的还是投机目的。如果它能够被认为是一个合法的套期工具，那么公司可以将其视为正常的收入或可在税前扣除的损失来对其进行会计处理。如果一种互换或者期权把资产负债表的风险敞口限制在利率风险、商品风险或外汇风险的范围内，那么它可以被认为是一种税务套期；预想的套期也是允许的。相反，用于保护收入流或净利润不受价格变动风险影响的衍生金融工具不能总是被看作是一种税务套期。如果一项衍生金融工具不是一项套期工具，那么衍生金融工具的损失就是资本损失，因此只能在资本利得中扣除（否则就要受到罚款)。

税收的抵扣并不只限于保险、再保险和衍生金融工具合约。通过保护手段来降低公司的风险敞口的损失控制机制所发生的费用也是可以被抵扣的。例如，在一些会计政策的规定下，一些亏损控制费用，比如与安全、危险、检查等相关的培训和教育费用是可以直接从收入中抵扣的。以长期资产的形式存在的损失控制装置(如自动喷水灭火系统、安全装置、保安等)价值在资产的寿命期限内被摊销，并且可以在每个相关的期间被抵扣。

尽管与风险管理和企业相关的税收问题是复杂的(在很大程度上取决于地点、产品和时机等)，但是在进行成本效益权衡时，强调不同的风险管理方法享有不同的税收待遇是重要的。

2.8 克服监管障碍

保险公司、再保险公司和金融机构都受到不同的权力机构的监管并且必须遵守特定的规则。有些监管活动限制或禁止公司的某些业务，受监管的公司就会试图克服这些障碍。这些为克服监管障碍所进行的努力也会影响ART市场的活动(这与下文要提到的利用放松管制的契机不同)。克服监管障碍要求认真考虑正在设计和使用的风险管理产品的性质。例如，必须要确定在国家的监管者看来，该产品是保险还是衍生金融工具，这一点很重要(如果这个合约是一项衍生金融工具，它是否是一个套期工具或者中介机构是否有权力承销这个合约)。这与监管和税收待遇有关并且会影响最终消费者和中介的成本或效益。如果投保人或保险公司在英国法律下对一个风险转移产品达成了一个有特定价值的支付协议，不管损失是否会发生，这个产品都会被认为是一项“不能执行的赌注”，不能够采取与保险合同一样的损失、税务和会计处理。这些区别在处理之前就必须弄清楚。

保险公司通常要比再保险公司受到更严格的监管；因为监管者在保护个体保险客户不受保险公司破产影响方面感到更大的压力。在很多国家，保险公司被州或国家的监管机构所监管。这些监管机构在保险承销、投资和资本的审慎标准方面都制定了严格的法规。再保险公司则不同，他们在跨越国界的范围内经营，他们的经营主要针对专业市场。因为他们受到较为宽松的规则的管制，所以他们能够承销比初级保险公司种类更多和更集中的风险。因此，监管框架使得某些ART相关的业务更容易指向再保险公司而不是保险公司。为了“绕过”那些可能阻碍业务的限制，一些主要的保险公司设立了再保险分公司，以离岸为基础来选择产品和风险。有些保险公司还成立了资本市场分公司来给他们的专业客户提供衍生金融工具和其他金融工具。

相类似的，监管限制银行提供初级保险或再保险服务。为了作为保险和再保险容量的供给者进入保险市场，有的银行通过相互独立的保险或再保险分公司和百慕大转换者(在第9章中讨论)与保险市场建立联系。在某些情况下，监管障碍主导了企业或风险管理的方向。例如，银行需要从保险部门获得信用实力的提高，因为他们能够从监管差异所导致的资本成本差价中进行套利。银行发放贷款，因此面临贷款风险。银行可以把风险转移到保险业务（通过抵押债务权益（CDO）和信用衍生金融工具或保险），当然，不同的业务收费也不同。因为银行和保险公司在评估针对预期损失提取的技术准备以及针对非预期损失所安排的资本时所采取的方式不同，所以“监管套利”的机会就会存在。例如，如果保险公司承担了银行的信用风险，那么银行就可以获得监管部门降低对其资本要求的好处。在一些国家，保险业的监管部门禁止有个人信用风险的公司使用信用衍生工具，但他们通常会允许使用保险和再保险合约。这些都是有关监管套利有助于促进 ART 市场发展的例子。

2.9　利用放松管制的契机

尽管不同的市场部门存在不同的监管障碍，这些监管障碍对各家机构能够处理的风险管理业务类型和数量都起到了抑制的作用，但是放松管制的力量正推动较大范围内的跨部门活动。放松管制导致了**一体化**（我们把它定义为跨部门业务活动的融合），保险公司和金融机构通过创立保险和金融风险的承担和转移机制彼此进入各自的市场。通过放松管制，保险公司、再保险公司和财务机构积极地在传统上各自擅长的专业领域提供产品、服务和解决方案；这样他们就逐渐地演变成为具有更广泛业务基础的金融混业公司。因此，我们可以观察到银行和证券公司提供与保险相关的产品和服务并且尝试解决传统上只与保险风险相关的风险管理问题。比如，商业银行销售人寿保险、健康保险和年金，投资银行业承担灾难风险、政治风险等现象越来越普遍。保险公司和再保险公司为他们的顾客提供银行和投资服务，并且积极地处理一系列的金融风险，包括信用风险和市场风险。在下一章中，我们将会考虑这些类型的一些具体的跨部门 ART 活动，但是现在我们要知道，由于放松管制，原先把这些市场部门划分开的限制现在不适用了。这使得一家中介能够更容易地提供一系列财务、保险、混合或以 ART 为基础的解决方案。公司可以巩固风险管理业务（即同时管理跨年度和多层次的信用风险、市场风险以及某些保险风险的计划）来为客户提供有价值的、便利的产品和服务。

在美国，1999 年《金融服务现代化法案》（即《Gramm-Leach-Bliley 法案》）的通过促进了产品和市场的融合。该法案取代了 1933 年《Glass-Steagall 法案》和《Depression-era 法令》，这些法规禁止银行、投资银行和保险公司进入彼此的业务领域。例如，通过这个法规的变化，保险公司可以拥有银行，银行可以发放贷款和承销保险，可以建立控股公司控制提供银行、保险和投资业务的子公司。这导致了比较大的跨行业并购（如花旗集团/所罗门/旅行者、美林证券/美林保险、美林银行）、多重服务平台的创建、更多综合产品和服务的提供，包括具有 ART 市场特征的产品和服务。在英国和欧洲大陆，监管部门允许的跨行业融合已经开展很多年了，很多混合的“银保组织”已经发展起来提供整合的银行或保险服务（如Allianz/Dresdner、ING、Lloyds/Scottish Widows）。通过这些整合的平台，公司可以结构性地和有组织地以更加透明和有效率的方式创造不同的风险管理产品和服务，这些服务最终会使得最终消费者受益。

不考虑具体的发展和运作形式，我们在本章提到的关键市场驱动因素对于ART市场的扩大起到了非常重要的作用。事实上，最终消费者和中介渐渐地意识到他们能够通过使用不同的解决方法来获得优势，因此，在未来的日子里，这些因素会继续促进创新活动。

第 3 章 ART 市场及其参与者

在前两章，我们已经考虑了与风险有关的基本概念以及风险管理决策的理论动机。现在，我们转移一下注意力，对风险转移进行一般讨论，考察其市场特性，包括范围、起源、市场参与者和市场集中度。因此，本章接下来将通过对产品、媒介和解决方案的讨论来扩展对 ART 市场的理解，接着，我们将转向对几个基本的问题的研究。

3.1 风险转移市场的定义

风险转移市场很宽泛，没有一个很精确的分类。事实上，它的范围和集中度随着参与者、终端用户和监管者的变化而变化。因此，在某种程度上说，它的定义取决于个人的意见。回顾一下在第 1 章中所提到的定义，我们会再次注意到风险转移市场是保险创新与资本市场解决方案相结合的市场，而 ART 是将风险敞口在保险公司和资本市场之间进行转移以实现设定风险管理目标的一种产品、渠道和解决方案。从最广泛的意义上来说，ART 可以被看作是一个无所不包的部门，包括多种资产类别和风险、渠道、产品、期限、行业和法律工具。要建立一个优化的以 ART 为基础的风险管理计划，需要将多种产品、工具和解决方案结合在一起使用。

为了有助于集中讨论，我们把 ART 分成三个类别：产品、工具和解决方案。

- 产品　任何被用来达到设定风险管理目标的工具或者结构，包括：
  - 选择保险/再保险产品；
  - 多重风险产品；
  - 与保险有关的资本市场问题；
  - 应急资本结构；
  - 保险衍生工具。
- 工具　任何被用来达到风险管理目标的渠道。我们把它分为：
  - 专属保险和风险自留集团；
  - 特殊目的工具或者再保险人；
  - 百慕大风险转移者；
  - 资本市场辅助工具。
- 解决方案　任何在综合基础上使用多重工具或者媒介来管理风险敞口的计划，包括：

- 企业风险管理计划。

在本书余下的部分，我们将分别讨论图 3—1 总结出的每一项内容。事实上，这三个部分构成了风险管理的重要核心，因为它们使风险能更快、更有效地在金融系统中分散。投资者、终端用户和中介机构可以从使用上述关于风险管理的产品、媒介和方案中获益。然而，为了成功执行风险管理，必须要有适当的技能、资源和基本设施。如果单个公司不能够对广泛的保险风险和财务风险进行适当的考虑、衡量、管理和监测，或者如果一个投资者或者保险提供者不能正确地对风险和报酬进行权衡，那么结果只能导致错误的风险和投资管理决策。只有当它形成一个稳健的风险管理程序时，ART 才会成功。

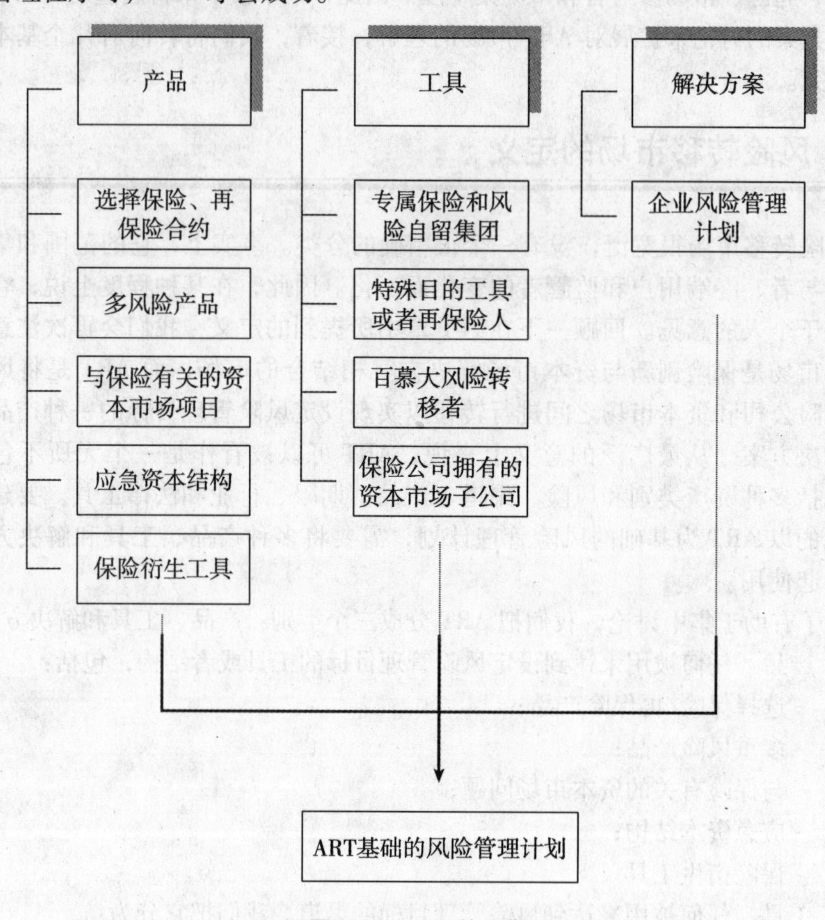

图 3—1 ART 的分类

3.2 ART 的起源和背景

因为 ART 的定义广泛，并且至少存在某种程度的主观性，所以很难精确地指出该市场是在什么时间或地点“开始”的。的确，ART 市场是逐渐发展起来，现在仍然也是在逐渐发展之中。然而，由于这一市场的重要组成部分包括自我保险、风险自留和专属保险（我们在第5部分会讨论），所以通常认为在20世纪60年代末期和20世纪70年代早期对这些技术应用的扩展标志着ART市场的非正式诞生。直到世界上许多最大型企业的风险管理者开始建立风险自留和专属保险项目的时候，新的风险转移和风险融资技术才开始出现。在20世纪80年代和90年代风险融资产品（主要是集中在对风险和现金流量的时间选择上而不是转移）开始被更多地持有。在这段时期各种类型的有限风险项目——我们将在第4部分讨论——在ART市场上开始激增。直到20世界90年代中后期和新世纪伊始，市场周期、产品创新和放松管制结合在一起引发了新一轮风险管理机制的运动浪潮，包括复合风险产品、应急资本工具、证券化和相关保险衍生工具（在第6～第9部分讨论）。这些风险管理机制促进了20世纪90年代后期和新世纪初期企业风险管理的发展（就像在第10章中讨论的那样）；事实上，ART市场的未来在很大程度上取决于整体风险管理方法的进一步扩展。在30多年的渐进时期里，ART市场的核心就是这样发展的。

因为ART市场的发展经过好几个阶段，前面的章节讨论了基本的驱动因素，包括价值最大化、市场周期/容量、税收、管制/放松管制的力量，引导了ART市场的发展和创新。为了使企业价值最大化而进行的风险管理已经变得比以前任何时候都重要，任何能够提供符合成本效益原则的风险解决方案的市场或者机制，都可以成为系统中的一个重要因素。事实上，某些市场环境变量似乎正在加速促进ART的成长过程，包括那些与财务失败、信用市场扩张和新的风险来源有关的市场环境变量。例如，在20世纪后期和21世纪初发生的财务和公司破产/丑闻导致了大量的债务和诉讼；在其中的一些案件中，投资者向公司、董事会和管理层追索赔偿，为其提供保险的保险人/再保险人被迫支付这些赔偿。将来这种行为会更多地出现，这就意味着公司和风险管理者需要调整机制以应对董事和经理们的违规行为、欺诈和环境责任等。[①] 中介机构也必须考虑处理这些潜在责任的新方法。贷款、债券、证券化结构和衍生工具信用工具市场的成长已经表明对信用风险的管理过程越来越活跃和动态化，这增添了对ART市场及其参与者的需求。随着新的发债人或借款人获得了资本以及投资者对投资组合的重新配置，风险管理中的信贷额度会有更加快速的增长。有助于管理、转移或者复制信用风险的工具已经并将继续得到普遍应用。新的风险源头也已经出现了，并且正在改变着风险管理的前景；公司需要一系列新的保险，包括对以前被广泛认为是“不可保风险的”风险进行保险。例如，与智力资产、恐怖主义、复杂财务现象、复杂责任/诉讼、非流动性、网络犯罪因素等相关的风险，这些风险需要借助于ART市场的一些解决方案。尽管这些风险也许会有助于未来几年ART市场的发展，但目前已带来了巨大的挑战。任何新的风险来源或财务过程的中断都会给风险敞口的评估和管理带来更大的挑

① 例如，石棉索赔对于保险行业来说仍然是一个未解决的问题，大量的索赔表明保险储备可能与最终要求的赔偿之间存在500亿美元的缺口，而且有的时候保险部门还必须要遵循“账单到期即付”的程序。

战。数据和损失经验的缺乏、财务关系和市场变量的变化给风险管理提供者和终端用户造成了越来越重的负担。那些不能应付新风险的传统的保险/再保险提供商也许会失去业务，具有更复杂分析方法和/或更大风险喜好的中介机构将获得这些业务。ART 市场的形势在未来几年将继续改变。

ART 市场的某些方面在本质上就是全球化的，尽管另外一些方面是与国内或者区域市场相联系的。例如风险自留方法和多触发型产品在美国特别受欢迎，并在不断成长的市场部门使用；然而，他们在欧洲和亚洲却并不普及。相反，专属保险在全世界的公司和保险公司中都非常受欢迎。由于专属保险十分流行，以至于许多“有利于专属保险”的税收立法已经在许多地方发展起来，服务于当地的专属保险业务。与保险相关的证券化也是如此——从 20 世纪 90 年代后期开始，全球发行人就已经积极参与其中。

ART 产品和解决方案的特征是高度客户化。ART 是一个要经过事先约定的、有的时候也是耗时的程序，其目的是用来实现非常具体的风险管理目标。与其他许多财务或者保险产品不一样，ART 工具和方案通常不能长期地“日用品化”。许多结构安排必须要根据每个客户和风险容量或风险融资的提供者的具体要求来设计，同时还要考虑当地规则和监管制度。只有当获得重要的经验后，一个特定产品/服务才会更加标准化，并可通过大量的中介被更多的终端用户所利用（然而，即使到了那时，预订特征仍然会在一定程度上十分明显）。

3.3 市场参与者

ART 市场一直在供给和需求力量的支配下增长和创新。在传统的框架下，通常以两种清晰的方式考虑风险管理：特定服务的需求者（比如法人终端用户和投资者）和特定服务的供给者（比如中介机构）。终端用户需要可以保护经济资本、最小化财务压力并且最大化企业价值的风险解决方案。投资者需要运用其资本以获得能够体现其风险承担水平的资本回报。如果他们能够成功地发现这样的机会，他们就会向市场提供非常急需的风险资本。中介机构在他们两者之间架起了桥梁，通过创造风险解决方案和提供投资资本/风险容量将两者联系起来。通常，由终端用户或投资者负责设计和营销特定风险产品/服务以及提供风险容量。因此，组织可能会在市场或产品开发周期的任何时点提供或者需要服务或资本（当然是在适用的监管范围内）。为了说明这一点，我们考虑 ART 一些关键的市场参与者，包括保险人和再保险人、金融机构、企业终端用户、投资者、中介人以及他们可能扮演的各种角色。

3.3.1 保险人和再保险人

保险人和再保险人在大量传统保险行业中（比如财产险、责任险、健康险、汽车险等）提供风险容量。他们的常规业务包括：

- 签订合同（即通过特定标准以及申请者与风险业务现存资产组合的关系对申请者进行选择和分类）；
- 分级（即在保险精算的框架下，评估需要保险的风险敞口从而确定保险收费）；
- 解决赔偿请求（即确认和偿付损失）；
- 管理投资（即将内部投资资产投资于多种多样的债券和权益证券）；
- 管理风险（即运用再保险/撤退、衍生工具和其他技术来平衡内部风险，特别是那些与责任相关的风险）。

除了这些核心的活动外，保险人和再保险人还是ART市场的重要参与者：他们设计和营销ART产品，通过与ART有关的机制管理他们本身的风险，将保险资金投资于各种各样与ART有关的资产（比如灾难保险债券、信用转移工具），并且通过ART工具提供特殊层次的风险容量。尽管有些保险/再保险人的业务向ART扩展是出于他们希望服务于客户的需求和管理他们自身的风险，但同时也是因为他们希望能够在合适的边际贡献下找到新的收入来源。提供ART服务可以使他们的收入来源变得十分广泛，并且可以帮助保险公司通过有利/不利的市场以及价格周期来管理业务。

保险公司，包括许多世界上最大型的保险公司一般是按照股份公司组织起来的（即标准的有限责任公司，由投资者提供权益资本并在事实上拥有这些企业）或是互助组织①（即由保单持有者提供必要资本并共同拥有的保险公司）。② 业务增长导致保险公司需要更多的资本，各种各样的大型的互助保险公司开始变成非互助保险公司，目的是为了获得互助者之外的外部权益资本。从20世纪90年代中期起，保险业的合并事件开始加速发生，因为保险公司试图扩展他们的资产负债表和分销网络。伦敦的劳埃德——一个专注于保险和再保险市场的中心——本质上不是一家保险公司，而是一个向会员和财团（这些财团自身也许就是股份公司或互助组织）提供服务的联合体。再保险人，是保险行业的保险人，通常都是股份公司，并且在专业市场上开展他们的大部分业务。许多再保险公司都设在百慕大，在那里他们可以利用有利的税收待遇以及一个相对灵活但十分安全的监管环境。

尽管保险公司在历史上严格地专注于传统保险业务（应该注意到，至今仍有许多保险公司在这样做），但是其中一些最大的保险公司近几年拓展了他们的经营范围，在多元化的业务方面做得已经很好，并且已经呈现出金融混业公司的形式。尽管大部分保险公司仍然专注于保险的核心业务（例如，财产险、责任险、健康险、标准的以一年期为基准并按照严格的精算制定价格的寿险等核心业务），但是那些处于前沿的保险公司则专注于创造新产品、扩展承销项目、将融资因素加入到

---

① 如果经营获利的话，互助组织可以向保单持有者支付股利或费率降低；相反，如果损失过大，该组织就会签发估价保单，保单持有者人必须补缴保费。

② 保险公司的第三种形式，互惠交换，实际上是一种未注册的互助保险，这种形式很少。

保单（比如通过有限合约融资）。有些扩张在信用风险转移市场上很明显。在信用扩张市场上，各种各样的公司通过信用增强、财务担保以及信用约束积极地承销信用风险。例如，单一险种的保险公司与财产和意外险保险公司例行公事地加强了资产担保证券[①]和**抵押债务债券**（CDO，将一组信用证券化）的高级部分。这些证券业务最初起源于银行业。当一家银行不要求信用保险/信用约束时（例如，没有资金要求），它可能会通过与单一险种公司进行资产信用违约互换来购买信用风险保护。单一险种保险公司[②]按照常规签署财务担保保险合约来保护债券持有人，同时也必须被明确地告知所承受的信用风险（由于风险厌恶型的承保条款，他们希望承保低频率、高强度的风险事件，这有助于他们保持 AAA 的信用评级）。一些保险人甚至已经建立了资本市场附属机构，从而能够提供广泛的与金融和保险相关的衍生工具，而这一直是银行和证券公司的传统业务领域。作为投资者和资产管理者的保险人，在对金融工具和信用资产的分析和交易方面也已经具备了相当的专长，历史上这些方面也同样属于银行的主要业务领域。财产和意外险保险人、单一险种保险人和寿险保险人是信用工具的主要投资者。他们直接地（通过购买资产担保证券、CDO）或者综合地（通过出售各种 CDO 部分的信用保护和资产信用违约保险/互换）投资于信用工具，而寿险保险人则经常投资于 CDO 的中间和权益部分。保险部门也通过保证销售给投保人特定产品的回报或者直接对市场风险进行分类来转移市场风险。例如，一些财产和意外险保险人直接（比如直接销售期权）或者间接（比如对以本金保证的权益基金提供保护）销售基于多种权益指数的长期期权。寿险保险人销售基于其他各种市场指数的期权，包括利率和外汇（在某些情况下，他们也是掉期期权和利率最低限制的主要购买者，从而为他们的担保责任风险提供保护）。虽然这些业务的边际报酬基本上是可以接受的（但是不像信用风险部门那么多），但是这些风险对风险管理者来说可能具有挑战性。对复杂的、流动性强的、长期的期权进行评估和套期是十分困难的工作。[③] 然而，他们必须对多种金融工具和风险进行常规管理，这意味着他们已经具备许多以前一直属于银行部门相关的技能。

再保险人也在扩展他们的业务范围，并且有一些已经成为综合的金融机构。事实上，再保险人最近几年已经获得了显著的财务实力（用以提高他们核心保险和再保险的专长），并且在风险和投资管理的不同方面都被认为是老练的参与者。这

① 有些资产支持项目，特别是在商业票据市场，都要求有银行支持从而获得一个较好的信用评级；因此，除非第三方通过超额抵押、单一险种保证，或无条件保证项目进行信用加强，否则银行实际上承担了很大一部分的信用风险。

② 单一险种公司最初于 20 世纪 70 年代于美国建立，通过保证一定的本金和利率向投资者发行市政债券。在 20 世纪 80 年代，单一险种公司将其保险业务扩展到了资产支持证券市场，在 20 世纪 90 年代，又顺理成章地发展到为 CDO 和其他信用工具提供保险。

③ 比如，在 20 世纪 90 年代后期，英国的寿险保险人购买了大量的英币互换期权，以此对延期年金进行套期以及为再投资风险（比如，保证最小回报率的 30 年期的投资产品）提供保险。这种套期是很难创造的，因为它们是不流动的、长期的，并且具有高度信用。实际上，许多通过出售这种保险来帮助安排这种套期的投资银行在其自身的套期过程中都一直存在困难，有些都遭受了损失。由于银行一般不想在一个如此长期的基础上为保险人处理信用风险，他们就需要考虑可选择的机制，比如，与世界银行和欧洲投资银行等跨国机构签订合约，以使其发行长达 40 年期限的英币债券，其利率和分期偿还期限与互换利率和死亡率相联系的；寿险保险公司因此可以通过购买该债券来对他拥有的年金担保项目提供套期。

些公司活跃在各种各样的传统保险业务和 ART 业务领域。例如，再保险人通常基于单个债务人对保险人的信用风险提供保护（比如，一个保险人也许会购买一个 CDO 的中间部分，承担最初的5%的损失，然后他也许会以单个信用风险为基础向再保险人寻求对最初损失部分的保护）。他们也为保险人的年金保证业务提供套期服务，有些再保险公司通过被授权进行此类业务的专门附属公司来买卖衍生工具。

正如前文所提到的，保险人和再保险人参与 ART 市场，一部分是为了分散他们的收入流。许多机构热衷于继续向其他不相关的业务领域扩展，以避免影响行业盈利规模和质量的单一市场周期风险。这样能够帮助他们平滑可能产生的利润波动。相反，如果不这样做的话，则有可能会产生利润波动。

3.3.2　投资银行、商业银行和全能银行

投资银行、商业银行和全能（或综合）银行专注于创造和管理财务风险。与保险人相似，他们有特定的责任和职能，这些银行在不同程度上履行这些责任和职能（取决于监管规则、具体专长和公司战略）。这些责任和职能包括：

- 创立信用工具和贷款；
- 在初级市场上承销资本市场证券（比如股票和债券）；
- 在二级市场上交易资产（比如股票、债券、贷款、衍生工具、外汇）；
- 开发结构性产品和其他综合资产（通过现金产品和衍生工具）；
- 提供财产管理、风险管理和企业财务咨询。

大部分银行在产品设计、定价、长期和多风险（比如信用风险、市场风险、流动性风险）交易方面有相当丰富的专业经验。在保持核心业务的前提下，大部分创新已经扩展到了保险领域并且将承担保险相关的风险作为常规业务。正如保险公司一样，上述金融机构正在寻找在非相关领域扩展和分散收入的机会，包括保险和 ART 市场。例如，许多大型的投资银行和全能银行已经处于保险相关资本市场发行的前沿（比如灾难债券、应急资本结构），并且许多其他的银行也积极尝试着通过他们自己设立的附属再保险机构、专属保险公司和百慕大中转方向再保险市场转移资本市场风险。还有一些也已经参与到保险相关衍生工具（比如天气衍生工具）的交易活动中了。更普遍的是，一些世界上最大的银行，他们自己拥有专属保险公司，并通过这些专属保险公司为客户提供人寿或年金保险（作为客户总体财产管理平台的一部分）。

除了收入的多样化之外，金融机构也会为内部风险管理目的积极参与到 ART 中。许多银行热衷于转移他们的风险以降低资本充足率的压力和开展新的业务。在很多情况下，银行将他们发起的风险，特别是信用风险，传递到了保险/再保险部门，这些部门可能由于特有的监管规则、分散化机制、定价机制和风险管理政策，在承保某些风险敞口方面具有一定的比较优势。事实上，在最近几年银行已经积极地与保险人合作转移信用风险。就像上面提到的那样，保险人对公司各种信用风险提供多种保险，并且在一定的信用风险范围内（主要是已经过投资

评级的信用风险）扮演着投资者的角色。[①] 银行按常规开设客户化的 CDO 交易柜台并且为保险人办理资产违约互换。保险人本质上是在向银行销售他们所要求得到的保护。

最近几年，由于试图创造更高的经营效率、财务实力以及更广泛的业务和销售网络，各种各样的收购和兼并已经出现在银行界。从 20 世纪 90 年代中期开始，投资银行和商业银行之间的国内和跨国合并就开始了。[②] 值得注意的是，在有些情况下，金融机构和保险公司合并他们的经营业务创造了经营基础非常广泛的大型金融联合企业，这些企业可以提供保险、再保险业务和银行产品。[③] 这些公司能很好地提供整体的保险/银行产品和解决方案。

3.3.3 公司终端用户

公司终端用户积极地管理他们的风险，因此他们需要适当和灵活的解决方案。当许多行业和地区的公司仍使用传统市场上的风险管理机制（例如，保险、金融衍生工具）时，有一些公司已经开始转向 ART 市场利用限定的项目、风险自留、专属保险和或有证券。当然，主要是来自于美国和欧洲的大公司，一直积极参与专属保险以及其他自保项目；有一些大公司也已经开始参与保险相关的衍生工具和综合风险管理计划。大部分行业部门——汽车、科技、原材料、传媒/娱乐、能源、运输、飞机制造、食品/饮料、医疗和零售业等可以利用 ART 市场机制。还有其他的行业，已经参与 ART 的部分市场。此外，当保险人和银行为了管理自己的风险而采用 ART 解决方案时，他们就已经成为他们自己的终端用户了。

最精明的公司终端用户乐意并能够实施各种风险管理方案。有迹象表明，大的跨国公司仍然集中在自留/自保并且需要对特别的（以及那些曾经被认为是不可保险的）风险提供保险；他们似乎更倾向于关注企业/整体风险方案。那些最先进的公司终端用户会在整体和组合的基础上评估和管理他们的风险敞口，而不是将资本分散开来对风险进行分散管理。利息过高导致的对个体风险进行的套期、转移和自留活动在中期（相对于短期和长期）内会有所下降。然而，比较小规模的公司仍然很少参与 ART 市场。许多小公司继续集中在传统工具和服务领域，也许他们没有认识到通过利用其他程序可以减少风险管理费用并且提高企业价值。事实上，他们也许没有受到经纪人和中介机构充分的注意，经纪人和中介机构经常以最大型的公司为优先客户。

---

① 许多保险人在 20 世纪 90 年代后期和 2001 年/2002 年在次级投资级别和次级份额上遭受了信用损失，并一直试图将投资的重点转移到高质量的份额上。

② 比如，JP 摩根/大通、德国银行/银行者信托/Alex Brown、UBS/华宝德威/普惠公司、花旗银行/所罗门兄弟、第一波士顿/CSFB/DLJ 等。

③ 比如，花旗银行/旅行者、ING、Allianz/Dresdner、Lloyds/Scottish Widows 等。在美国，1999 年通过的监管放松措施（比如，《金融服务现代化法案》（Gramm-Leach-Bliley））使得银行可以更加直接和广泛地参与到保险业务领域。在英国、荷兰、法国、德国这样的国家，几年前就已经允许跨行业的合并了。而在其他一些国家，如日本，这种合并仍然没有得到允许。

3.3.4 投资者/资本提供者

投资者提供资本或者风险容量，这就使得特定产品和程序得到安排。他们是ART市场上至关重要的参与者，因为他们使风险能够被承担、转让、套期或者转换。事实上，没有这些资本，ART市场根本无法运转。投资者基本上是那些提供不同形式的资本以形成投资组合，并从投资组合中获得充足回报的大型机构。我们把保险人、再保险人、银行、投资基金（共同基金、个体信用基金）、养老基金、对冲基金都归为此类。例如，我们在前面刚刚提到，保险人是非常重要的信用投资者；他们也许会决定投资，因为信用风险与他们在财产和责任险投资组合中的其他资产通常是不相关的（或者他们也许会相信特定风险被错误定价了）。在很多情况下，保险人作为投资者直接跟投资银行接触，并让他们设计特定的CDO和信用组合。事实上，多年来保险人和再保险人一直是积极的信用投资者，购买贷款和债券；通过上面提到的机制（比如，作为多种信用产品的中介机构），他们的信用容量近年来一直在增加。在一些业务上，比如信用风险、灾难风险和最近的气候风险，对冲基金和其他专门的投资基金已经成为投资资本的重要提供者。正如我们将会在第7章中提到的那样，从21世纪开始，机构投资者作为核心基础已经形成了，他们将经常投资于新型的巨灾险证券。现在大部分投资者已经意识到与保险相关的证券可以提供引人注目的高风险回报投资组合，这里的风险基本上和其他“传统的”金融资产类别是不相关的。许多拥有财产投资组合的大型银行也经常购买巨灾险证券，投资者也能购买应急资本证券。虽然最初的风险基金投入取决于发行者，但在实务中投资者可随时购买发行的票据，所以他们才是真正的风险容量提供者。

3.3.5 保险代理人和经纪人

保险/再保险部门通过独特的代理人和经纪人网络经营业务。这些“中介机构”绝大部分都会参与帮助安排具体的风险管理业务，包括与ART相关的交易。在许多国家，与保险相关的业务必须由代理机构和经纪人来谈判和订立；如果不能这样做，就违背了当地的法规或者法律。保险代理机构是保险人的合法代表并且得到授权代表保险人的利益行事，他们所代理的保险人直接支付给他们报酬。典型地，财产和意外险代理机构可以在具体保险业务上约束保险公司。相反，保险经纪人是投保人的合法代表，因此无权约束保险人。他们可以说服顾客加入保险和接受顾客的保险申请，① 但是只有当保险人实际接受申请后，他们的保险申请才会有效。最终签订一定额度保险的保险人支付给经纪人佣金。有些保险经纪人已经成为ART市场的重要角色了，帮助投保人分析复杂风险和寻找合适的解决方案。他们可以通过综合的保险政策和企业风险管理计划为投保人提供相当有用的帮助，这些

① 在美国，专业的经纪人会帮助“未经允许的”的保险人处理他们的剩余业务保险。

政策和计划中包括广泛的分析和协商。他们可以帮助客户形成可能最好的风险保险渠道，包括那些来自于保险部门和金融领域的各种渠道。事实上，如果没有他们的加入，整体风险业务中有些业务的进展速度就会慢下来。

表3—1反映了上面各个部门在ART市场上所发挥的各种功能。当然，还有其他部门的参与者，包括那些提供交易双方的信用评级和ART相关的具体交易手段（比如，灾难债券、抵押债务等）的部门，以及那些开发精确的保险精算方法和金融数学模型来量化不同的风险因素的部门。虽然他们是重要的，但我们不准备对他们进行更加详细的介绍。

表3—1 ART市场参与者的角色

	保险人/再保险人	金融机构	企业终端用户	机构投资者	代理人/经纪人
产品开发	√	√			√
风险咨询	√	√			√
风险容量（提供者）	√	√		√	
风险容量（使用者）	√	√	√		

3.4 产品和市场一体化

ART市场和它的产品及方案被认为是“新型”的，是因为他们打破了传统的风险管理概念和技术（比如，纯粹保险、再保险、衍生工具）的边界，需要来自于不同部门的金融工程机制，并且需要广泛地吸引资本。这就导致更大程度上客户化的、灵活性的和跨部门的整合。实际上，在ART市场中，最值得注意的就是过去曾经相互区别的市场现在被整合到一起的程度，如图3—2所示。我们已经提到，所谓市场的一体化就是保险人与金融机构互相进入彼此市场的一种跨部门的融合。市场的一体化目前进展良好。尽管保险、再保险、金融市场曾经是非常独立的——各个机构在严格和清晰定义的范围内履行各自的职责——但是现在这些已不再是事实，这主要是我们在前面章节中提到过的管制和竞争压力的结果。以前存在的传统障碍现在已经消失了；而在他们仍然存在的领域，监管套利已经被开发出来。这就便于每一个部门发掘新的利润机会，进行营利多样化和风险组合的多样化。

一体化进程还在继续扩展。保险人和再保险人按常规接受并且重新包装金融风险并且提供广泛的金融服务；反过来，银行接受和管理特定的保险风险并且签订各种类别的保险合同。这两个部门还开发包括保险和金融风险因素在内的综合计划，它们在进行各自的内部风险管理时所使用的工具和方案很多是相同的。这两个团体和对冲基金、年金基金、共同基金还有其他机构投资者一起，为市场提供风险容量，同时也为他们自己获得具有吸引力的投资机会。他们之间的相互依赖性因此变得非常错综复杂。这种相互依赖性大量存在，因为可以通过各个部门相关专长/技能的提高以及对竞争优势/管制放松的利用来改进风险管理方案。

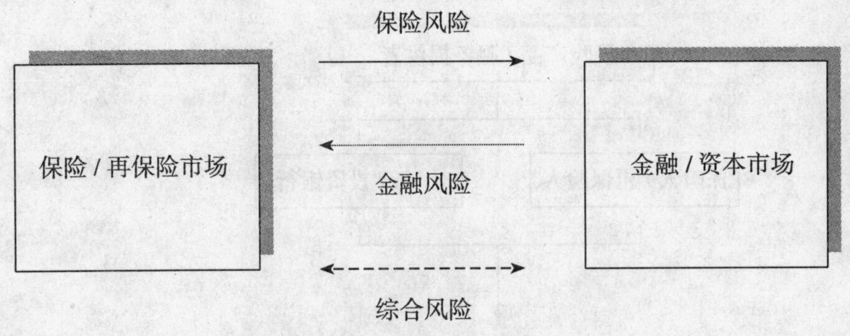

图 3—2　一般的保险/金融一体化

考虑一下各种各样简单的一体化例子。我们已经提到保险人和再保险人通常接受大额的信用风险。虽然他们多年来一直是传统的信用投资者（比如购买贷款和债券），但他们现在也很积极地出售组合信用违约互换（比如保险和衍生工具），为特定 CDO① 的信用风险提供保险等。保险人和再保险人也是各种市场风险的重要参与者，通过他们业务中的不同部门购买和销售权益市场风险、利率市场风险和货币市场风险。保险人和再保险人在信用和市场风险的出现标志着保险业对银行业务领域明显地“入侵”。反过来，银行也已经很积极地承担各种各样的与保险相关的风险，经常通过应用资本市场和结构性工具从事与灾难和非灾难气候等相关的风险交易。银行使用他们的分销网络向机构投资者分散各种各样的保险风险，而且有些银行已经建立了再保险转移，直接与保险人进行保险合同交易。银行拥有保险公司也已成为事实，反过来也一样，因此他们能够开展非常广泛的业务，包括属于 ART 市场特征的混合型业务。这些只是一些正在进行中的保险/金融市场一体化的简单例子，表明了保险与金融业相互依赖性的增加。保险人、再保险人和金融机构彼此相互依赖，创造、承担和转移各种风险敞口，意味着市场间的联系变得更强。虽然监管限制仍然决定着机构从事的活动，但是保险与金融机构在业务上已经有相当多的重叠。随着时间的推移，更多的管制放松将会使各市场之间的联系更加紧密。

一体化不仅限于承担和接受不同类型的风险，智力财产、营销、定价和发行也已经开始融合。例如，传统上保险公司根据精算技术进行评级；相对应地，投资银行倾向于通过金融数学（根据封闭分析和模拟过程）对衍生工具定价。由于这两个行业的一体化（不仅是在 ART 市场上，在其他金融服务市场上也是这样），改变定价方法的机会在逐步增加（比如，在保险定价使用模拟过程、应用极值理论检验低频的金融和非金融灾难等）。同样地，随着更多的全能银行和“银保”集团的形成，金融和保险产品的联合营销将会发展起来——例如，通过适用于单个消费者（银行、投资管理和个人保险）和公司（银行业、投资管理、公司理财和保险服务）的“一站式采购”理念。图 3—3 概括了一体化进程的主要方面。

① CDO 市场发展得十分迅速，已经成为了一个重要的风险转移市场；从 20 世纪 90 年代中期开始到 2002 年年末，美国和欧洲的 CDO 市场的规模已经达到 3 000 亿美元。

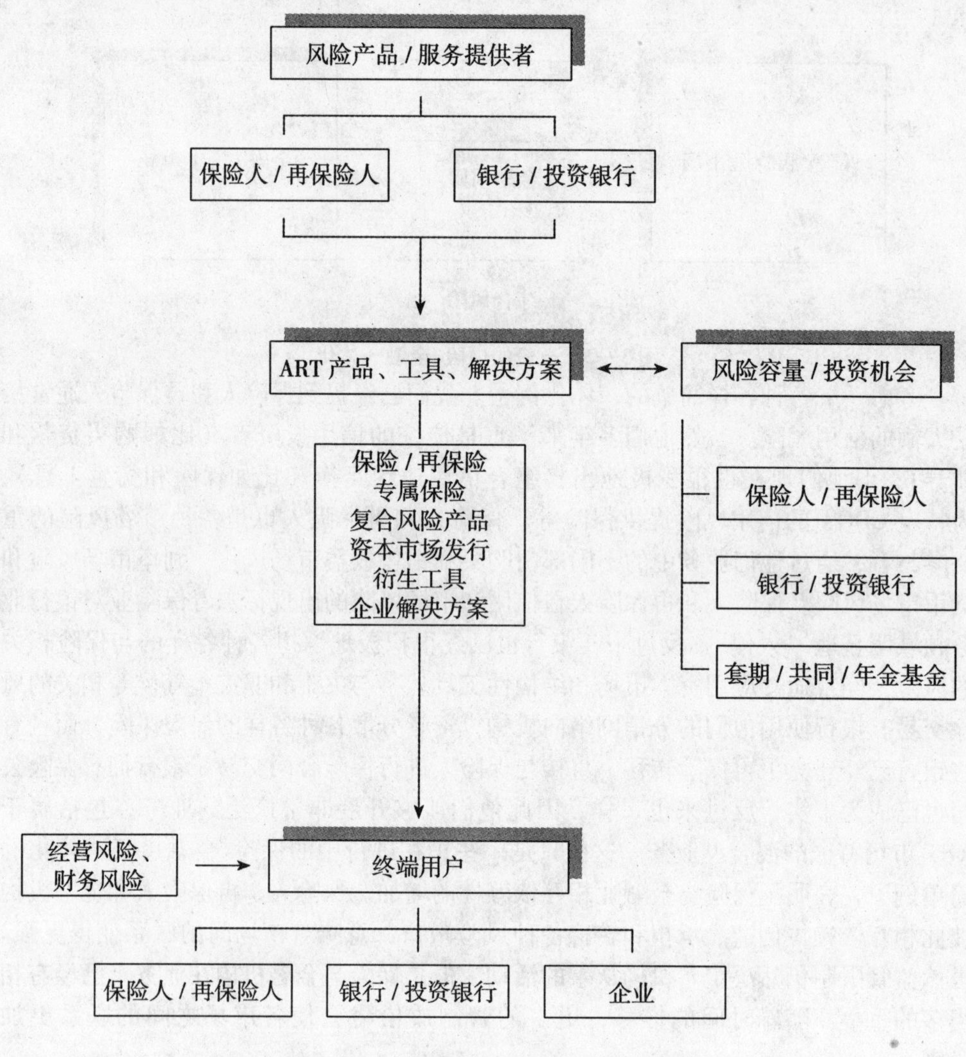

图 3—3　一般的保险/金融一体化进程

第4章 原保险与再保险合约

我们从第1章了解到，原保险和再保险合约是公司风险管理市场的重要要素，并且被广泛地应用在损失项目融资上。的确，保险是如此重要，几乎没有哪家公司的经营不涉及相关保险。当伴随着适当的再投资时，保险可以使企业价值直接或间接地增加。衡量不同产品和结构的成本和效益，并选择最大化净现金流量的一种，便会直接创造企业的价值，使外部利益相关者（例如债权人、投资人、监管者、供应商）意识到公司在经营中谨慎控制损失的水平，便会间接创造企业的价值。尽管关于保险的详尽介绍超出了本书的范围，我们在本章还是要说明一些关键的保险/再保险产品，以及他们在风险转移市场的特殊作用。

4.1 保险概念

在讨论保险/再保险产品之前，让我们先来回顾那些设计用来保障（回避）风险的合同所应具有的重要特征。合约之所以可以保障（回避）风险，它至少要满足如下条件：①

- 合约包含了可予以保险的某**意外事件**的风险——这是一桩不可预料的事故。
- 为了使损失可以估测和计量，合约存在大量充分的类似可偿付单位，损失应当是非巨灾性的。
- 分保人有可保障的利益，并且有实际的经济损失可以证明。
- 损失的风险是可以在提供赔偿和有适当考虑的合约之下具体转让的（例如在先前支付保险费时交换风险②）。
- 所有交易应当通过重要责任的转让而做到“尽最大可能遵守诺言”。
- 存在**代位求偿**的权利③，即防御损失的权利可以从分保人转移至保险公司。

如果保险合约是绑定的，那么它必然会包含提供方/接受方以及需要考虑的

① 保险和保险风险将会给出更复杂的定义，包括随机损失存在的高概率、发生损失时平均损失的小额度、平均损失之间的短时间、最大可能损失的限制、败德行为的最小机会、高额的保险费率以及与公众政策和适用法律的一致性。

② 如前所述，保险费是保险人向保险公司事先支付的，但是只有随着时间的推移和合约到期才会被保险公司赚取。在合约期内，保险费的余额是保留在未赚取的保费这一负债科目中的。

③ 这个概念强调补偿原则，指最大收益应当受最大损失的限制，而不会成倍地增加。

事项（例如双方认定的公允价值），它也必然依据知识和法律来执行。合约本身是偶然的，而不是可互换的，它表示交换的价值是不平等的而且是不确定的。我们回顾第2章，发现确实如此，因为公正的保险费是基于专业保险收取的，是一个统计的预期损失（加上附加保险费）；在不同的例子中，它高于或者低于实际损失额。

保险因此代表着偶然的损失从分保人那儿转出（支付经济上公允的保险费）至保险公司（同意提供相关的补偿）。保险公司通常只承担专业保险，①那是建立在大量非巨灾性的风险单位基础之上的。②保险公司回避巨灾性损失，那是在同一时刻发生的大量风险单位（例如，风险同时暴发），通过正确地多元化和再保险机制（当然它们也会转化成特定的风险转移市场产品）。如果巨灾损失发生，那么联合分担失败，保费将会提高，当然也有例外的情况（例如，当预期的损失难以精确估量或者有潜在灾难性的后果时某些保险公司却低估了风险）。尽管如此，当规则不可违背时，风险转移市场机制仍可以被视为补充和替代品。

与衍生合约（不考虑购买者是否承受损失而转移风险）不同的是，保险合约建立在利益可保障的基础上并且要求出示发生损失的证据。这是两种机制的一个关键区别，并且限制了公司利用保险作为赌注或投机的工具。尽管保险文件要求特殊权限，但是合约通常通过一份带有**保险声明**（特殊的保险合约条款和证明）、应用以及时间安排、背书的保单载明各条款事项。声明包含分保人的细节、保障期限、财产描述、保障类型、保费、扣除项目、共同保险项目以及上限。文件也涉及取消、变化、检查和测试以及权力转移的情形。

4.2 保险与损失融资

在第1章中我们提到损失融资，由套期、自留以及转移组成。①套期是指将风险从一个主体转移至另一个主体，通常（不是唯一的）与衍生合约相关，③我们将在第9章详细讨论。②保留是指按公司感觉更有效率和具有成本效益的方式选择交易以保持和管理风险。保留可以通过局部保险实现（例如，标准保险合约中具有更高免赔额、更广泛的风险排除、低保单上限，以及/或者更多共同支付和共同保险特征的保险产品）。它也可以通过特定的风险融资（而不是风险转移）机制的专门保险产品实现。正如我们在下文中将会提到的，某些保险产品，包括损失经验合约和限额项目，并不见得转移了分保人多少风险，他们因而可以

① 投机风险是不可保的，因为它们极有可能产生巨额损失，此外，损失（包括在相关的统计分布中处于尾部极端的值）难以估量。

② 如前所述，损失必须是可度量的，因为保险公司要知道如何对他们承担的风险能力定价，作为这一程序的一部分，保险还应当能建立适当的损失储备以便应付未来的索偿。这些损失储备通常分为几类，包括报告损失及调整损失，已报告尚未调整损失，和已发生尚未报告损失。

③ 特定类型的保险合约也可以作为套期的形式，例如，含特定信用缺失风险的信用保险。

被看成是保留的形式。我们将在下文探讨几种这样的风险融资/保留产品。风险保留还可以通过多种附属结构达成，这将在下章描述。③相反，转移是指通过常规的保险产品将风险从分保人转出至保险公司，风险没有或者很少被保持或者被管理，这意味着大部分潜在的损失负担已经转移给保险公司了。很多标准保险合约，尤其是那些具有低免赔额、低/无共同支付特征、高保单上限的保险合约，都属于风险转移机制的一部分。

在风险保留/转移的一般分类中，风险的可转移性从最小（例如，受标准合约中的结构性特征约束的风险保留、专门的风险融资产品、专属保险）到最大（例如，受标准合约中的结构性特征约束的完全转移），相对地使用其中的任一种，就回复到我们在第2章中关于风险治理水平与风险承受水平的探讨，同时在追求企业价值最大化过程中产生了成本效益的权衡问题。图4—1描述了风险保留与风险转移。

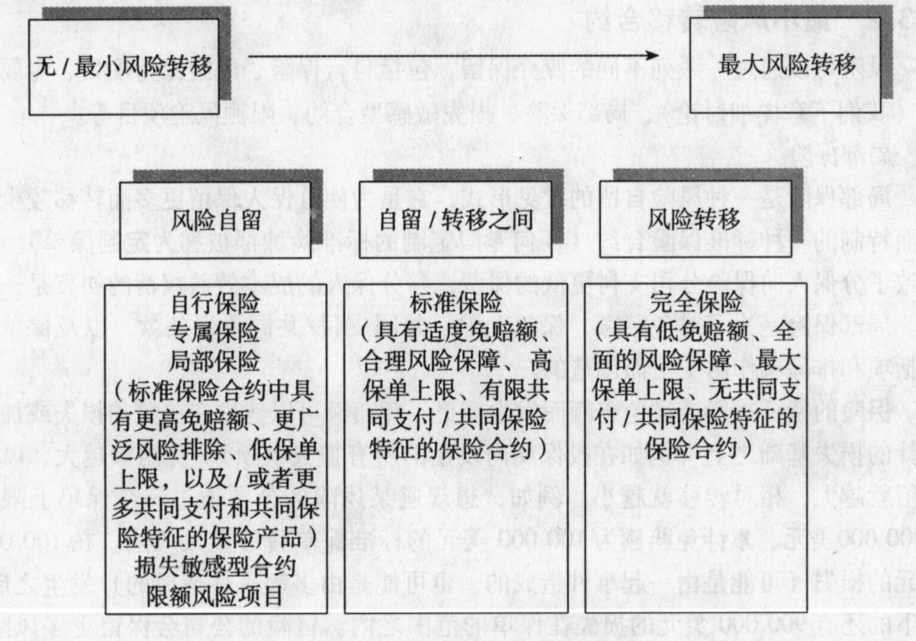

图4—1　风险保留与风险转移

4.3　原保险合约

4.3.1　最大风险转移合约

完全保险

我们已知标准保单经由保费的支付将风险从分保人转移至保险公司。完全保险可以被视为是一种风险转移最大化的合约，目的是以适当的价格尽可能地转移风险敞口（例如在前文讨论的公允保费）。完全保险通常具有如下特征：小免赔额、高保单上限、限额（或者无）共同支付/共同保险，以及限额例外。在这一类合约中，分出方最大化保费支出（成本）以换取他认为是最大限度转移风险的好处（利益）。传统的合约建立在一年期保费提前支付的基础上。

如第1章所述，完全保险的各类和其亚类可以涵盖不同的区间，包括海险（例如船身、货物、运费、债务）和非海险（例如生命、健康以及商业P&C）。每一类又可以分为特定的险种。例如，在P&C部分，保单可以就财产毁损、业务中断、债务、董事及管理者债务、雇员利益/职员薪酬、家庭、汽车以及其他投保。另外，有些保险公司还担保其他种类的公司风险，[①] 包括那些与公司融资相关的交易（例如，代理与担保[②]、税收信誉[③]、或有税收债务、中止的收购投标以及其他）。这些险种是设计用来赔偿公司控制权转移所导致的潜在问题/损失的，并且可以在某些情况下，被视为进行了“应有的努力”的替代品。

4.3.2 最小风险转移合约

风险可以通过一系列不同的媒介保留，包括自行保险、风险保持项目、专属保险（我们下章详细讨论）、局部保险、损失敏感型合约、限额风险项目等。

局部保险

局部保险是一种风险自留的常见形式，它是为使分保人保留更多而转移较少风险而特制的一种标准保险合约（任何专门定制的标准险种都被称为**定制保单**）。这导致了分保人向保险公司支付更低的保费，与分保人的成本效益权衡的初衷是一致的。局部保险是为了对免赔额、保单上限、共同支付/共同承保条款，以及保单的包括项和排除项作出变更而创造的。

保险的特征一般通过免赔额而发生变更，免赔额可以建立在单独的损失或加总累计的损失基础之上（例如在投保期内发生的所有损失事项）。免赔额越大，风险保留就越大，相对转移就越小。例如，想规避某风险的公司通过一个保单上限为1 000 000美元、累计免赔额为100 000美元的标准保单转移重大风险。在100 000美元的损失（可能是由一起事件造成的，也可能是由多起事件造成的）发生之后，余下的还有900 000美元的损失在保单的范围之内。冒险的公司会保留更多风险，可能增加免赔额至400 000美元，公司更容易遭受400 000美元的损失，而不是100 000美元。保险公司实际上在第二层保障上为600 000美元的损失提供了保险。在第一个例子中，公司保留了100 000美元的风险而转移了900 000美元的风险；在第二个例子中，公司保留了400 000美元的风险而转移了600 000美元的风险。

---

① 事实上，Lloyds自从1980年开始就一直提供各种公司融资险，而其他的则是在近年才加入这一市场。

② 代理与担保险种被设计用来消除或减少公司（或其资产）的买方或卖方将来违背其代表与担保的责任的风险，涉及知识产权、现金流、税款、产品以及环境债务和其他。任一方，或者两方，均可购买。如果卖方购买了此险，保险公司承诺支付赔偿给买方，而如果买方购买了此险，当卖方违约时保险公司承担向卖方追索的成本和风险。此险在价值难以估量时是有效的，例如知识产权和无形资产。

③ 税收信誉险种是设计用来管理税收当局的税收监管质疑风险的，例如，一项税收可能会导致不利的债务，该险在税收规避广泛应用时期十分重要，但是会被监管当局不时地质疑。

实际上，这正好符合保险公司的期望，保险公司并不趋向于高免赔额的保单，因为难以确定公允的保费（例如，估计统计分布尾段的数量十分复杂）。另外，保险公司由于低额的再投资保费而丧失了增量投资报酬。

保单上限也可以通过限定保险公司向分保人支付的损失赔偿来定义风险保留的水平。上限越低，最终保留的风险就越大，相对转移的风险就越小。例如，某公司就业务中止险种与保险公司签约，保单上限为1 000 000美元；如果某可保事件发生并且产生了2 000 000美元的业务中止损失，保险公司就须承担1 000 000美元的损失而公司自己承担剩下的1 000 000美元的损失。通过这一机制，公司增加了超过1 000 000美元的任何潜在损失的保留风险，然而，对于可扣除保单而言，保单上限可以建立在相对百分比或者总计数的基础上。与可扣除保单不同的是，该机制强制分保人接受超出上限的损失风险，而损失金额可能是无法预料和巨额的。事实上，通过上限，公司在统计分布的尾端处于未被保险的状态，正好是最需要保险的地段（例如，对可能导致公司陷入财务困境的灾难性事件投保的险种）；回顾我们在第1章中的概述，极度严重而又极少发生的事件恰恰是公司应当考虑防范的。而保险公司，基于相同的理由赞成在合约中包含保单上限，他们因此而不必在分布曲线的尾端作出精确估计。

风险转移还可以通过共同支付和共同承保加以限制，分保人和保险公司分配既定的损失。分保人在共同支付中的份额越多，保留的风险也就越多，相对转移的风险就越少。共同承保的支付额可以由多种方式决定。例如，保险公司可能同意支付损失的实际现金价值部分，而由分保人承担剩余的部分。或者，分保人可以从保险公司获得的部分是所要求承保金额的函数，乘以实际损失经验的倍数。分保人和保险公司因此按预定的比例分摊了损失（鉴于分保人自己的风险偏好），向保险公司支付的保费是保费总额和保留风险二者的函数。

保单的包括项和排除项是另一种形式的风险保留。通过严格限定保险的范围，分保人指出了他期望保留的风险和期望转出的风险。保单排除的项目越多（或者是诸多的风险种类——例如灾难性财产和人身意外，或者是某特定的事件——例如北大西洋飓风），保留的固有风险越多而转出的越少。保单排除的项目越少，提供的风险转移就越多。某些保单可能包含所有同类的风险（例如财产损失），除非它们被单独排斥；分保人有责任确认和指定他们期望保留的排除风险。而在某些情况下，由保险公司决定排除哪些特定的风险，包括那些缺乏可保性、非经常的风险以及败德行为；分保人因而被迫保留这一类风险或寻求其他的解决办法。图4—2总结了从完全保险转变为局部保险的机制。

综上所述，局部保险是公司保留某类和某特定额度风险的一种有效方法。在权衡成本—效益之后，公司可以追求混合的风险保留或转移搭配，以便通过使用上述诸种形式的组合对预期的损失以及由此发生的保费进行运营，每一种潜在组合产生了总计的企业价值，从而有助于指导企业总体的风险管理战略。表4—1展示了多种局部保险组合的成本与保险收益的一个实例。

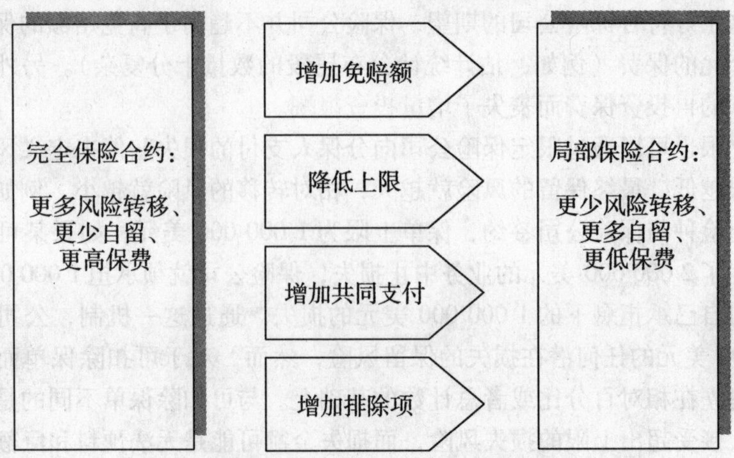

图 4—2 从完全保险转变为局部保险的机制

表 4—1 多种局部保险组合的成本与保险收益 单位：百万美元

组合	保费成本	保险收益			
		免赔额	上限	共同承保	排除项
1	5	0	10	0%	无
2	4	1	8	5%	非 D&O
3	3	2	7	10%	非经营中止
4	2	3	6	15%	非地震
5	2	3	5	10%	非 D&O
6	1	5	7	5%	无

损失敏感型合约

损失敏感型合约是一种保费建立在经验损失之上的局部合约，由另一类最小限度转移风险的工具组成。它们有多种形式，包括经验评级保单、大额免赔额保单、回溯评级保单和投资信贷项目。损失敏感型合约与常规的固定保费保险合约的区别在于：保费由发生在特定期间的损失决定，须等到一段时间以后才能支付，而分保人允许保留大量的风险。常见的是，在损失敏感型合约下，保险公司会在决定和收到保费之前，承保分保人的所有损失。显而易见，损失敏感型合约比常规的固定保费保险合约具有更多的风险融资因素。由于保险公司事实上相当于贷款给分保人，所以它通常要求有价证券或担保物的过户，以便最小化或者消除任何可能导致的信用风险。图 4—3 总结了常见的几种损失敏感型合约。

经验费率保单（ERP）是保险公司直接根据分保人过去的损失经验而向分保人收取保费的合约——过往的损失越大，保费越高。这种形式至少有两点好处，其一是减少了败德行为，其二是提供了估测预期未来损失的更稳健机制。如果在定价法则中排除了败德行为，分保人就会因保单的降价而受益。而经验评级保单（ERP）与我们下面讨论的其他形式的合同相比，具有更少的风险自留/融资功能；由于其未来将支付的保费建立在过往的损失经验上，所以属于损失敏感型合约。

大额免赔额保单（LDP），顾名思义，是指比典型的固定保费合约具有更多免赔额特征的合约。分保人保留了更多的风险，而支付给保险公司更少的保费（与

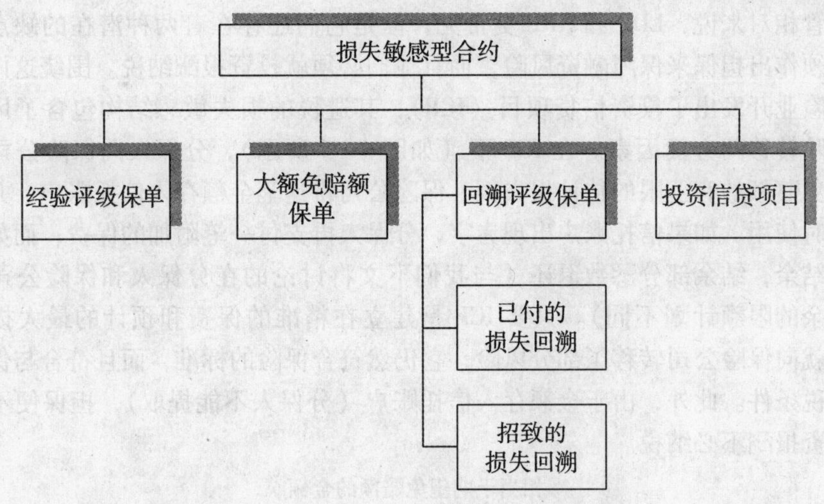

图4—3 常见的几种损失敏感型合约

我们上面对局部保险的讨论一致）。由于保险公司通常支付所有的损失后再向分保人讨还免赔额，高免赔额意味着保险公司暂时为分保人的利益而筹措资金补偿损失。举例来说，一家保险公司与分保人 A 签订一份常规的保险合约，上限为 10 000 000美元，免赔额为 1 000 000 美元；与分保人 B 签订了一份大额免赔额保单（LDP）合约，上限为 10 000 000 美元，免赔额为 9 000 000 美元。如果发生了 10 000 000 美元的损失，保险公司就会立即分别向 A 和 B 支付 10 000 000 美元，然后分别向 A 和 B 索还 1 000 000 美元和 9 000 000 美元，直到索还完成——可能要持续几个月——保险公司实质上分别为 A 和 B 融资 1 000 000 美元和 9 000 000 美元。分保人 B 持有的是大额免赔额保单（LDP）合约，比分保人 A 向保险公司支付了更少的保费，因为他保留了更多的风险；他最初的目的，也是未来保留风险并融资，而不是转移风险。

回溯性比率保单（RRP）要求分保人支付一笔初始的保费，在未来的某个时间，再根据损失的金额支付附加的保费（回溯保费）或者退还多付的保费（回溯退还），RRP 因此相当于通过“回顾”来进行现金流调整。为了增加损失预测程序的确定性，几乎所有的 RRP 都规定了上限和下限之间的范围。例如，回溯保费可能设为损失的 80%，上限为 5 000 000 美元，下限为 1 000 000 美元；分保人和保险公司要受契约的支配。回溯保费/退还额要等损失发生时才能确定，因此产生了调整和损失估计。RRP 具有风险保留和融资的特征而不是风险转移的特征，其有两种方式——**已付损失回溯保单**，是分保人在保险公司实际偿付时交付附加保费（该期间在多年风险融资下有可能跨越数年）；另一种是**已发生损失回溯保单**，是分保人在保险公司最佳估计损失的期间交付附加保费（例如，实际损失加上预计的未来损失）。已付损失回溯结构具有更广的风险融资意义，因为不需要“干预”保费的补充。同时，RRP 的融资特性也要求分保人向保险公司作出担保。

尽管相对来说，LDP 和 RRP 更常见，但是它们还存在着两种潜在的缺点：分保人必须作出担保来保障融资风险，而且他们必须就投资报酬纳税。围绕这两点障碍，保险业开发出了投资信贷项目（ICP），其避税的损失敏感结构包含了风险融资和风险转移两方面因素。在 ICP 下（如图 4—4 所示），分保人向保险公司支付相当于免赔额的有上限的估计损失额，保险公司将这笔金额存入信托账户，并在损失发生时使用。如果信托账户出现赤字，分保人再支付一笔附加的保费；而如果账户出现结余，结余部分悉数退还（与我们下文将讨论的在分保人和保险公司之间划分结余的限额计划不同）。只要 ICP 是建立在精准的保费和预计的最大损失之上，它就向保险公司转移了部分风险，它仍然符合保险的标准，而且符合与保险相关的避税条件。此外，由于金额存入信托账户（分保人不能提取），担保便不再必要且投资报酬不必纳税。

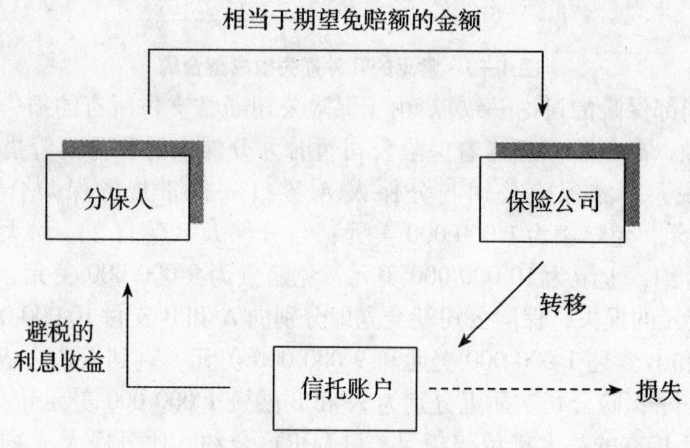

图 4—4　投资信贷项目

值得一提的是，机构通常使用损失敏感型合约来资本化税收优惠。保单的相关保费是可以在税前扣除的，提供了直接的避税优势。此外，保留的损失只能在被偿付时扣除，而投保的损失则在发生时就可以扣除（可能发生在之前的期间）。

限额风险计划

限额风险计划以其基本形式存在了几十年（例如，第一例标准“时间与空间”合约是 20 世纪 80 年代签订的），[①] 是一种最少风险转移的合约，它被广泛使用以弥补传统保险市场的缺陷。实际上，限额计划对于那些热衷于对风险进行自留、管理和融资，而不是转移的冒险公司来说，是一种很流行的风险融资方式。[②] 限额计划可以有多种不同形式，我们在这里讨论最常见的几种，包括回溯限额计划（含

① 通过时间与空间计划，某保险公司/再保险公司在未来按进度支付协定的损失赔偿，而假定不会再有超出协定的损失。投保人支付特定的保费，相当于实际损失赔偿的净现值；事实上，这个计划中几乎没有风险的转移，以至于美国甚至不将它视为保险合约。

② 为了进一步阐述保险市场和资本市场的类似之处，值得一提的是，很多限额合约实质上被当成**总收益互换**（TRS）——一种在柜台交易的衍生工具，对时间管理和现金头寸的大小进行虚拟复制。尽管我们将在第 9 章详细讨论衍生工具，但是我们注意到，此处的限额合约通过递延损失至未来期间而成为现金流再造的机制，这正是 TRS 所做的。虽然税务和会计处理上二者有差异，但在基本结构上还是十分相似的。

赔款责任转移合约、回溯累积合约、回溯总额累积合约）以及预期限额计划，如图4—5所示。尽管存在变动，但是大部分都建立在类似的原则基础之上。限额计划既可以用于原始保险（在分保人和保险公司之间），又可以用于再保险（在作为分保人的保险公司和另一家保险公司之间）。

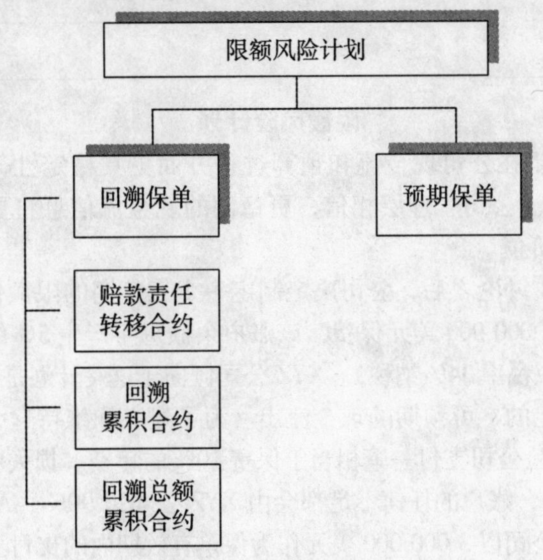

图4—5　限额风险计划

限额风险合约用于管理与损失敞口及应计损失发生率相关联的风险，主要是对现金流进行时间管理，而不是作为损失转移的工具；相应地，它们对资产负债表和现金流提供保护而不是对资本提供保障。限额风险组合主要涉及在多个期间内对损失、投资报酬以及计提准备金之间的风险进行时间管理，并且组合这些因素以便平滑现金流。限额风险合约不能被当成是对孤立的风险进行简单的一年期保障，而是多年期的计划，它能在更大范围内影响公司的现金流。尽管其最终的目的并不是转移重大的风险，但是企业由于风险融资而得到的报酬还是可观的，例如减少现金流的波动、降低资本成本、降低财务困境的发生几率以及增加举债能力；其中的每一种都可以在最大化企业价值的过程中发挥作用。此外，限额保险产品若符合组合和转移风险的特定要求，就可以被视为保险合约并且享受税收优惠，风险转移越多，税收优惠也就越多。

当传统保险市场涨价的时候，限额风险保单更为经济实惠。在这种情况下，部分转移风险的产品比完全转移风险的产品的定价要复杂一些。（这还是有赖于保险市场的环境。例如，在2001年9月11日，市场循环——加速了涨价的进度——要求大力开发限额风险产品。遗憾的是，这一期间在欧美都发生了不少公司的破产事件和财务丑闻，[①] 对那些合理化转移或平滑盈余与现金流的机制提出了质疑。媒体

① 例如，Enron、WorldCom、Tyco、HealthSouth、Swissair、Lernout以及Hauspie等，有的是破产，有的是被迫虚构盈余（甚至是巨额的）。

对某些采用限额合约来管理现金流产生时间的公司股票的权益分析进行了负面的报告，阻止了很多公司采用或扩展限额合约。这一状况持续了将近两年，直到限额风险产品的合法性重新获得认可。）重要的是我们要记住，限额保单对会计的处理不严格，尽管它能减少现行会计和金融公司的价值之间的差异。①

案例研究

限额风险计划

XYZ 公司期望在公司现金流和预算过程方面更具稳定性，也想转移部分来自 P&C 的风险。公司管理层相信，更稳健的现金流信息将更吸引投资者而且能提高公司的价值。

在跟其经纪人讨论之后，公司决定制定一个三年期的限额保单，每年向一个经验账户支付 2 000 000 美元保费，该账户余额每年产生 5% 的利息（按 XYZ 公司的主要所得税税率 34% 纳税）。XYZ 公司倾向于这一计划是因为2 000 000美元反映了公司稳定的、可预期的现金流出。为了建立和维持这个计划，XYZ 公司每年向 ABC 保险公司支付一笔相当于保费 10% 的年费。损失将会通过该经验账户补偿，3 年内，账户的任何不足都会由 XYZ 公司以 90%，ABC 公司以 10% 加以弥补。ABC 公司以 3 000 000 美元作为保单有效期内的支付上限。

在接下来的 3 年里，实际的损失分别为 1 000 000 美元、2 000 000 美元和 5 000 000美元。表 4—2 反映了 XYZ 公司的限额计划的现金流效果。

表 4—2　**XYZ 公司的限额计划**　单位：美元

项目	第 1 年	第 2 年	第 3 年
前期余额	0	860	747
存入保费	2 000	2 000	2 000
年费	−200	−200	−200
期初余额	1 800	2 660	2 547
申索	−1 000	−2 000	−5 000
税后利息	60	87	85
期末余额	860	747	−2 368

由于账户在第 3 年年底有接近 2 400 000 美元的赤字，XYZ 公司决定融资 2 200 000美元，并让 ABC 公司承担其余部分。实际上，公司也可以通过分期付款的方式补足（例如，在未来的 2 ~ 3 年内），来达成平滑现金流的初衷。关键是限额计划机制降低了 XYZ 公司现金流的不稳定性，而不会在三年内陆续面临1 000 000美元、2 000 000 美元、5 000 000 美元的损失。公司可以预算每年约为2 000 000美元的稳定现金流出（不考虑年费支出和税后利息收益），并且可以通过再延续该项目来处理 2 200 000 美元的缺口。

① 例如，一般公认会计原则（GAAP）和国际会计准则（IAS）并不适用于长经营周期的行业，例如保险；此外，准则对那些前期信息无从精确得知的行业来说是不利的（例如，在保险行业，所谓的业务“成本”只能估计——但从来不是精确的。）相应地，限额合约可以有助于解决那些可能不完全同步的行业在采用 GAAP 和 IAS 时产生的某些会计差异。

尽管完全保险和限额计划都能对信用、投资以及现金流风险进行保险，二者还是代表了不同的风险管理方式。

- 完全保险主要是单年度的保障，而限额计划通常是多年期的。
- 完全保险导致风险转移（例如保险公司提供的高额上限），而限额计划主要导致风险融资（例如保险公司只提供低额的上限）。
- 通过完全保险，保险公司获得全额保费的同时也承担所有风险，而在限额计划下，分保人和保险公司在风险、融资和投资方面都进行了分配。
- 在完全保险下，保费是建立在预期的损失经验和保险成本基础之上的，而在限额计划下，保费是建立在投资报酬的基础之上的。

限额计划区别于会计调节而符合保险的概念，是因为它涉及了风险的转移，即使它从来不会像标准保险合约那样转移更多的风险，也还是有相当部分的风险确定地转移给了保险公司。实际上，风险计划的期限越长，就有越多的风险转移。限额合约的总额保费可以很高，但是由于包括了分保人和保险公司的利润分配，所以其净成本优于其他机制。实际上，长期的限额风险计划比其他风险转移机制更为经济实惠，是因为它与分保人的损失经历密切联系。

限额计划的实际成本总额（例如净有效保费）最终是实际经验损失的函数。如果过往的损失低，分保人就获得保费退还；如果过往的损失高，分保人就需增加保费。保费和投资报酬机械性地贷记“经验账户”，而损失和年费借记该账户。在合同期末，余额在分保人和保险公司之间以事先约定的份额分配。如果损失发生超过了预期，分保人就以“保费”形式在账户中追加资金（金额视与保险公司之间协议的特定过往损失而定）。限额合约一般通过保单上限规定了保险公司的支付底限（可以制定为总额的、单次发生的或者每年的）；此外，大部分合约包含免赔额，要求分保人先行承担损失风险。

回溯限额计划

回溯性限额保单（又称已付保单）是一种对已有债务和已发生损失进行风险时间调节的限额合约。例如，涉及并购的公司可能需要利用回溯保单为已发生但未报告的债务筹措资金，这增加了并购的透明度并且更易于定价。尽管存在诸种回溯形式，但是我们仅关注赔款责任转移合约、回溯累积合约、回溯总额累积合约这三种。虽然它们根据类似的原则设立，但是相互之间还是在风险的融资和转移程度上存在微弱差别（例如在延时和保障上）。

赔款责任转移合约（LPT）允许公司放弃以前整体债务的未申索损失。分保人支付给保险公司一笔费用、保费和覆盖现存的整体债务风险的净准备现值。通过延时而转移的风险的额度通常受总计损失和事先确定的排除项的限制。LPT因而将不确定的零散的债务转变为确定的债务，相当于未实现损失的净现值。分保人有效地转移了快速发生的超出预期的损失风险。如果实际的损失缓慢地发生，分保人和保险公司可以利用有利的现金流并分享投资报酬。分保人的保费支出通常是在税前扣除的，保险公司的损失也是如此。由于保险公司对快速发生的非预期风险作出了假定（对于分保人来说，意味着投资报酬现金流的低盈利潜力），所以LPT基本消除了以前债务现金流方面的不确定性（例如，可能来自环境和产品责任的申索）。LPT比其他方式更能让分保人迅速地退出某业务，促进公司控制权的转移，并且赋予资本选择风险的自由；它们尤其适用于长尾的风险分布，因为合约的关键要素是延时。实际上，LPT是近年来才受到保险公司青睐的；再保险公司利用回溯险种积极地管理保险公司的损失储备，接收保险公司的债务以便延续原保险业务。在回溯保单的广义分类中，LPT是属于转移延时风险而不是承保风险。

回溯累积合约（ADC）是一种在概念上类似于LPT的限额合约（例如，具有将不确定的零散的债务转变为确定的债务的同样动机），但是范围更广。通过ADC，分保人延时转移已发生的损失（与LPT一样），还可以转移将引发但尚未报告的损失。与LPT不同的是，ADC不涉及债务/申索储备的转移，分保人支付的是超出储备水平的损失转移保费。这一点表明了融资是针对超出储备的当前债务进行的，保险公司提供的是超出某一联结点之上的损失补偿。与LPT一致，ADC设有上限，虽然分保人也可以要求多层级的保险。如果LPT代表的是损失的线性函数，ADC就可以被视为是超过某一联结点的递增函数。实际上，由于ADC比LPT提供了更多保障，所以其保费也更高。保单往往是远期的，作为一种回溯性的超额损失赔偿机制，使用在灾难性的再保险市场中。在回溯保单中，ADC是属于承保风险的大量转移而不是延时风险。

回溯总额累积险（RALC）类似于LPT，但是以固定的支付取代未知债务的储备。分保人为现存的和将招致的损失支付相当于储备价值的保费，并分出债务给保险公司，正如LPT一样。但是，分保人还需要支付超出定额的损失（当发生这类损失时），因此保留了延时的风险。RALC对承保的风险提供了额外的保障（与ADC一致），因此比LPT转移了更多风险，虽然不及ADC。在回溯保单中，RALC同时转移延时风险和承保风险。

图4—6揭示了上述回溯保单中承保风险和延时风险之间的权衡。

预期限额计划

限额预期保单类似于回溯保单的概念，不同的是它保障的是未来和预期债务的延时风险，而不是已发生债务的延时风险。预期保单可以作为保险（例如在分出保险公司和初始保险公司之间）或者再保险（例如在分出保险公司和再保险公司之间）。我们在以后章节详细讨论这两种形式的预期再保险机制。

4.3.3 分段保险

分保人在风险管理市场上经常通过分段投保，以便在最合适的价位获得最佳的保障组合。对保险分段也给分保人使用不同保单保障不同水平和种类的风险提供了便利（这成为建立一体化风险计划的重要机制，我们将在第10章讨论）。在它的最简单形式中，分段保险的初级形式要求保险公司联系其本身的风险承受水平、组合构成、专门技术等，向分保人提供相关的损失保障。某些保险公司更倾向于接受

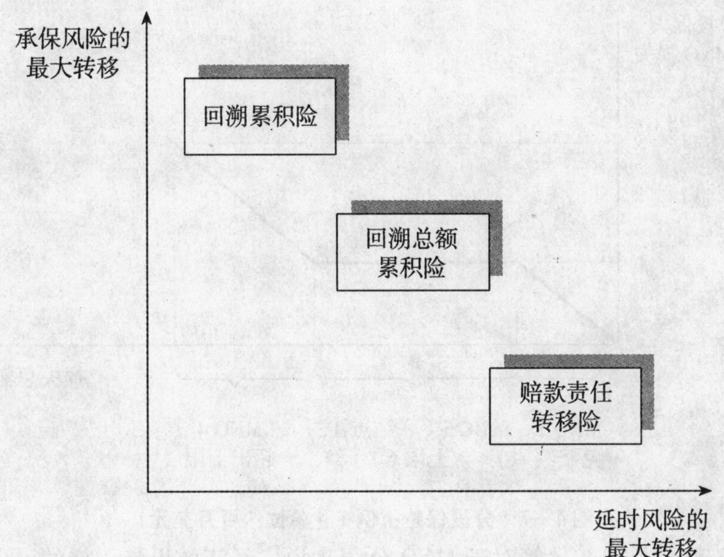

图4—6　回溯保单、延时风险和承保风险

规模小但是损失发生概率高的风险。这些保险公司在损失分布“接近平均水平”处联结风险，可以被视为“第一阶段损失”保险。他们向分保人支付了在免赔额之外的第一笔赔偿，尽管需要首先支付，但是这部分损失是更可预见的，并且被证明是更容易管理的。此外，保险公司为支付第一阶段的损失赔偿而取得的保费收入通常是可观的。某些保险公司倾向于保障规模巨大但是损失发生概率低的风险；他们在“高于平均水平”处联结风险，因此提供了超额部分的保险。这些公司有效地参与了第二阶段（第三阶段，或者更高），并且在免赔额和第一阶段的赔偿执行之前不会被要求履行。当特定联结点与每个保险公司的专门技术和构造相符时分保人会受益。例如，某保险公司就其擅长管理的风险与分保人签订该类风险的第一阶段保险时，能够比习惯于签订超额损失保险的保险公司给出更优的定价（反之亦然），客户因此享受了相关的价格优惠。

考虑一个简单的分段保险例子，MNO公司作为分保人，保留了1 000 000美元的风险，而ABC保险公司提供了免赔额之上5 000 000美元的保险（ABC公司在1 000 000美元处联结风险，偿付上限为6 000 000美元）。如果发生了10 000 000美元的损失，MNO公司支付5 000 000美元（1 000 000美元是免赔额，加上损失与上限的差额（10 000 000 - 6 000 000）美元）；ABC保险公司支付5 000 000美元，如图4—7所示。

假设MNO公司不想承担超额损失部分，它可能愿意为6 000 000美元上限之上的保险支付保费（例如直至10 000 000美元）。但是，如果ABC保险公司不想承担超出上限的部分，它可以有两种选择：其一是它可以签下整个保险额度（上限为10 000 000美元，或者敞口为9 000 000美元）并且将它不愿意承保的部分在再保险市场上进行再保险；其二是MNO公司的经纪人可以确定另一家有意承保超额段

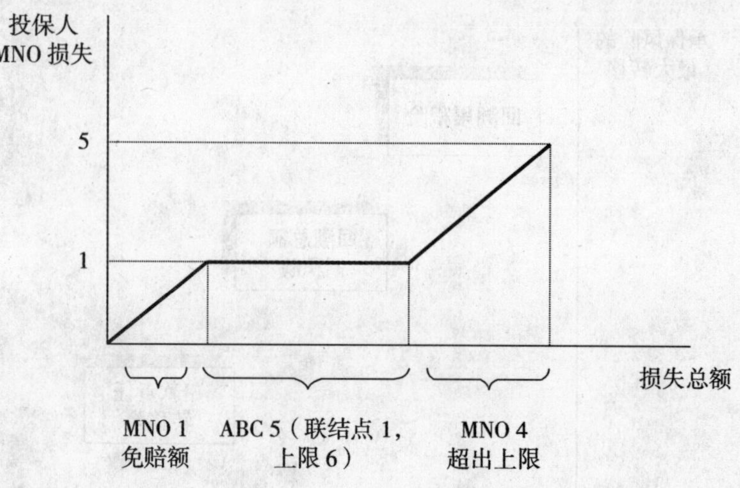

图 4—7 分段保险：例 1（单位：百万美元）

风险的 CDE 保险公司。尽管对于 MNO 公司来说，经济效果是一样的，但是两种方式的费用和税收却不同。我们先来讨论加入 CDE 保险公司的情况，在新的安排下，MNO 公司继续保留 1 000 000 美元的风险作为免赔额，ABC 保险公司在 1 000 000 美元处联结风险，上限为 6 000 000 美元，CDE 保险公司在 6 000 000 美元处联结风险，上限为 10 000 000 美元。如果同样地发生了 10 000 000 美元的损失，MNO 公司支付 1 000 000 美元，ABC 保险公司支付 5 000 000 美元，CDE 保险公司支付 4 000 000美元。如图 4—8 所示，如果损失达到 11 000 000 美元，MNO 公司支付 2 000 000美元（免赔额 1 000 000 美元加上超出 CDE 保险公司上限的 1 000 000 美元），两家保险公司面临的最大损失赔偿分别为 5 000 000 美元和 4 000 000 美元。

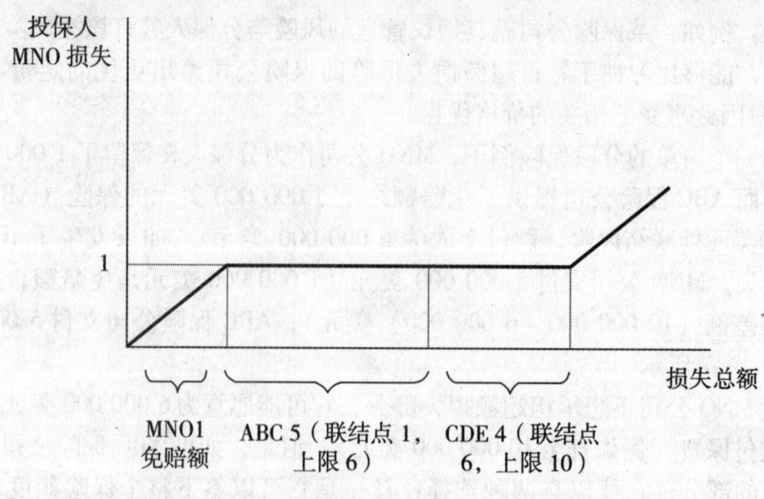

图 4—8 分段保险：例 2（单位：百万美元）

实务中，ABC 保险公司更易于承担整个保险额度并将其不愿承保的部分在再保险市场上分出。① 如果它选择这样做，则整个过程并不会被分保人察觉，分保人只认初始保险公司。如果分保人对保单进行申索，初始保险公司就会完全按照保单协议偿付分保人，然后向再保险公司申索自己的损失偿付。继续我们的例子，我们可以假设：ABC 保险公司没有邀请 CDE 保险公司作为另一家初始保险公司承保超额险加入（例如，联结点为 6 000 000 美元，上限为 10 000 000 美元），ABC 保险公司提供的是一笔全额保单，在 1 000 000 美元处联结风险，上限为 10 000 000 美元；然后它在再保险市场上找到 XYZ 再保险公司，XYZ 再保险公司愿意承保 6 000 000 美元至 10 000 000 美元的一段风险。为了获得分保人转嫁保费的相关份额，XYZ 再保险公司向 ABC 保险公司支付一笔分出费用。如果发生了 10 000 000 美元的损失，MNO 公司就会承担 1 000 000 美元的损失作为免赔额。ABC 保险公司名义上承担 9 000 000 美元的损失，但是实质上承担 5 000 000 美元（因为有 4 000 000 美元可以从 XYZ 再保险公司获得偿付），而 XYZ 再保险公司则承担 4 000 000 美元（例如联结点为 6 000 000 美元，上限为 10 000 000 美元），如图 4—9 所示。我们在下一节讨论更多的关于垂直的和水平的再保险分段形式。

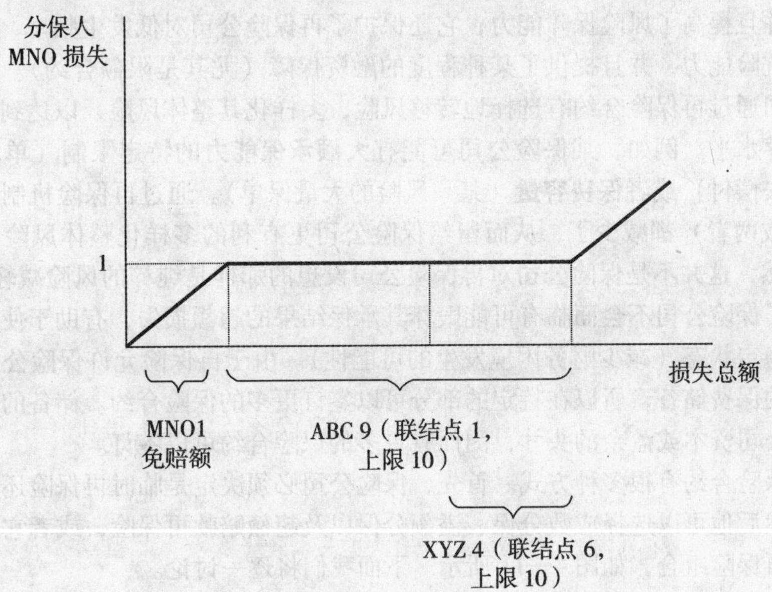

图 4—9　分段保险：例 3（单位：百万美元）

4.4　再保险合约和转分保合约

再保险合约和转分保合约是对保险风险进行有效管理和创造风险保障能力与备

① 类似于在贷款/信用违约互换市场中，当初始贷款银行贷款给客户后，它会在自己的账户上保留整笔信用，但是为了预防贷款无法收回的风险，它有可能从第三方购买一笔信用违约互换或期权，从而保障了贷款的部分金额。

选保险产品的关键。**再保险合约**的最基础形式是由再保险公司与原始保险公司之间签订承保合约，而**转分保合约**是再保险公司与再保险公司之间签订的合约。原始保险公司为了降低自己承担的风险，会将风险转移给再保险公司，从而获得转让保障。再保险公司，作为**分出转再保险人**，会将不愿承担的风险再转移给转分保接受人，如图 4—10 所示。

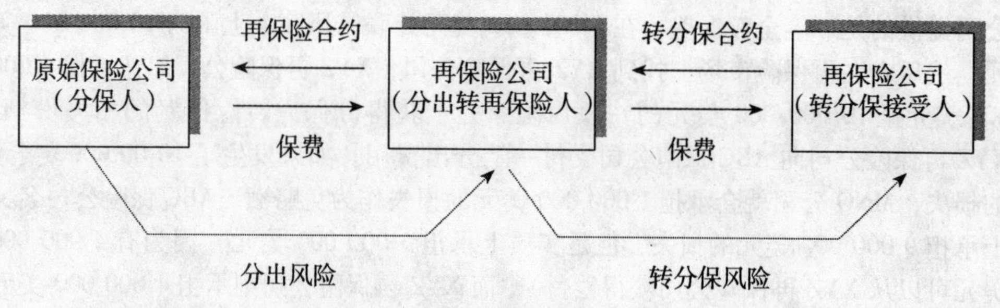

图 4—10　保险、再保险和转分保

再保险达到了几个重要的目的，它允许了保险种类的多元化，保障了盈利的稳定性，并且提高了风险保障能力；它还保护了再保险公司对低发生频率、高严重性事件的抗险能力，并且提供了某种程度的融资保障（尤其是限额合约）。首先，某保险公司通过再保险合约有选择地转移风险，多样化其整体风险，以达到更有利的风险留存水平。例如，某保险公司可能有**大额承保能力**的特定限制（单笔保单的大额损失偿付）或者**保费容量**（某一风险的大量保单）。通过再保险机制，两者的集合（或两者）都减少了，从而留给保险公司更有利的多样化整体风险和留存水平（当然，这并不是保险公司对再保险公司设想的那样是纯粹的风险减轻）。再保险保证了保险公司不会面临有可能毁坏其承保结果的超额损失，有助于使公司的盈余处于稳定状态（减少财务困境发生的可能性）。由于再保险允许保险公司减少他们预收的保费储备，所以在特定的部分可以签订更多的保险合约。储备的减少增加了保险公司资本或盈余的头寸，因而有更多的保险合约可以签订。

再保险合约有很多种方式。首先，保险公司必须决定是临时再保险还是合约再保险。然后他可以选择成数分保、溢额分保以及超额赔款再保险，或者它还可以建立一个再保险组合，如图 4—11 所示。下面我们将逐一讨论。

4.4.1　临时再保险与合约再保险

再保险有临时再保险与合约再保险两种形式。**临时再保险**是指涉及单笔交易的再保险。在高度专项化的临时再保险合约下，初始保险公司并不是强制转出风险，再保险公司也不是强制接受风险。每单风险都是在分析其利益的基础上通过单独协商的合约而转出和接受的（反映了程序的预定性）。通常临时再保险合约在损失风险巨大且独特时，或者需要特殊考虑时签订。临时再保险在 P&C 部分的风险保障中应用广泛。例如，财产险的标准保险可能通过临时再保险合约进行再保险，按照可以预见的最大损失的成数进行分保或对其超额部分进行分保。在意外保险领域，

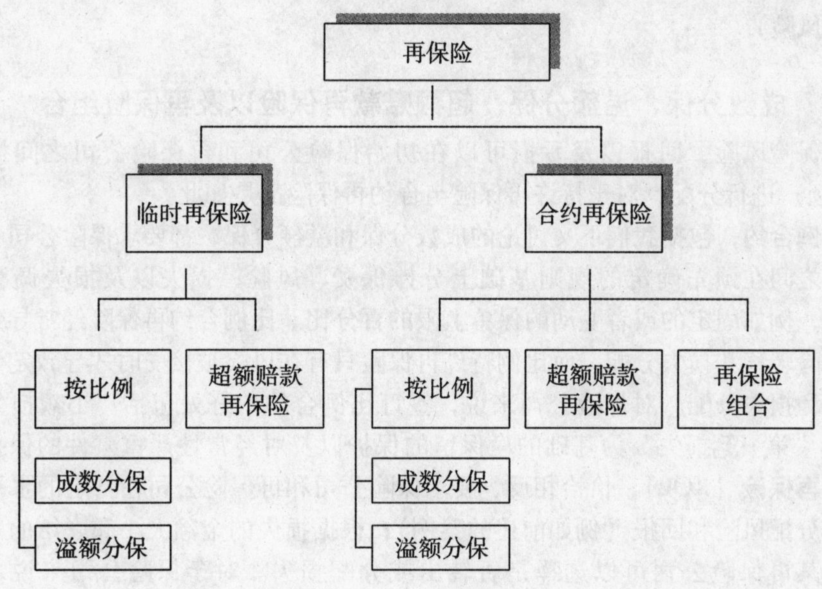

图4—11　再保险机制

一般性的债务、车险、职工补偿、超额债务以及伞覆式保险，可以通过临时再保险合约的额外交易进行再保险。

虽然临时再保险让双方在承诺之前都明确风险，但是它也意味着（合约）之前并无关于转移和保险的担保。因此，如果再保险公司相信由初始保险公司带来的某一特定风险与其自身的风险承受范围相矛盾，它就可以拒绝签约。或者，如果某保险公司发现了某种具有吸引力且盈利颇丰的特定风险，它就也可以选择承保整个风险。总的来说，分出风险的保险公司传递给再保险公司关于其所愿承保风险的信息。如果再保险公司同意接受，它就报价确认；如果保险公司接受它的报价，再保险公司就传给保险公司一份确认的契约并从保险公司那里取得一份保单，以便用来准备再保险的认证。

合约再保险，与临时再保险相反，是风险自动转移和接受的一种合约（正是由于这个原因，有时它被称为强制再保险合约）。初始保险公司同意转让其整体风险的一部分以符合之前达成一致的协议要点。再保险公司相当于是强制地接受所有确认的风险。协定中的保险判别标准必须被详细地加以描述，以消除有关转出和接受风险特性的歧义。那些不能达成一致的风险被排除在协定之外，并被放到特许再保险的基础上考量，而那些能达成一致的则自动地转移。尽管合约再保险的协议过程是更高效和更经济实惠的（在“单项风险”上比临时再保险更便宜），并且提供了一种风险有保障的安慰，但是它同时也减少了再保险公司相当一部分的“保险能力”。换言之，再保险公司同意在限定上限的情况下承受协议约定的风险整体，却不能单独考察每一项风险。此外，有些再保险公司采纳的风险可能最终是无益的（虽然从长远来看，再保险公司预期这一关系是有益的）。同样地，分出保险公司在获得风险自动转移的宽慰的同时，它也再不能保留该项风险（可能是一项高额盈利的风险)。

4.4.2 成数分保、溢额分保、超额赔款再保险以及再保险组合

再保险风险、回报以及亏损可以在初始保险公司和再保险公司之间按比例(或份额)进行分配，对于特许再保险与合约再保险都是如此。

比例合约，包括我们下文讨论的成数分保和溢额分保，都要求保险公司和再保险公司之间在预先确定的规则基础上分摊保费、风险、损失以及损失调整费用(LAE)，例如固定的或者变动的保单上限的百分比。比例合约再保险经常导致了定量的风险转移和损失分配，而比例特许再保险只有在风险被接受时才导致定量的风险转移和损失分配。对保险公司来说，签订比例合约的好处包括：小额损失的补偿、以“第一笔损失”为基础的净保留的保护以及对经常性严重事件的保护。**超额赔款再保险(XOL)**，恰恰相反，要求保险公司和再保险公司在特定的水平或垂直层面分配风险和回报(例如前述的案例)；根据损失的金额大小和联结的顺序与水平，某再保险公司可以选择是否转出或分配损失。对于保险公司来说，使用XOL机制有利于防范风险的经常性和严重性(虽然要依据风险保持的需要)，增加对净保费的保持额，并且提高管理和分配保费的效率。

在**成数分保(QS)**机制下，保险公司和再保险公司协议分割保费、风险、损失，而LAE是作为保单上限的固定比例来计算的，而不是一个确定的金额。再保险公司因此支付给初始保险公司一笔分出费用来换取风险和保费。QS合约允许分出风险的保险公司减少其未满期保费储备(通过分出保费给再保险公司)，并且增加其盈余(通过接受再保险公司的分出费用)。分出风险的保险公司的资产因为向再保险公司分出保费而减少了，而债务(储备)也因为未满期保费储备的降低而减少了。由于债务的减少大于资产的减少(因为同时还接受了一笔分出费用)，保险公司的盈余增加了。QS合约还可以加强其他财务指标，例如保费盈余比；保险公司为所签保费掌握的资本越多，它的财务状况就会更好(例如，保险公司有巨额的资本来吸收超出预期的损失)。由守信的再保险公司所签的QS合约为保险公司提供了分保的信用，有助于降低保费盈余比。

考虑如下这个例子：保险公司ABC和再保险公司XYZ协商了一单20%的QS合约再保险，即XYZ公司接受ABC公司所有保单的20%作为转出风险，并接受其保费的20%，XYZ公司向ABC公司支付所有转出业务的10%作为分出费用。如果保单1的赔偿上限为1 000 000美元，保费100 000美元，XYZ公司接受200 000美元的风险和20 000美元的保费，它还支付给ABC公司2 000美元的分出费用。如果保单2的条款为赔偿上限5 000 000美元，XYZ公司接受1 000 000美元的风险和200 000美元的保费，并支付给ABC公司20 000美元的分出费用。当保单1或保单2的损失分别发生时，在原始投保公司支付完免赔额之后，ABC公司承担损失的80%，XYZ公司承担损失的20%。在QS合约下保留和分出的风险如图4—12所示。

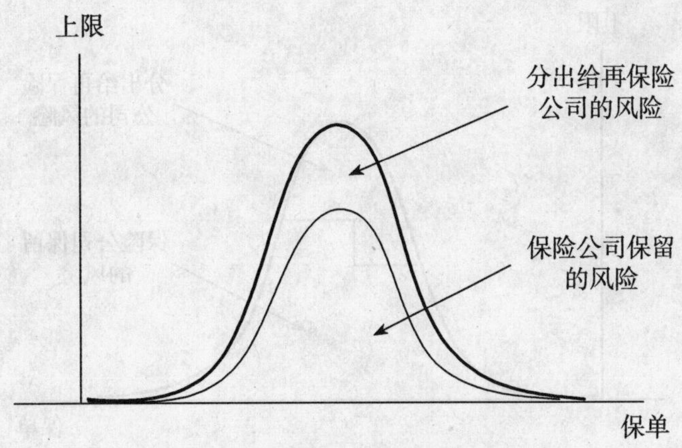

图4—12 成数分保：保留和分出的风险

在**溢额分保（SS）**机制下，再保险公司同意在保险公司风险保留上限之上以一个变动的比率接受风险，直至特定的最大限度，并且支付给保险公司一笔分出费用来换取保费的一部分，分出风险的保险公司保留的部分称为“底线”。一旦风险超出了保险公司的底线，再保险公司就承担起这一部分溢额风险和相应的保费，损失和LAE是在两者之间分级分摊的。由于每笔保单（或者每组保单）都有独立的留存金额，所以整体的分摊是按比例变动的。SS合约有助于保险公司提高其自身的盈余，降低灾难性事件造成巨额损失的可能性，并且提高了承保能力的水平。值得一提的是尽管分出风险的保险公司必须转移部分风险和保费给再保险公司，它仍然具有选择每笔保单（每组保单）风险留存水平的灵活性。这意味着相反的情况也有可能发生，例如，保险公司可能在低风险保单上高留存（低分出），也可能在高风险保单上低留存（高分出）。

例如，保险公司ABC和再保险公司XYZ签订SS合约，ABC公司风险保留底线为2 000 000美元，风险分出为8 000 000美元，意味着它可以和终端客户签订价值为10 000 000美元的保险合约。如果ABC公司签订的是5 000 000美元的风险，它保留2 000 000美元并转出3 000 000美元给XYZ再保险公司，那么保费、损失和LAEs的分摊为2/5属于ABC公司，3/5属于XYZ再保险公司。在SS合约下保留和分出的风险如图4—13所示。

如果说QS合约和SS合约都是在固定或变动比率的基础上分摊风险和回报，XOL合约则是在非比例的层面按收到的实际申索分配风险。在超额赔款再保险（XOL）机制下，再保险公司同意在特定的风险保持水平之上偿付损失（例如联结点），直至最高的上限。可以针对单项/单次风险进行保险，也可以针对在限定时期内的累积风险损失进行保险。例如，一家再保险公司签订了一单“10 000 000美元XOL 5 000 000美元”的合约，表示它愿意承担超出5 000 000美元的超额损失（联结点为5 000 000美元），上限为10 000 000美元，亦即它所保障的净损失为5 000 000美元（10 000 000美元 - 5 000 000美元）。由于风险不是平等地被分配

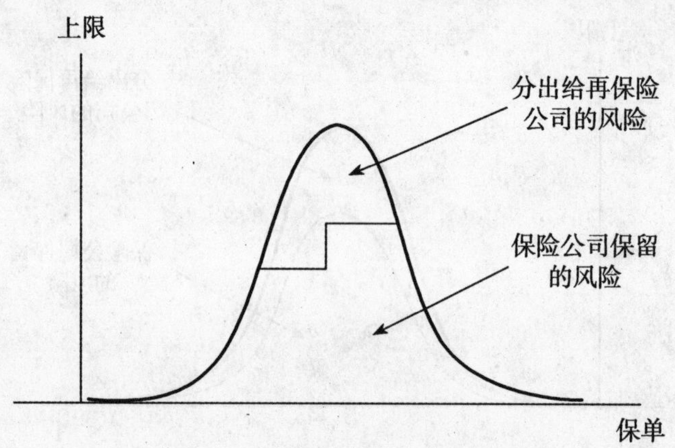

图 4—13 溢额分保：保留和分出的风险

（与按比例的 OS 合约和 SS 合约不同），所以再保险公司收取的保费就不是按保险公司向其客户所收保费的比例来计算的，而是一般保险因素的函数，包括风险性质、风险集中度、以往的损失经验、整体组合及其他。XOL 合约让初始保险公司有能力签订大额的和损失严重但发生概率低的风险；实际上，XOL 合约更多地用于灾难性风险的保险，同时也广泛地应用于极有可能发生的 P&C 风险的保险。

例如，可能有数家再保险公司参与 XOL 合约，每一家承担一个级次的风险；这被称为“**垂直分层**”（这是对我们在之前提到的分层例子的概念的延伸）。例如，ABC 保险公司保留一笔保价为 20 000 000 美元 P&C 风险中的 2 000 000 美元，并分出 5 000 000 美元给 DEF 再保险公司（联结点为 2 000 000 美元，上限为 7 000 000 美元），分出 13 000 000 美元给 MNO 再保险公司（联结点为 7 000 000 美元，上限为 20 000 000 美元），如图 4—14 所示。如果发生了 8 000 000 美元的损失，则 ABC 公司承担最初的 2 000 000 美元，DEF 公司承担其次的 5 000 000 美元，MNO 公司承担最后的 1 000 000 美元。XOL 合约还可以按照**水平分层**来组合，由不同的再保险公司在同一个损失层面共同承担。例如，在最后一个例子中，MNO 公司可能只承担在 7 000 000 美元到 20 000 000 美元之间的垂直层面的 50%，而一家新的再保险公司 TUV 承担另外的 50%，如图 4—15 所示。

如前所述，由于不同的再保险公司在专业技术和组合上具有风险和地域的差异，所以一家公司可能会发现“接近均值”的首层损失更适于承保，而另一家公司可能会发现“远超均值”的第二层损失更适于承保，以此类推。当再保险公司的风险组合的构成改变时，对不同层面保险的参与兴趣就可能会随着时间的推移而改变。

XOL 合约的改变包括：

- **巨灾每次超额再保险**，一种向初始保险公司提供与经验损失相反的累积灾难性事件的偿付协议。这类协议可能具有增加的免赔额和共同保险。
- **财产每类超额再保险**，一种向初始保险公司提供在单项风险上超过特定留

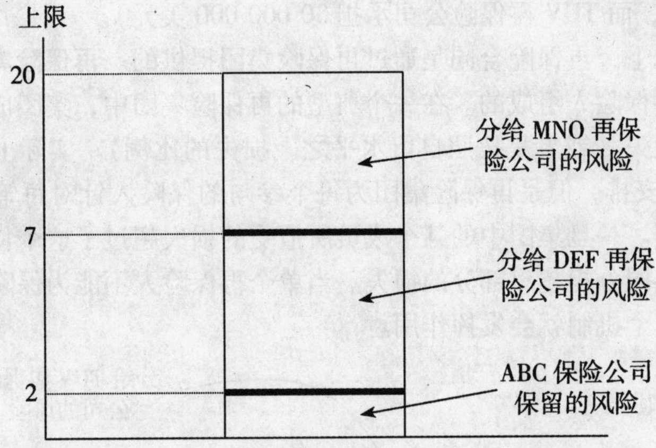

图 4—14 垂直分层的 XOL 合约（单位：百万美元）

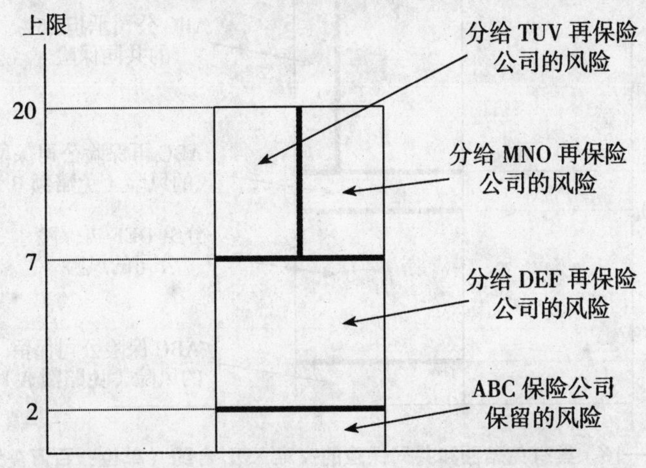

图 4—15 水平分层的 XOL 合约（单位：百万美元）

存的任何超额损失的偿付协议。

- **超额再保险止损**，在计算了其他的再保险形式之后，针对将发生的超过特定损失率或损失额的超额损失提供偿付，是一种用来保护整体承保结果的合约。
- **累积超额再保险**，一种向初始保险公司提供涉及多种保单的大量小额损失偿付（全部在同一年发生）协议。

在实务中，XOL 合约——特别当涉及灾难性风险时——会在较高的层面对免赔额和共同保险起重要作用。因此，分出风险的保险公司可能具有初始的免赔额、数个层面的再保险偿付，然后在灾难性 XOL 最高层生效之前又有一笔免赔额（或者称为“共同保险责任”）。图 4—16 列示了这种结构，ABC 保险公司有初始免赔额5 000 000 美元，分出风险 25 000 000 美元给 DEF 再保险公司（上限为30 000 000美元），第二层的免赔额为 5 000 000 美元，并与 TUV 再保险公司签订75% 或 25% 的高层 XOL 协议，上限为 75 000 000 美元（损失保险额度为

40 000 000美元，而 TUV 再保险公司承担 30 000 000 美元)。

在有些情况下，再保险合同是通过再保险集团提供的。**再保险集团**是由多个共同承担保险的再保险人组成的。在一个典型的再保险集团中，集团成员按照一定的损失比例赔付损失（或者是按照自留水平之上损失的比例)。实际上，再保险集团类似于一种 QS 安排，但是再保险集团为每个参与的保险人针对每笔损失提供一个最大的损失限制。一旦集团中的某个成员所遭受的损失超过了这个特定的限额，集团成员就出来共同分担超出部分的损失。当单个再保险人不能为保险人提供充分的损失覆盖时，这个机制就会发挥作用。

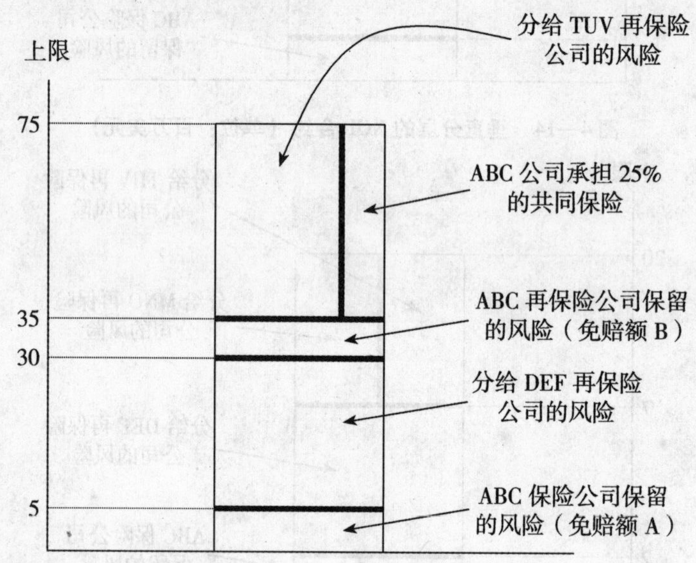

图 4—16 具有免赔额和共同保险的灾难 XOL 合约（单位：百万美元)

4.4.3 限额再保险

如前所述，初始保险公司和再保险公司之间可以签订限额合约。**限额再保险**，一般是指财务再保险，是再保险公司提供给保险公司的风险限额转移的融资工具。保险公司事先或者随时向经验账户存入保费，一旦损失超过累积的数量就得到偿付(直至事先约定的最高限额)。限额风险保单中的收益分配要素同样存在于限额再保险协议中。对于保险公司而言，获益之处在于保障的成本更低，而对于再保险公司而言，获益在于承担的风险水平更低。限额再保险合约广泛存在于各种各样的回溯保单和预期保单，包括延续损失、财务限额分保、LPT、ADC、资金支持的 XOL 以及总额止损等。由于其中相当一部分是限额再保险的变异，因此我们此处只讨论两种预期的限额再保险产品——延续损失和限额比率分担。

延续损失保险合约是分保人每年向经验账户支付保费的一种多年度合约，该经验账户具有协定的比率并且据此偿付所发生的损失。如果账户年末出现赤字，分保人就通过额外的支付补足短款；如果出现余额，则余款退回。如果经验账户在合约期末盈余，分保人和再保险公司就根据事先约定的协议分享盈利。合约期内的每一年，再保险公司都偿付分保人的损失——意味着这是一种预期，而不是回溯的合约。实际上，再保险公司在进行损失的事前融资（直至年度的总限额），因而分保人可以将损失延长至更长的期间（而不是在它们发生的当时融资）。尽管转移的风险额相对较小，但是在大多数法规上出于纳税的目的足以将其列为再保险合约。

限额比率再保险（FQS）是再保险公司向保险公司支付一笔申索的固定或变动比率部分，以及 LAE，这也是一种预期合约。转出费用和储备产生的投资报酬足以偿付实际的申索，但是如果不够，再保险公司在合约期内就会补足短款并且从保险公司那里获得补偿。在 FQS 下，无论潜在的合约是否具有上限，债务都是明确受限的。

本章主要浅显地探讨了各种保险和再保险的合约形式，我们在后续章节将继续探讨公司在风险管理中如何利用这些工具来作为风险转移组合交易的一部分。某些工具，例如限额合约，通常被单独地当作风险转移产品。而其他的，例如完全保险和局部保险，一般和其他产品或渠道搭配使用才能成为风险转移市场的一部分。

第 5 章 专属保险

我们在第一章已经指出，风险自留是损失融资这种风险管理方法中一个重要的组成部分。自留可以通过公司资产负债表上的自留项目、特定的保险合同（比如，在合同中规定很大一部分损失由自己承担或者规定较小的保险上限）以及专属保险来实现。实际上，专属保险是 ART 市场的一个十分核心的组成部分，并一直具有 ART 相关活动中使用最为活跃的单一渠道；对于那些具有一定程度的可预测性的一级风险，专属保险是一种普遍和有效的保留方式。在这一章，我们将要讨论使用专属保险的动机、成本以及好处，并将讨论最为常见的一些形式的一般特征，这些形式包括纯粹专属保险公司、团体专属保险公司、子公司间专属保险公司、租赁型专属保险公司、蜂巢式专属保险公司以及风险自留集团。

5.1 利用专属保险公司自留风险

5.1.1 背景和功能

专属保险公司是一种为公司的保险/再保险项目以及风险自留/转移活动提供承担风险的便利渠道。它经常以一个注册的保险或再保险公司的形式存在，由一个或多个所有者（通常指发起人）所控制。所有者/发起者在公司开始经营时投入前期资本（初始资本水平通常大约为 25 万美元，但其将会根据业务额而有所增长）；作为获得资本的代价，专属保险公司通常要向所有者支付定期利息或股利。

专属保险公司通过直接向发起者或第三方使用者承诺转移风险而获取保费，也可以通过前承保人进行再保险。后一种方式可以规避许多施加于初始保险公司的管制，从而可以自由地参与到通常可以获得更好的定价或条款的专业再保险市场。专属保险公司通常不会在其机构所在地以外的地方注册开展业务，如果他们选择这么做的话，他们就必须利用当地已获得资格的保险公司（比如，离岸的专属保险公司只能通过已获得资格的保险公司在美国开展业务）。图 5—1 和图 5—2 说明了作为保险人及再保险人的简单的纯粹专属保险公司的形式。

当专属保险公司在 20 世纪 60 年代最初发展起来的时候，它只是对通过传统的保险合同进行风险自留和转移所产生的成本效益的一种“检查”。20 世纪 70 年代，当许多大型公司意识到，通过管理自身风险和保险可以获得成本优势，在市场困难时期更是如此时，专属保险公司开始盛行。数以百计的专属保险公司在这一时期发展起来，其中一些是由世界上的大型公司建立的。在 20 世纪 80 年代，由于税收优惠的取消以及保险和再保险市场的疲软，这种趋势有所减弱。许多公司再次发现，他们可以通过传统的风险转移和风险融资机制获得更便宜的保险。然而，由于20世纪90年代市场走势下滑以及对企业风险管理的日益关注，专属保险又进一步得到加速发展。这种趋势持续进行，一直到新千年伊始。实际上，近几年有许多新的具有离岸经营权的保险公司建立起来了，这种现象表明对结构合理的自保工具的需求仍然十分强烈。

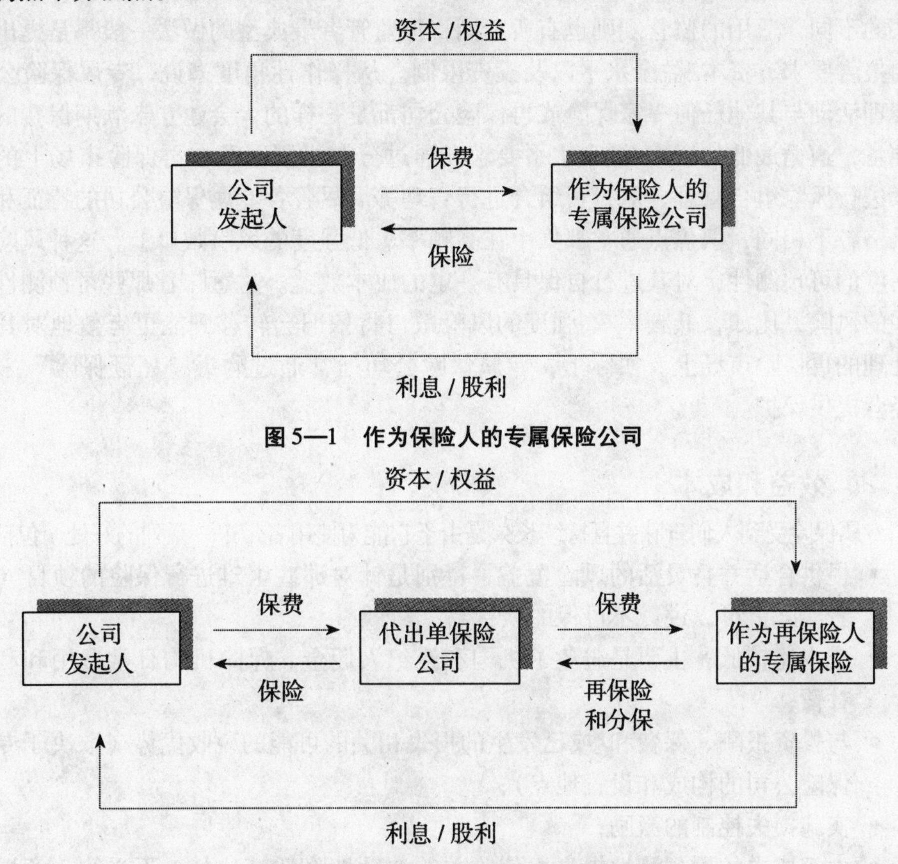

图5—1 作为保险人的专属保险公司

图5—2 作为再保险人的专属保险公司

尽管有些从业人员认为2000年发生的公司失败和丑闻（有些涉及离岸分公司）会使对离岸专属保险公司的审查力度加强并使其丧失部分业务活动，但是这些并没有发生。截至2003年，全球大约已成立了5 000家专属保险公司。这些公司拥有1 300亿美元的资产，收取的总保费达到250亿美元，几乎相当于全球商业保险保费的10%。尽管百慕大仍是唯一的最大的专属保险中心（即总数量所占比例为20%，保费收入所占比例为50%），但是近几年在其他地区也出现了有利于专属保险公司的立法。的确，地区性中心的出现会吸引某些国家的公司。比如，美国公司（占全部的专属保险公司的60%）倾向于在百慕大、开曼群岛、英属维尔京群岛，以及佛蒙特州设立公司；英国的公司会在格恩西岛、百慕大群岛、马恩岛设立公司；德国、瑞士、法国的公司（占全部专属保险公司的25%）在卢森堡以及爱尔兰设立公司；加拿大则在巴巴多斯、百慕大以及英国哥伦比亚成立公司；亚洲公司会在新加坡和纳闽岛等地设立公司。对建立专属保险公司的合适地点的选择取决于许多因素，包括对保险和再保险的限制、资本和税收要求、监管要求、准备金要求、保费课税、政策和监管的稳定性以及基础设施等。

专属保险公司通常会受到监管，这有助于确保发起者了解专属保险公司的活动及风险敞口，并且确保公司在保持流动性和可偿付性的基础上谨慎经营。尽管随着立法的不同，适用的监管规则也有所不同，但监管者最典型的做法一般都是提出最低的报告要求、资本/盈余水平以及投资限制。从操作性角度来说，专属保险公司的管理活动与其他任何一家保险或再保险公司都是一样的，会建立未满期保费的损失准备，遵循最低的资本/盈余水平要求，通过分散机制以及在再保险市场上的转移来进行风险组合管理，对投资组合进行管理等。尽管各专属保险公司的特征和经营风格各不相同，但焦点通常都集中在高频率、低强度的风险敞口上。这种风险具有高度的可预测性，对其进行自保具有一定的成本效益。这意味着那些可预测性低一些的风险，比如，低频率/高强度的风险敞口将依旧会转移到能更有效地对其加以处理的再保险市场上。实际上，专属保险公司通常通过购买“超额保险”来对其经营提供保护。

5.1.2 效益和成本

专属保险受到人们青睐并且持续长久是由于它能为使用者带来一系列的好处，包括：

- 提供合适并且灵活的风险覆盖，特别是针对那些很难进行保险的项目（或者实际上可以说，不可保的项目）；
- 成本比较低，主要是避免了机构和经纪人佣金、保险机构日常费用和利润补偿；
- 与投资报酬、保费和/或已发生的损失相关的可能的税收优势（取决于专属保险公司的构成和设置地点）；
- 实施损失控制的激励；
- 由于成本的可预测性提高而使收益的波动性降低（比如，不受第2章提到的硬市场和软市场周期的影响）；
- 比较容易进入专业的，通常也是成本更低的再保险市场；
- 如果第三方运作的经营模式形成，则具有更大的盈利潜力；
- 从保险基金中获得的投资报酬将会更多，因为这些基金是支付给专属保险发起人或使用者的而不是支付给第三方保险人的。

所有这些优点都是十分重要的，但可能最引人注目的还是专属保险公司通常可以使公司以一种具有较高成本效益的方式去保留及管理它自身的那些高频率风险。专属保险公司可以被视为一个具有独特公司结构和组织的内部自留基金。同样，与自留基金类似，如果资产获得的回报率高于资本成本，那么公司的价值就会提高。由于保费通常覆盖了预期损失的现值、为获得保险而花费的成本、日常经营费用以及利润补偿，所以保险中的非索赔要求权部分占总保费的比重可以高达30%～40%；如果一个公司具有高度可预测性的风险，那么没理由将这部分交给第三方的保险公司。另外，由于保费是提前支付的，但是赔偿请求却在整个保险期间内发生，所以公司可能失去由货币时间价值所带来的收益；实际上，公司自己持有这部分现金流是更为明智的选择。当然，专属保险不能被视作短期内实施、使用、然后结束的短期风险解决方案。实际上，已纳入当前保险管理范围的公开索赔要求和那些已发生但未报告的损失，在未来都有可能会产生风险，这意味着在初始决策过程中必须要有长期的考虑。

当然，成本和缺点也同样存在。具体地说，专属保险具有以下缺点：

- 初始成立时要求前期费用；
- 在更长的时期内“锁定”了公司的资本，从而降低了资本管理的灵活性（比如，发起者不能随意地撤资，但在有些适用的法律之下，如佛蒙特州和夏威夷，发起者可以借回其投入的资本）；
- 必须遵循监管规则及报告要求，这意味着更高的成本水平；
- 并不总是具有税收优势（取决于结构和适用法律）。

尽管具有这些潜在的成本，但是相比较获得的效益通常更多，这也是其受到欢迎的一个关键原因。

为了理解专属保险的运用和发展的经济学原理，我们研究一个简单案例，考察原始投资及持续现金流对风险管理决策产生的影响。

案例研究

一个专属保险公司项目

ABC公司具有一个预期损失水平比较可预测的员工赔偿计划项目，并且愿意保留一定数额的风险。历史上，为了转移员工赔偿计划的风险敞口，ABC公司每年要为一个标准化的保单支付200万美元，但是经过评估，如果通过专属保险公司自留风险及再保险，在初始和接下来的各阶段，公司每期都会节省25万美元的保费。因此，公司想作为一个注册的再保险公司建立一个纯粹专属保险公司。建立这个专属保险公司需要一次性投入20万美元，每年资本管理费用将为5万美元。由于专属保险主体将以再保险公司的身份成立，所以ABC公司将要利用前卫保险人，这将需要支付7.5万美元的前卫保险费（在计划开始时以及在计划持续期内的每年年末支付）。

由于ABC公司想建立一个纯粹专属保险公司，不接受第三方的保险业务，所以它无法获得保费上的税收减免。公司不想改变其自留基金的投资政策（因此我们忽略其对于决策框架的任何影响），并且假设在三年的规划区间内，公司将面临5%的资本成本以及34%的税率（三年期为初始规划期；如果成功，那么ABC公司将会继续使用该资本）。

按上述假设，ABC 公司的风险管理者使用标准的 NPV 评估模型以决定其成本与效益是否能够为专属保险公司的创建和使用提供合理的支持。在三年的区间内，ABC 公司发现他将会面临以下的初始及后续成本：

- 创办费（初始时期）；
- 管理费（初始及后续期间）；
- 前卫保险费（初始及后续期间）；
- 税金（初始及后续期间）。

然而，公司也会有收益，收益来自于：

- 节约的保险费用（初始及后续期间）。

表 5—1 总结了 ABC 公司三年的现金流状况。

表 5—1 **ABC 纯粹专属保险公司产生的现金流** 单位：美元

项目开始期		第一年	第二年	第三年
创办资本成本	-200 000	—	—	—
专属保险管理费用	-50 000	-50 000	-50 000	-50 000
前卫保险费	-75 000	-75 000	-75 000	-75 000
节约保费	250 000	250 000	250 000	250 000
税前现金流	-75 000	125 000	125 000	125 000
税金（34%）	25 500	-42 500	-42 500	-42 500
税后现金流	-49 500	82 500	82 500	82 500

利用每年的现金流，以及应用 5% 的资本成本，ABC 公司的风险管理者获得的 NPV 为：

$$\$175\,192 = -\$49\,500 + (\$82\,500 \div 1.05^1) + (\$82\,500 \div 1.05^2) + (\$82\,500 \div 1.05^3)$$

由于 NPV 是正的175 000美元，所以 ABC 公司可以通过创办专属保险公司及保留员工赔偿计划的风险敞口来提高公司的价值。尽管公司将会面临一定的前期及后续成本，但这些成本最终由于公司在成本效益的基础上进入再保险市场而得到补偿。这个例子被简化了，但是它说明了一个公司通过创办专属保险公司来覆盖特定风险敞口所能获得的好处。

实际上，专属保险公司的创办是相对简单和低成本的，这使得它对那些规模较小或中等的公司也有吸引力。例如，在最大的专属保险活动中心百慕大建立一个专属保险公司的所有程序为：

- 发起者与必要的专业顾问签订合同（保险管理者、律师、审计师）以获得他们在技术细节上的支持。

- 发起者与顾问完成公司成立前的文件准备工作。
- 向财政部提出申请，要求成立豁免的百慕大公司（这样就不必遵从本地所有权占60%的规则，从而成为一个国际性企业）。
- 向百慕大货币管理局提出成立注册保险公司的申请。
- 如果一切正常，申请被通过。
- 发起者支付最低资本所要求的资金（一类纯粹专属保险公司要求12万美元，二类团体专属保险公司要求25万美元，三类有至少20%非关联业务的商业保险/再保险公司要求100万美元的资金）并成立董事会。
- 发起者将通过的保险申请呈递到百慕大货币管理局。
- 保险监管者发放注册证书。
- 经营开始。

类似的过程也存在其他法律适用地。与百慕大一样，他们的程序的效率也十分高（比如，平均需要3~6周时间），并且价格合理（比如，创办成本为5万~10万美元，初始投资通常需要25万美元）。

5.2　专属保险的形式

专属保险公司可以以多种形式成立，通常要根据公司具体的财务和风险管理目标（比如，自留、成本、收益、税金）选择合适的形式。一般来说，专属保险公司可以有一个或多个所有者或发起者以及与所有者或发起者可能相关也可能不相关的一个或多个使用者。一种极端就是只有相关的一个所有者和使用者的结构（比如，纯粹专属保险公司），另一种极端就是各种不相关的一个或多个所有者与多个使用者的结构（比如，蜂巢式专属保险公司及机构专属保险公司）；在这两个极端之间还存在多种其他的组合形式，图5—3总结了专属保险公司的一般分类。（注意在讨论及列示过程中，出于简化的目的，我们忽略了代出单保险公司（fronting insurer）的介入；实际上，许多专属保险公司都是以再保险人的身份成立并将利用代出单保险公司提供的服务。）

5.2.1　纯粹专属保险公司

纯粹专属保险公司（有时被称作单一母公司专属保险公司）是指被单一的发起者所拥有且只为或主要为该发起者提供保险的注册保险公司或再保险公司；因此一个纯粹专属保险公司可以被视为只对限制来源内的风险提供保险的保险公司。实际上，它是最为流行的一种结构。据统计，2000年共有5 000家专属保险公司，其中大约有70%在它们初始创建时是以单一母公司形式建立的。纯粹专属保险公司可以由发起者通过内部或外部基金获得资本。这些基金被投资于低风险证券，为母公司获得定期报酬。随着业务水平的扩大，资本水平也必须有所提高。因为发起人是专属保险公司的唯一控制人，所以对专属保险公司进行直接的经营授权，对承保风险、索赔权、投资标准作出具体的规定。与其他保险关系一样，作为发起者的母公司也要向专属保险公司支付保费来转移风险。当损失事件发生时，发起者向专属保险公司提出索赔请求并获得相关的赔偿（根据保险合同中列示的条款）。

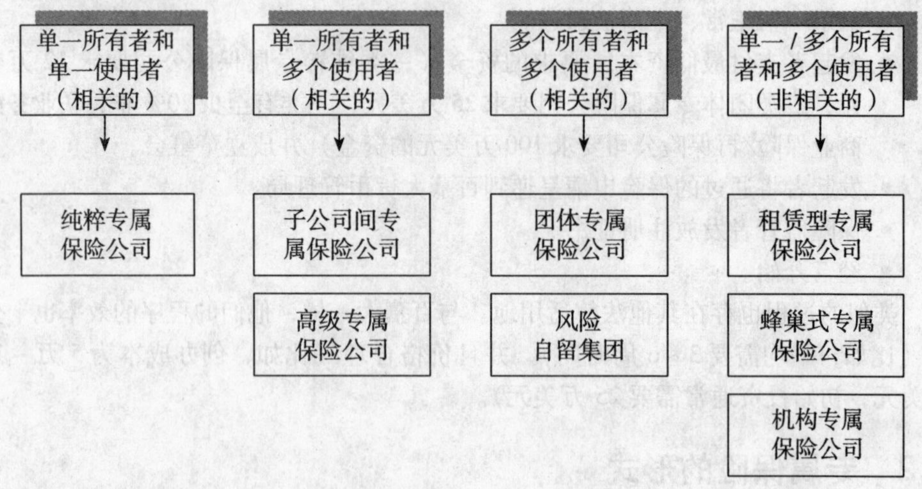

图 5—3　专属保险公司的种类

纯粹专属保险公司也可以在不同地区或不同监管区域建立分支机构，从而能够为母公司的各个子公司提供服务。利用前卫保险人的公司，可以把他们地区性的分支机构指定给前卫保险人在当地的分支机构，这样前卫保险人就把所有的风险都转让给专属保险公司了。尽管早期的许多公司都是以纯粹专属保险公司的形式成立的（并且绝大多数仍然保持着这种形式），但是已经出现了向**高级专属保险公司**这种相关形式发展的趋势。高级专属保险公司是发起者拥有的全资子公司，同时经营着很大一部分外部业务，常常能够获得更多的税收优惠，这将在下文中讨论。

图 5—4 列示了公司发起人和纯粹专属保险公司之间的保险关系，可以把它与下文的团体专属保险与子公司间专属保险进行一下比较。

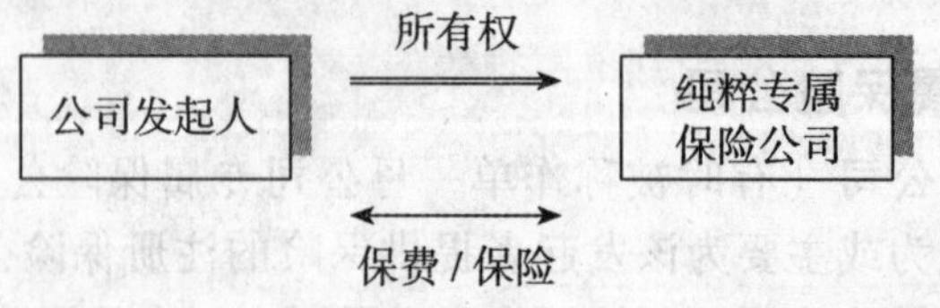

图 5—4　公司发起人与纯粹专属保险公司的关系

5.2.2　子公司间专属保险公司

子公司间专属保险公司是纯粹专属保险公司的一种延伸。这种形式下的公司通常被发起者全资拥有，但是同时也为组成经济家族的所有成员服务。成员包括母公司的子公司及分公司以及控股公司的发起者。因此，各公司间的风险将更具分散效应，但是风险仍然保留在公司集团的范围内。图 5—5 对子公司间专属保险公司进行了列示。

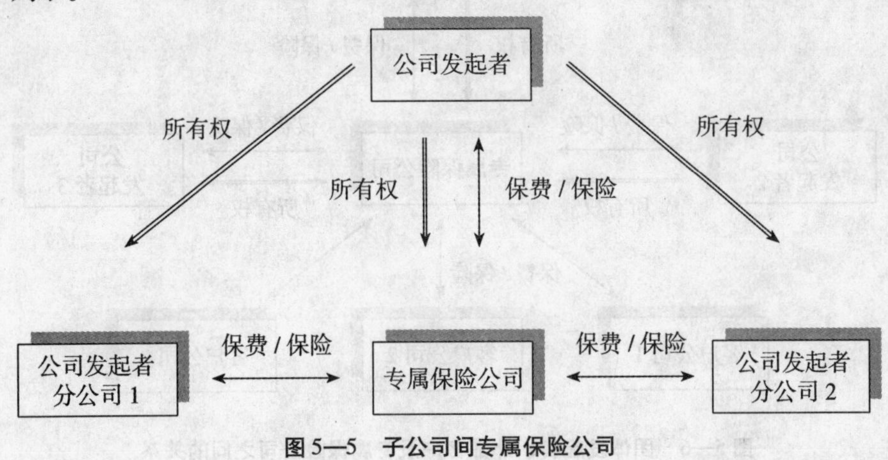

图 5—5 子公司间专属保险公司

5.2.3 团体专属保险公司

团体专属保险公司（也被称作多母公司专属保险公司或联合专属保险公司）是被许多公司所拥有并为这些公司提供保险服务的保险公司（实际上，互助保险公司可以被视为团体专属保险公司）。这种公司的所有权是分散的，而且不仅仅只为单一公司或经济团体提供服务。除了为发起者成员提供服务之外，团体专属保险公司通常也为第三方提供服务（比如，为与专属保险公司或发起公司都不存在所有权关系的公司提供保险服务）。由于专属保险公司为发起者及第三方提供的保险服务都是独特且相互独立的，所以与纯粹专属保险公司比起来资产分散性和风险的转移程度都有所提高（尽管在特定子集下的专属保险公司所提供的保险可能更一致或针对某一特定行业，比如，能源专属保险、航空专属保险、医疗事故专属保险等）。在集团结构下通常根据各个发起人所交付的保费的比例来确定提供保险的额度，也就是说，损失不一定会降低，但是成本和现金流风险被降低了。尽管公司的发起人对团体专属保险公司的经营权与纯粹专属保险公司以及子公司间专属保险公司有所不同，但是他们都降低了成本；在大多数情况下，他们也会获得更多的税收优惠。图 5—6 总结了团体发起者、外部客户及专属保险公司之间的关系。

还存在其他专属保险公司的形式，包括**专属保险代理公司**（agency captives）（由保险代理机构拥有及经营，保险代理机构分享由代理机构成员提供保险服务而获得的保费收益及投资报酬）、分支机构专属保险公司（由离岸的专属保险公司建立的在岸分支机构）等。尽管这些形式都被积极地采用，但我们不准备在下文对其加以详细介绍。

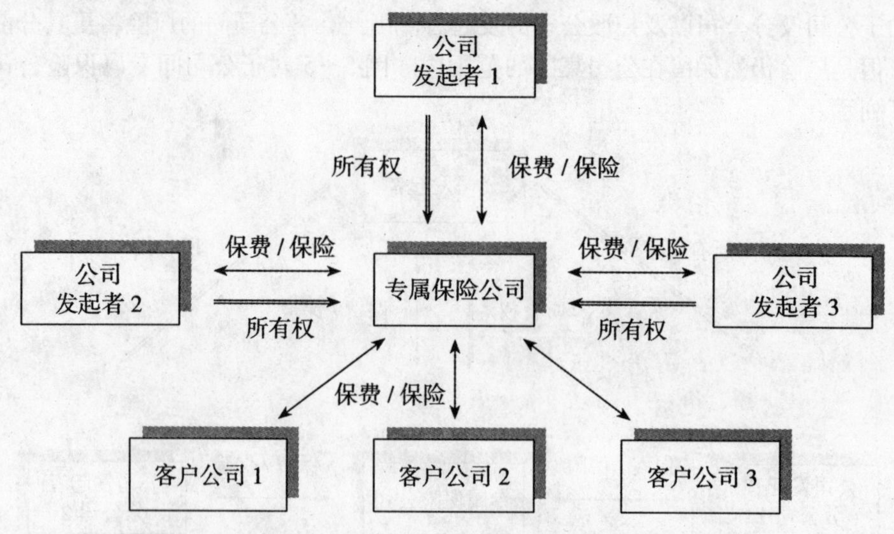

图 5—6 团体发起者、外部客户及专属保险公司之间的关系

5.2.4 租赁型专属保险公司和蜂巢式专属保险公司

除了上述提到的具有标准的所有者/使用者结构的专属保险公司以外，近几年包括租赁型专属保险公司和蜂巢式专属保险公司在内的"用以出租"的专属保险公司开始出现。这些公司通常被一方或多方所共同拥有，被非独立机构管理，并通过特有的构成机制为众多非关联机构提供保险服务。

租赁型专属保险公司（RAC）是一种以与团体专属保险十分类似的结构提供专属保险能力的再保险公司，但是发起人或使用人并不直接拥有所有权。如果一个公司希望使用专属保险来达到管理自保项目的目的，但是不想对专属保险公司拥有所有权（全部或部分），或难以负担成立公司所需的成本和时间，那么就可以使用 RAC 来达到同样的目的。RAC 通常由代表非关联第三方所有者（比如，提供贷款及资本从而获取收益和费用的资金提供者）、利益的再保险人或经纪人来运作和管理。在一个典型的交易活动中，客户将风险转移给代出单保险公司，这部分风险而后又被转移给 RAC。在 RAC 内部，为每个顾客建立账户以跟踪记录保费和风险。尽管顾客账户间的风险是独立的（这些账户通过合同和与股东的协议区分开来），但将资产混合起来是可能的，也就是说一个账户的损失将影响其他客户账户的风险水平。RAC 的成功并不令人意外，它建立了一种快速而且方便的风险自留机制（它们同时也被用来作为我们将在本书的下一部分提到的资本市场工具的发行媒介）。图 5—7 列示了租赁型专属保险的结构。

自从 RAC 允许资产的混合之后，**蜂巢式专属保险公司**（PCC，也被称作账户隔离专属保险公司）开始在 1997 年出现，作为"隔离"组织为比较大的客户提供账户保护。尽管 RAC 组织通过合同进行了分割，并通过与股东签订一

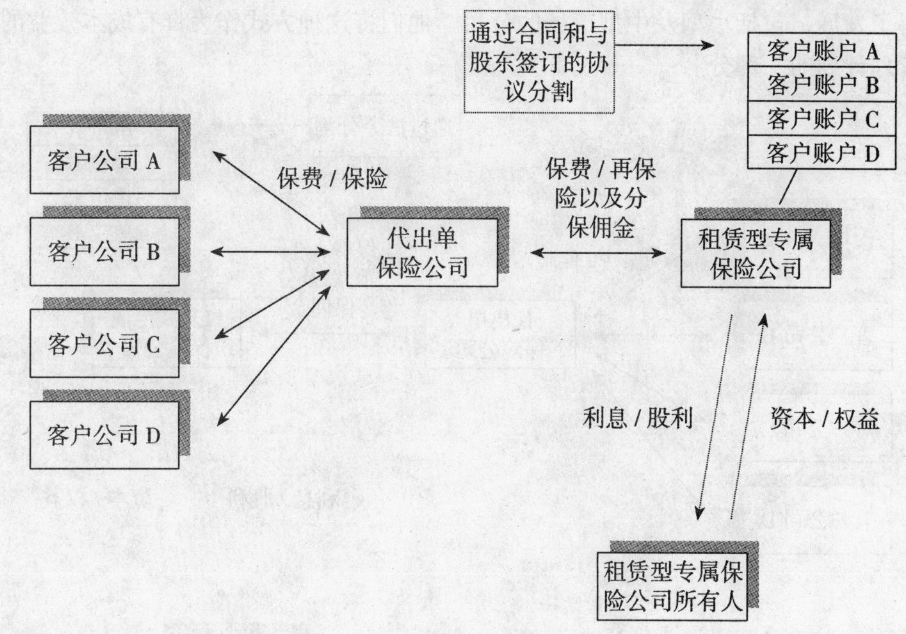

图 5—7 租赁型专属保险的结构

份协议以避免“交叉污染”，但是 PCC 单元则是被法定分割的，这使得隔离更加明确有效。通过特定的立法，个体单位（客户账户）的资产和负债被隔离开来并且不能被碰触，也就是说资产混合是不被允许的。第一份 PCC 立法出现在格恩西岛。随后不久，开曼群岛、百慕大群岛、新加坡、马尔他及其他地区都出现了类似的变化。

一个典型的 PCC 由一个核心和多个单元两部分组成。独立的第三方，例如金融机构或保险公司，通常拥有对核心部分的所有权（也许也扮演着管理者的角色）。当然，管理的责任也可由专业的管理机构转包。每个 PCC 的客户都通过签订合同使用一个或多个单元，支付成本以及分享由核心机构提供的权益；这样，单元的使用者只需要为他们自己实际使用的权益支付成本。根据现有的立法，单元的信贷人只可以接触自己单元的资产，而不能接触其他单元的资产。如果资产不充足，那么信贷人可以追索使用由 PCC 的所有者所拥有的非单元资产。大部分的单元所有者都要为他们的单元所承受的风险提供抵押，因此发起人有权在“需要”时使用抵押资产。PCC 由于其安全性和灵活性而受到普遍欢迎。除了为客户公司提供标准化的保险合同外，PCC 还被用来为合资公司、巨灾险、针对个体客户的风险管理计划等提供保险服务。通过改进，他们还可以作为一种特定的工具来处理衍生工具转移和进行连动式债券的构建。图 5—8 列示了蜂巢式专属保险的一般结构。

因为 RAC 和 PCC 是一种可以享受专属保险公司利益的有效形式，所以许多行业的专家都认为这种形式在未来将会更加流行。这种形式在新兴市场参与者那里也获得了发展，包括小型及中型市场的公司。他们将这种方式作为具有成本效益的风险管理计划的一部分。

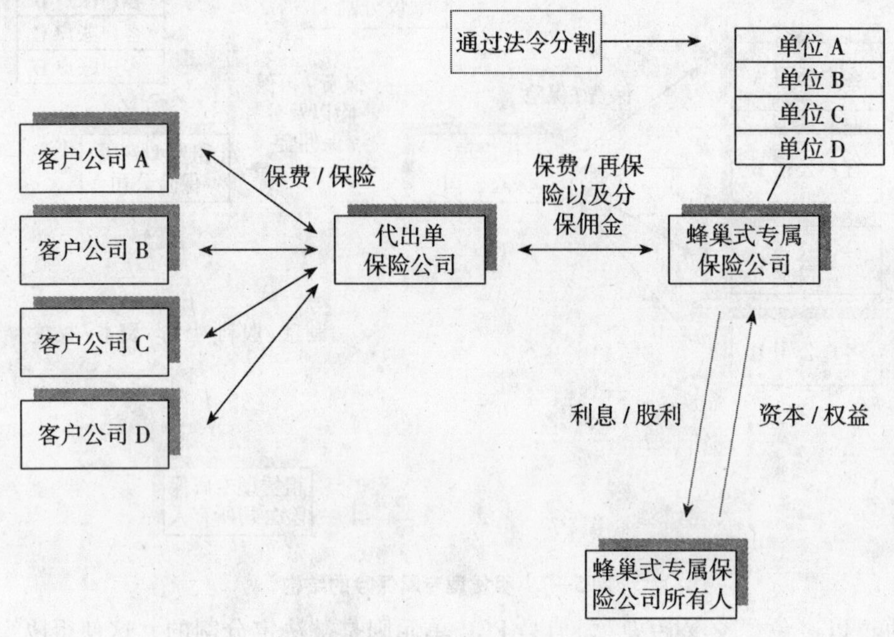

图 5—8 蜂巢式专属保险的结构

5.2.5 风险自留集团

风险自留集团（RRG）是在概念上与团体专属保险公司十分类似的一种风险自留机制，但它以特定的方式组织并遵从不同的监管规则。RRG 扮演着团体专属保险公司的角色，并且主要通过自留或风险库方式参与成员责任风险的分担。这种形式在美国尤为流行，美国 1986 年颁布的风险自留法案允许成立“特定责任互助保险公司”，从而使参加公司获得责任保险。这个过程起始于专业服务及保健行业，并已经扩展到了许多其他的行业。

RRG 是“利益共同体”集团组成的有效的豁免型专属保险公司。这些集团有着类似的经营业务和性质相近的风险敞口。RRG 的目的在于分散责任风险。RRG 可以通过特定风险的自我融资或合资购买第三方保险来为成员提供保护。它们通常在保险客户所在的州（美国行政区划）或其他地区注册；一旦注册，它们就可以向其他州或地区提供类似服务。与其他的专属保险公司不同，RRG 不要求使用代出单保险公司。可以这样说，风险库类似于公司或保险人之间的风险转移安排，目的是集聚起足够的风险容量以覆盖大额的风险敞口。风险库可以被看作是一种互助保险，其参与公司或保险公司本身也是保单持有者。风险库通常以国别为基础或以风险为基础建立，并且也可以形成保险库或再保险库。例如，美国的员工赔偿计划风险库、英国的恐怖活动风险库、日本的汽车风险库以及德国的核风险库等。

案例研究

通过专属保险公司对抵押保险再保险

美国银行在向房屋所有者发放住房抵押贷款时，如果购房者购买的是家庭唯一住房，银行通常会要求客户首期支付20%，银行按照固定利率或浮动利率提供剩下的80%，并以标的资产作为贷款的抵押物。有些时候，银行将融资抵押物价值比例（LTV）扩大到80%以上，如达到90%或95%。然而在这种情况下，他们要求借款人为财产价值购买抵押保险。实务中，银行通过第三方保险人安排抵押保险，同时再向借款人收取保费。尽管这看起来是没有效率的，但是监管部门禁止银行对住房贷款进行抵押保险，而抵押保险公司也不能向银行进行支付。但是在1996年，联邦监管者允许银行通过专属保险公司进行抵押保险，这为银行对抵押保险进行再保险扫清了障碍。在这一过程中，银行承担了风险，也分享了部分的保费。

LMN银行是一个活跃的抵押借款者，定期地发放LTV在80%以上的贷款。为了能够分享借款者正常情况下向第三方保险公司支付的保费，LMN建立了一个再保险专属保险公司——LMN再保险公司。LMN再保险公司有足够的基金做资本来满足监管要求，也满足了初始抵押保险人QRS公司所提出的要求。LMN继续发放贷款，那些LTV大于80%的贷款通过QRS公司进行保险。通过XOL再保险条款，QRS将部分抵押保险再分保给LMN再保险公司。LMN再保险公司向QRS支付分保佣金来分享风险和保费。这样，对于一笔要求进行抵押保险的5亿美元的高LTV贷款（有500万美元的预期损失），LMN从上一层次分保到1 000万至1 300万美元的风险，作为回报，它会获得部分保费。通过这一过程，专属保险公司帮助银行达到了从抵押保险业务上获取收益的目标。LMN再保险公司从高LTV借款者处赚取保费，尽管银行承担了这一过程中的额外风险，但是将预期损失与保费相比较，银行仍然是有利可图的。

5.3 税收效应

专属保险公司的整体成本与效益分析框架包括对税收待遇的考虑。为了能够最大化成本效益以及降低风险成本，专属保险公司的发起者或使用者希望能够利用有利的税收待遇。税收规则随着国家和适用法律的不同而有所变化，但是我们可以简单地说明一下要点。正如我们前面所注意到的，基于保险的风险转移解决方案通常会比风险自留计划享受到更好的税收待遇（比如，保费在支付后可以在税前扣除以及损失在发生时可以在税前扣除）。非保险公司只能在损失支付的当年在税前扣除，而保险公司（包括通过认证的专属保险公司）则可以将已发生损失的折现值在税前扣除。另外，保费在税前扣除所获得的税收优惠通常大于未保险损失在税前扣除所获得的税收优惠。这是由于保费通常比损失的期望值要大，并且允许扣除的时间比较早。

通常，美国、德国、法国以及加拿大在很多情况下允许专属保险公司的保费在税前扣除。但是美国的限制比较严格。在整个 20 世纪 70 年代，美国的发起者向专属保险公司支付的保费通常都可以在税前扣除，即使该专属保险公司只提供与发起者相关的保险（如一个纯粹专属保险公司）。在 20 世纪 70 年代后期以及 20 世纪 80 年代早期，美国国内税务署（IRS）开始对保费的税前扣除提出质疑，IRS 指出纯粹专属保险公司实际上是自保公司而不是真正意义上的保险公司，因此不应该享受税前抵减的权利。在许多案例中，IRS 都成功地运用了这一观点。其观点表明：当风险被自留在一个经济集团中时，保费必须被视为一种形式的资本投入，而专属保险公司向发起者所作的赔偿则是一种股利分配。由于没有实质上的转移风险，由发起公司向一个纯粹专属保险公司支付的保费不可以在税前扣除（IRS 已经指出向一个纯粹专属保险公司支付保费实质上相当于建立一个自保准备金，这通常不是一个税前可减免的项目）。

然而，这项规则也有一些例外情况。当有第三方经济组织介入（产生了更多多样化的风险资产）的时候，保费就可以获得税前减免。当一个团体专属保险公司承保了分布广泛的风险，每一个投保人（作为共同发起人）支付的保费都是可以税前扣除的。这也适用于专属保险公司承保了非关联的第三方风险业务的情况。比如，在 1991 年美国法院允许那些从事“大量”非附属保险业务的纯粹专属保险公司（比如，使纯粹专属保险公司看起来很像一个高级专属保险公司）的保费从税前扣除。这一决定是建立在风险汇聚原理的基础上的——任何平均损失方差的降低都意味着风险被转移了，这样就适用优惠的税收待遇。1992 年，美国法院指出如果纯粹专属保险公司有大约 30% 的业务是来自于非关联的第三方，就有资格获得税收优惠（存在着凭经验决定的迹象）。在 2001 年 IRS 放弃了一贯坚持的防止子公司之间的专属保险公司获得税收减免的“经济家庭理论”。除了保费和已发生损失的税收问题外，专属保险公司也可以带来有利的投资税收优惠。比如，如果专属保险公司的收益不是必须被确认的发起人的应税收益，那么它就必须要在其所在地（通常具有一个较低的离岸税率）纳税。因此，美国税收条款的一般性原则就是不允许非关联业务比例在 30% 以下的纯粹专属保险公司再获得保费的税收抵减，而非关联业务占到 30% 以上的纯粹专属保险公司、子公司间专属保险公司、联合专属保险公司、RAC、PCC 以及 RRG 都能获得税收优惠。

尽管税收问题有些复杂和模棱两可，但是专属保险公司、RAC、风险自留集团以及其他类似结构的组织是风险管理市场的主流组成部分，并将继续为那些寻找特定的风险自留方式的主体带来相关利益，这一点是明确的。

第6章 多风险产品

多风险产品代表着ART市场中一个创新的、灵活的以及逐渐发展壮大的组成部分。顾名思义，**多风险产品**就是一种通过单一合同将多种风险敞口结合起来，从而为公司提供一种有效率的、具有成本效益的风险解决方案的工具。多风险产品根据一个或多个已发生的风险事件或风险起因提供损失后融资，因此这些事件或起因之间的相关性及其联合概率会导致风险保护的成本要低于各个事件或起因的风险保护成本之和。多风险产品可以被视为企业风险管理或综合计划（我们在第10章将对此问题展开研究）中的一个分支。综合计划的特征是通过多产品、多项目或多种结构覆盖多种风险敞口，而多风险产品则是将风险转移建立在一个合同的基础之上。不过，这两者在概念和逻辑上十分相似。

在这一章，我们考虑基于保险的多风险产品的两种普遍性的分类：

- **多风险起因产品**（multiple peril products）为多种相关的或非相关的风险起因提供保险的合同。
- **多触发机制产品**（multiple trigger products）只有在多个事件都发生后才提供保险的合同。

每一分类都可以被继续分解：多风险起因产品包括多险种保单、商业性的一般责任保单以及商业庇护保单；而多触发机制产品包括具有固定触发条件、变动触发条件或变换触发条件的双触发和三重触发工具等。我们下面将会对每一分类进行详细介绍。

图6—1总结了多风险产品的一般分类。

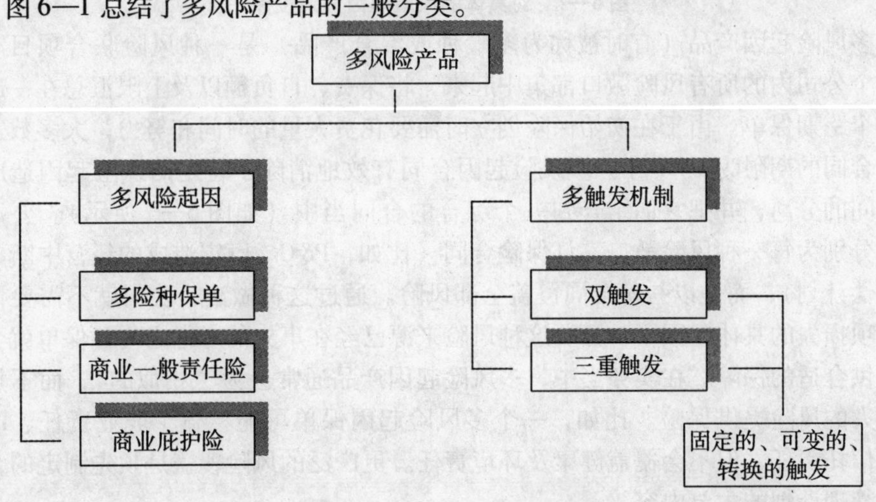

图6—1 多风险产品的一般分类

6.1 多风险起因产品

从第 4 章的讨论中我们了解到，传统的保险通常针对单一风险起因提供风险覆盖，对每一部分的保险都要分别进行协商、建立文档以及进行管理，也就是说每一份保单都有它自己的自负额、上限、条款和保费，如图 6—2 所示。这个过程出现在下列情况中：风险的覆盖随着风险敞口的出现或增加而逐渐增加，企业内部不同的单位对各项具体的风险负责，一家企业从多家保险公司购买不同的保险。这种为多种风险寻求保险的零散的保险方法实际上也许不是一种有效率的或具有成本效益的方法。

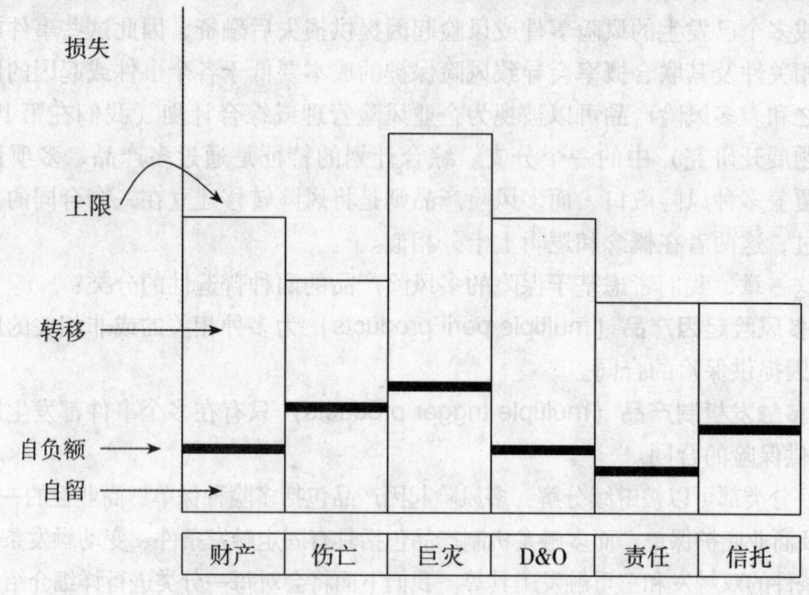

图 6—2 对具体的风险起因分别投保

多风险起因产品（有时被称为多险种或混合产品）是一种风险联合项目。它将一个公司内的所有风险敞口都集中起来，将保费、自负额以及上限汇总在一起形成一个跨期保单。由于在初始保险创立时需要花费大量的时间和努力，大多数这类保险合同的期限为 3 ~ 7 年。多风险起因合同有效地消除了特定的风险起因造成的个体间的分离，并把它们结合到一个综合的合同当中（如图 6—3 所示）。公司不必再分别为每一种风险敞口签订保险合同（比如，P&C、巨灾造成的经营中断、员工赔偿计划），而是以一份合同覆盖全部风险。通过这种做法，公司就不需要再考虑某项损失的具体起因了，只要这种风险来源已经在事先的考虑之列，保单就会为它提供合适的保障。在实务当中，多风险起因产品通常会为“相似的”，而不是跨度很大的风险提供保险。比如，一个多风险起因保单可能覆盖了职业责任、D&O 以及信托责任，但不会覆盖健康及环境责任。更广泛的风险覆盖是预先制定的企业风险管理计划的主要内容。

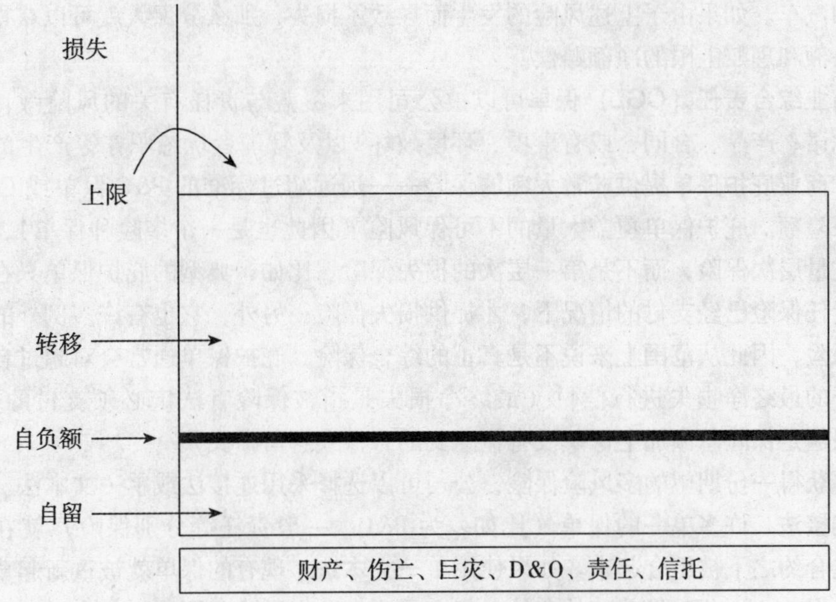

图6—3　对风险起因进行联合保险

多风险起因合同有许多有益的特征，包括：

- 由于不需要逐个签订保险合同，大大节约了其中的协商成本和订立合同成本，所以交易成本更低；
- 由于这类保单所包含的风险通常是不相关的，因此保费更低（比如，一个分散的组合有更低的风险）；
- 在正常的经营过程中，公司同时遭受它已知的所有风险的可能性不大，所以在这种保单下，过度投保的可能性不大。

尽管公司能够降低过度投保情况的发生，但是也要避免一份严格的、单一上限的保险合同可能造成的投保不足。为了防止这种情况的发生，联合保单通常会包含一个补足保额条款，如果投保额度在到期前就被全部使用，那么这一条款将允许"更新"投保额。补足保额条款对重新赋予的投保额度的限制以及应付的保费都作出了详细具体的规定。

包括多险种保单、商业性一般责任保单以及商业庇护保单在内的多风险起因产品已经在保险市场中出现了很多年。① 公司对多种风险起因进行保险时通常会利用**多险种保单**（有时也被称为商业性的一揽子保单）。标准的多险种保险包含了共同性的保单声明和条件，以及详细的风险覆盖（有其自身的声明、风险覆盖形式以及损失成因）。一揽子保险可能包括商业财产、经营中断、一般责任、机器设备、

① 许多国际性的保险公司将多风险起因产品作为其常规业务；尽管他们可能各自在某一特定市场实现了专业化，但他们所采取的方法是比较一致的。比如，瑞士再保险提供多险种联合风险选择权，这是一种多险种、多年限的保险政策，但是只有一个年度自负额总额和一个风险敞口限制总额；AIG所提供的商品嵌入式保险，当超过特定自负限额时，这种保险就为所有已知风险提供保险；Cigna和XL的双包保险，则是范围相对窄一些（比如，必须超过P&C层次的风险）的多风险起因保险等。

船舶和汽车。如果由于上述风险的发生而导致了损失，那么分保人就可以获得反映了自负额和理赔上限的净额赔偿。

商业综合责任（CGL）保单可以被公司用来覆盖与责任有关的风险敞口，包括由承诺、产品、合同、或有事项、环境破坏①以及管理者玩忽职守等产生的责任风险。**商业庇护保单**提供非常大额的保险——远远超过标准的 P&C 保单或 CGL 保单的保险额。庇护保单覆盖大量的不可保风险（因此也是一个多险种保单），但主要是过量层次保险，而不是第一层次的损失保险。比如，典型的庇护保单只在某种最低责任保险已经支付的情况下，才提供损失保险；另外，它也有许多例外的情况不予保险，因此从范围上来说不是真正的综合保险。庇护保单通常会对超过自留限额以外的最终净损失进行偿付（最终净损失是指被保险者法定必须支付的数额，自留限额是保险总额加上保单没有覆盖到的自保或自留损失）。

要获得一份期望的多风险保险，公司可以选择采用连接法或单一文本法。如果使用**连接法**，许多单一的保单（比如，为 P&C、一般责任等分别保险）就在一个新的主合约之下被组合起来。如果使用单**一文本法**，现有的保单就被重新起草为一份新的保单，因此一份单一的合约就包含了所有已知风险起因。一般来说，连接法更为容易，但是也容易造成交叠、分歧或冲突等方面的问题。为了对所有指定的风险起因提供一个总和的自负额和上限（如图 6—4 所示），公司（也许会和保险经纪人一起）在组合的基础上确认它想自留的风险，并通过多种成本效益分析模型，决定多少数量的自负额及最大限额是最为合理的。毫无意外地，这些模型很大程度上依赖相关性和联合事件概率。

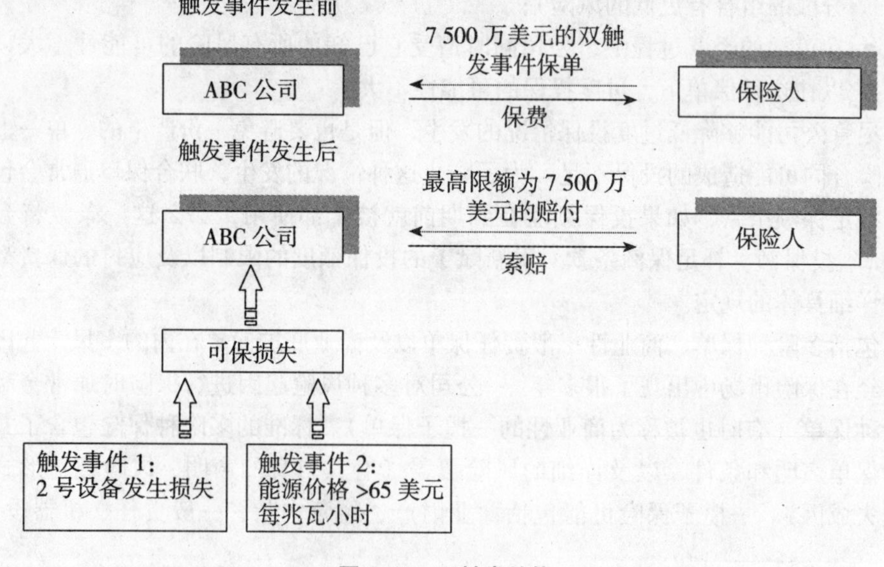

图 6—4 双触发结构

① CGL 保单只对环境破坏的基本责任提供保险。由于环境问题特别复杂，所以在大多数情况下需要安排更详细和更综合的保险。员工薪酬的情况也是一样。

6.2　多触发机制产品

我们考虑的多风险起因产品的另一个主要分类就是多触发机制产品。多风险起因产品是为风险起因（比如，P&C 事件、责任事件或巨灾事件）造成的损失进行补偿，而多触发机制产品则不同，只有当多种事件都发生时（比如，P&C 事件和财务事件，或巨灾事件和财务事件），多触发机制产品才发挥作用。如果不是两个（或三个）规定的事件都发生，并使投保人遭受到了损失，那么保险公司就不会进行赔偿支付。这意味着多风险起因保单可以被认为是单一触发机制，而不是多触发机制产品（比如，一旦总体损失超过自负额，就会进行赔偿）。

双触发保单是要求在支付以前，两个事件都发生的合同，而**三重触发保单**则是支付条件为三个事件都发生的合同。多触发机制保单只有在第二个（双触发）或第三个（三重触发）事件发生时才进行支付，因此，支付的可能性就比类似的多风险起因合同要低，这意味着投保人获得了更少的保护（尽管如下文所提到的，预订的产品可能会有边际支付额）。比如，一个电厂发生灾害的可能性为10%，电力价格超过100美元每兆瓦小时的概率是10%。那么两个事件都发生并导致赔偿支付的概率就只有1%。比较低的支付概率意味着过去被认为是不可保的风险，现在变成可保风险，这是 ART 市场在总体上所具有的优点和关键特征。的确，由于这种保险产生的联合风险敞口是独特且可管理的，还可以使他们的风险组合能够更好地被分散，所以保险人和再保险人通常都热衷于签订这种保单。

总的说来，多触发机制产品是一份每一年都会重新确定触发机制的跨期保单。触发机制存在多种形式，包括：

- **固定触发（fixed trigger）** 触发机制只是一道固定的门槛，用来判定事件是否发生。固定触发通常不会影响合同的价值，只是简单地表明是否应该根据合同进行支付。
- **可变触发（variable trigger）** 支付的价值取决于与定义的事件相关的该类触发发生的程度。
- **转换触发（switching trigger）** 触发随着个体风险敞口在投保人的组合中的表现情况而有所变化（比如，如果公司的一个部门表现得很好，那么它可以就一种触发事件承担更多的风险）。

触发保险可以以每次发生或总体发生为基础进行设计。每次发生触发机制可以在每次事件发生时重新设定触发事件，而总体触发机制则允许多个事件的累积。设计一个多触发机制合同，公司必须首先分析特定事件和损失之间的因果关系，而且必须将焦点放在那些会产生损失的事件上，还要关注这些损失是如何“表现”的（比如，是否会随时间或者事件的严重程度而扩大；一旦发生，是否会保持相对稳定等)。返回到我们第1章的讨论，这意味着公司在风险识别和风险量化过程中必须要十分严格。一旦理解了因果关系，触发事件就可以被建立，以一个反映较低偿付概率的价格来提供适当水平的风险保护。

尽管触发事件的性质和水平都是投保人与保险人具体商议的，但其中一个触发事件通常建立在外部指标的基础上从而避免了道德风险的发生（这样也降低了投保人的成本)。然而，外部触发事件也必须保证与投保人的风险敞口足够相关，这样才能确保赔偿的充足性（比如，基础风险不能过大)。实际上，一个触发事件可能涉及金融上的非保险事件，而另一个触发事件则可能反应一个特定的保险事件——金融触发事件可以是权益指数水平、利率、经济增长率、气温指数或者能源价格，而保险风险触发事件可能是经营中断损失、财产破坏损失、员工薪酬损失、环境责任等。也可以考虑两个金融或两个非金融触发事件。然而，无论在哪种情况下，多触发事件结构要能成为一种保险设计，投保人必须要说明可保的利益。

考虑下面这些简单的例子：

一家电力公司为公司和居民提供电力，由于机械故障导致的发电机经营中断(第一个触发事件）可能会使公司财务遭受损失，同时，电力价格出现了急剧上涨(第二个触发事件)，电力价格越高，损失也就越大。尽管两者中的任何一个事件在财务上都是可控的，但是两者结合在一起就会产生十分巨大的损失。虽然其中任何一个事件都可以被单独投保或套期对冲（比如，通过一个标准的保险合同为经营中断风险投保，通过衍生金融工具为电力价格的上涨提供保护)，但是将两者结合起来可以以更低的成本达到目的。(在下面的案例研究中，我们将更加详细地介绍这个例子。)

一个商品生产公司可能受到高额的员工薪酬请求（第一个触发事件）的影响，同时其生产的产品价格下降（第二个触发事件)，价格下降得越多，公司就越难满足员工的加薪请求。同样，每一个事件单独发生在财务上都是可接受的，但是两个事件同时发生对于公司来说则构成了巨大的威胁，所以一个双触发保险就是一个合适的且具有成本效益的选择。

保险业特别关心它们的两个主要收入来源——承保和投资——不能同时面临风险。如果一个保险公司某一时期的承保业绩不佳，它就必须转而利用投资资产来保持获利能力，反之亦然。由此，一个P&C保险公司可能考虑的问题就是当同时面临保险市场和投资市场上的不景气的时候，如何能继续保持盈利。如果两者同时发生，那么损失就会腐蚀资本盈余以及保险公司的信誉。保险公司可以安排一个当损失超过P&C资产一定额度（第一触发事件）以及权益投资业绩恶化（第二触发事件）时获得一定的经济补偿的多触发保险——权益市场的表现越差，保险公司获得的补偿越多。①

① 比如，CLM保险基金以及加利福尼亚汽车协会利用触发事件保险为巨灾发生所带来的影响和权益指数下降所造成的投资受损这两个事件进行保险。

工业企业可能关心经营中断所带来的损失，但是只有当其在核心业务上表现欠佳时才有这种考虑（比如，已经出现财务状况恶化的情况）。它可以安排一个双触发保险，从而当关键的经济指标（比如，杠杆比率、流动性以及现金流）远落后于行业平均水平（第一触发事件）以及经营中断风险造成的损失超过了某一特定值（第二触发事件）的时候能够获得补偿。经营中断所带来的损失越大，补偿就越大，但是只有当财务状况也不佳的情况下，才可以获得补偿。

虽然从理论上来说，保险可覆盖的范围是广泛的，但在实务中，大多数交易仍然集中于能源行业。在这一行业，**产量风险**（由于生产问题所造成的需求压力和供给限制所造成的产量不平衡而带来损失的风险）、极高或极低的气温以及过高的能源价格等因素的结合会造成十分巨大的损失。实际上，许多专业的保险公司都已建立了专门的能源风险小组来关注这方面可能发生的损失。

案例研究

意外断电

ABC 公共能源公司向本地区的产业消费者和零售消费者提供能源。该公司有两台能源发动机，都是以煤炭为能源，同时还拥有一个能够迅速投入生产以满足过度需求的天然气设备。能源高峰期使用的设备以及其中的一台煤炭发动机（设备1）相对较新，在过去的一年间正常运转，两部设备都有着很好的维护记录并且没有发生过事故。第二台煤炭发动机（设备2）十分陈旧，尽管它从来没有因为非计划内的原因而影响生产，但有许多计划内维修的停工期。ABC 公司与本地区许多产业消费者签订了在高峰期向他们输送特定数量电力的合同。这些产业消费者需要电力生产产品，他们不能遭受任何的能源中断，因此这些合同特别规定了从 ABC 输出的能源是不能够中断的（实际上，产业消费者只为这种不可中断条款支付了较少的溢价）。零售消费者是可以被中断的，至少可以中断几个小时。

ABC 公司有一份标准的固定保费合同，为三台设备提供 P&C 保险（包括经营中断）；保单有500万美元的自负额以及2 500万美元的上限，并且可以按年进行更新。在考查公司财务状况的过程中，ABC 的管理者关心一个潜在的“灾难情况”——发生的损失超过2 500万美元从而导致财务危机。具体地说，管理者担心设备2非计划内的维修会造成向产业消费者输送能源的中断。在正常情况下，也就是在正常的市场价格水平下，这种情况不会造成财务困难。如果设备2停止运行几小时，甚至几天，ABC 公司就可以从现货市场中买入电力，然后继续传送给产业消费者。当能源价格超过了正常的市场平均水平，情况就会变得很严重。在过去的几年中，能源的正常交易价格范围是在30～50美元每兆瓦小时（这对 ABC 公司来说无关紧要）。然而，ABC 的管理者认为，如果电力交易价格在较长一段时期内超过了75美元每兆瓦小时，就会给公司带来财务压力。对此，管理小组向其经纪人咨询，以找到可能的解决办法，办法有如下几种：

- 选择1：*超额庇护保险*。在这一选择下，ABC公司只需简单地与保险人签订合同，从而获得保额高达7 500万美元的超额庇护保险。合同是专门针对比设备1和设备3都更加陈旧以及更不可靠的设备2量身定做的。
- 选择2：双触发保险。触发条件是经营中断加上能源价格。在这一选择下，ABC公司可以安排一个双触发结构的保险以覆盖设备2的损失（固定触发）以及电力价格（变动触发）所带来的风险。具体地说，如果设备2进行计划外的维修并停产至少6小时（6小时是实际上的自负额以降低保单的成本），那么公司可以获得赔偿。一旦上述情况发生（比如，固定触发发生），对ABC公司的赔付就取决于电力价格。如果电力的交易价格在65美元每兆瓦小时以上，ABC公司将会收到1万美元每兆瓦小时的赔偿，直到达到最大支付额7 500万美元。如果在一台设备发生损失后电力交易价格低于65美元每兆瓦小时，那么第二个触发事件就没有发生，ABC公司就不会得到赔偿。
- 选择3：三重触发。触发条件是经营中断加电力价格加气温。在这一选择下，ABC公司可以安排一个与选择2相似的触发机制保险，但是包括一个与气温相关的额外触发事件。具体地说，如果断电当天的气温超过了95华氏摄氏度，并且能源交易价格超过65美元每兆瓦小时，这时ABC公司就可以按上面的公式获得赔偿。固定的气温触发事件因此成为索取赔偿所必须发生的一个或有事件。尽管气温与高电价具有高度的相关性，附加的第三个触发事件还是使ABC公司获得成本稍低一些的风险保护。
- 选择4：电力看涨期权。在这一选择方式下，ABC公司购买电力的看涨期权，行权价格为65美元每兆瓦小时，属于美式期权。公司因此而具有了一个选择性利益，意味着只要能源价格保持在65美元每兆瓦小时的履约价以上，即使没有发生断电情况，公司也可以获得收益（比如，在热流期间或在由于传输问题而引起的供求不平衡期间这种情况就会发生）。ABC公司可以购买足够多的合同来为极端市场价格情况提供7 500万美元的保险。

每一种选择都有相对的成本和效益，ABC管理小组必须对其进行权衡。购买超额险是最简单的方式，因为它只是在现有保单的基础上增加一个增量成本，并且ABC的管理层对于基于保险的风险管理已经十分熟悉。然而，在给定的预期损失情况下，这种方式为超额层次支付的保费却比ABC期望的要多。购买电力看涨期权对于公司来说是一种新的选择方案。但作为一个传统公司，ABC缺乏购买期权的经验，而且许多管理者对于购买一个能让公司即使在设备2没有断电的情况下也可以获得收益的工具会感觉十分不适。实际上，管理者相信在公司没有遭受损失的情况下仍然能够获益，ABC公司的许多股东因此都会把这项交易视为投机行为。触发机制保险对于管理者来说也是一个新事物。然而与电力看涨期权不同，公司只有在设备2断电发生损失时才可获得赔偿，从而消除了看涨期权中的选择性因素。了解到这点，管理者就会对触发机制保险所具有的可保利益十分适应。在对两种触发保险的定价以及结构进行分析，以及与超额庇护保险进行比较之后，ABC公司选择了2号方案，即为断电和能源价格购买双触发保险。ABC小组相信，由于这一保险要求在进行支付之前两个独立的事件都必须发生，因此其定价比较有竞争力。另外，电力价格与气温之间的相关性足够高，以至于从三重触发节省下来的成本没有超过设备2的损耗、高涨的能源价格、略低于95华氏摄氏度的最高气温这三者结合在一起所带来的损失。因此，ABC指示它的经纪人安排一个一年期的双触发风险事件保险，在变化的基础上为7 500万美元的保额提供保险。图6—4列示了方案2的触发事件发生前及发生后的情况。

尽管多触发机制保险具有多种优点，但它们也有一定的缺点。比如，大多数交易都包含了这种多触发机制保险产品本身的开发成本。从定义上看，多触发机制产品都有高度客户化的保险结构，因此保险公司和再保险公司必须花费时间和资源为每一个客户开发特制的结构。尽管有些方面是可以复制的，但是还有些方面是不能复制的。这意味着这种保险不能作为标准产品的形式再向外提供。如果对这种产品进行标准化的话，那么就可能出现超过交易基本风险的超额风险，可能导致客户所寻求的保险好处不复存在。另外，多触发机制产品在会计和法律处理上都存在“灰色地带”。尽管大多数使用者将其按照保险处理，但仍存在一些模糊的、无法界定之处。尽管非金融保险触发事件（比如，P&C风险事件）很明显地是保险的一个组成部分，但是对与金融指标相联系的价格进行套期的一份合同则可以被视为一个衍生工具。对这份衍生工具合同需要按市值计价，并且产生较低的税前扣除利益。因此，对整个一揽子保单的待遇就存在多种解释。积极从事这类产品交易的终端使用者出于财务和税收目的会直接声称由于他们有可保利益并且转移了风险，所以倾向于将整个合同视为保险合同。实际上，那些利用触发机制而不是衍生工具消除风险的人明显地注意到了一个关键的区别：尽管结构合理的多触发机制为损失后融资提供的保证必须是基于已发生事件，但是衍生工具却并不一定如此（比如，有可能一项损失已经发生，但是衍生工具仍处于虚值状态，提供不了任何补偿）。

多风险产品是风险管理的一个不可分割的组成部分，并且为公司提供一系列灵活的可选择方案。合同的预订性意味着，为了能对风险类别正确地打包以及对风险进行排序，必须进行大量的量化工作，但是由此可以获得的成本和效率收益使得这些努力都是值得的。

第7章　资本市场发行和证券化

正如在第3章中指出的，全球资本市场涵盖了资金供给、风险管理和投资管理的金融活动，构成了ART市场的重要组成部分。实际上，当资本市场上的金融工具和交易策略被用来防范风险时，ART市场便具有了独特的深度和广度。虽然对资本市场上的金融产品和服务有很多定义和分类方法，但我们仅将其分成三部分来分析：资本市场发行和证券化（本章）、应急资本结构（第8章）、保险型衍生金融工具（第9章）。在第10章中分析企业风险管理时，我们还将会对以上三部分进行分析。

7.1　证券化概述

证券化已成为金融市场近几十年来的一个重要特点。所谓证券化就是将一个企业资产负债表中的资产、负债或现金流通过可流通证券转移给第三方。20世纪70年代后期和80年代早期，华尔街上的投资银行热衷于对资产进行组合，将其转换成发行多种风险和报酬特征各不相同证券的信托工具。根据我们在第2章所概述的投资组合理论，对资产进行组合，可以降低投资者预期报酬的方差，这对提供风险资本的投资者是极其有益的。证券化的尝试是从住房抵押贷款证券（MBS，住房抵押的组合）、按揭担保证券（CMO，MBS的组合）、商业MBS和资产支持证券（ABS，应收账款、租赁及其他本质上类似的资产的组合）开始的。

20世纪90年代早期至中期，证券化技术扩展到其他信用市场，创造了贷款抵押证券（CLO，贷款的组合）、债券抵押证券（CBO，公司债券的组合）——一起构成了我们在本书前面提到的CDO大家族。[①] 尽管CDO和其他一些证券化的金融工具通常并不被认为是ART市场的一部分（除在注释的基本概念部分外，本书其他地方不作进一步详细讨论），但是保险行业已成功地将它们作为风险转移手段，这就提供了金融和保险市场存在的另一种联系。

在一般的金融证券化方式下，一个发行信托被构造成独立的、难以破产的主

---

① 大体上可以这样认为，CDO可以构造为资产负债表CDO（也称为现金流CDO）或合成CDO（也称为套利CDO）。**资产负债表CDO**是基于资产真正地被投资或贷款组合所持有，而不是投资机构将其卖给中介；**合成CDO**是基于资产被投资组合经理购买和进行积极管理，以取得期望的结果。筹资型合成CDO是用发行票据方式筹集的资金来购买组合所实际持有的资产，而非筹资型合成CDO则涉及使用信用衍生金融工具，包括总收益互换（转移所涉及资产的经济利益的互换）、篮式期权或篮式互换。大部分资产负债表CDO和合成CDO采用现金流量法分配资金，通过信托从基础证券（或衍生金融工具）收到的特定利息和本金现金流将支付给投资人。如果收到的现金流不足以支付给所有的投资人，则被改变为支付给最高级别的投资人。近年来，有一种从筹资型到非筹资型结构的改变趋势，因为非筹资型结构只需要较少经过评级的资产份额，所以其组合费用较少。用保险学的术语来表达，CDO可以被认为是一种信用再保险，也就是较低级别的投资人以一定的代价（如增加收益差额）给更高级别的投资人提供保险。

体。这一主体负责管理现金流、应收账款和应付账款，以及进行互换套期等。为了对每一等级的信托资产形成它所需要的风险和报酬组合，信托必须对基础资产的现金流进行转换，并根据投资人的优先权顺序偿还本金和利息（P&I），即最高级别优先权（如最低报酬、最低风险）的投资人最先得到偿付，最低级别优先权（如最高报酬、最高风险）的投资人最后得到偿付。在大多数情况下发行的金融工具都有类似于权益的附属付款承诺，被称之为剩余权益，它会带来权益收入和相应的风险。在有些情况下，管理者通过信用证、超额抵押、财务担保、保险互换等方式提高某些资产的信用，因而使金融工具的信用等级更高（包括所谓的风险默认值无穷小的“超 AAA”等级）。任何证券化的意图都是双重的：从资产负债表中转移出某些资产或负债，并将其风险转移给投资人（通过分组机制准确地提供给投资人所需要的金融工具）[1]。为了总结证券化的过程，图 7—1 描绘了从不同银行购买公司贷款组合和创造 CLO 的基本现金流的过程（同样的过程也适用于 MBS、CMO 等）。

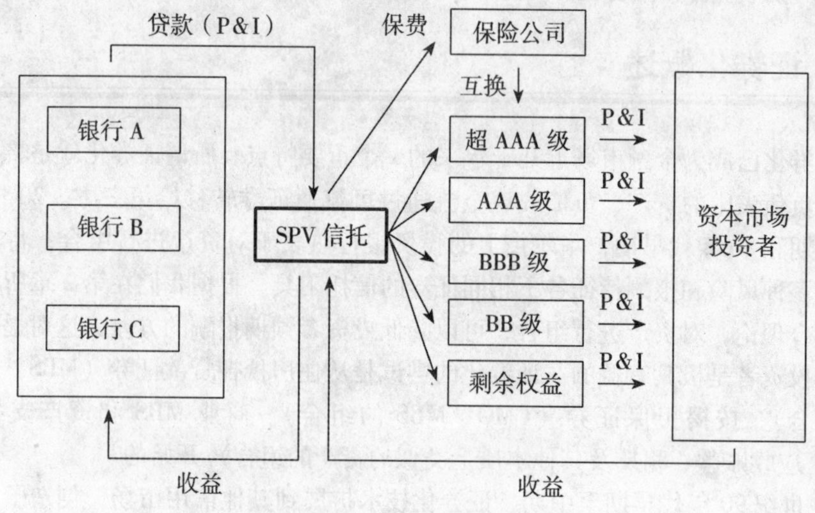

图 7—1 CLO 的现金流结构图

7.2 保险联结型证券

7.2.1 概述

鉴于过去金融证券化的成功经验，20 世纪 90 年代银行将资产驱动的证券化技术应用于保险市场，创造出基于保险相关事件的票据和债券。尽管直到 20 世纪 90 年代中期才开始第一次发行，但基础工作却在之前的几年就已展开[2]。基于保险的资本市场发行

① 例如，金融机构是积极的资产管理者（它们拥有很强的主要关注贷款和投资的资产），而保险公司是负债的积极管理者（它们强烈地关注负债偿付安排、损失准备和未赚取的保险费）——尽管它们在证券化过程中关注的方面不同，但二者最终都要通过证券化转移风险。

② 实际上，以 AIG 为受益人的财产巨灾债券（property catastrophe bond）本来计划于 1992 年由美林（Merrill Lynch）发行，但由于安德鲁飓风（Hurricane Andrew）而推迟。

或保险联结型证券化（ILS——我们交替使用这两个术语）的基本思想与其他证券化是类似的——为了转移风险敞口和创造附加的风险承受能力而发行与保险风险相关的证券。早期的证券化是基于与飓风和地震有关的灾难性风险。尽管这种证券化仍然是主流，但是近年来，出现了其他类型的保险连结型证券化，包括那些基于气温、资产残值、寿险购置成本、汽车保险、雇员赔偿等风险敞口的证券化。虽然与灾害相关的证券化相比，这些类型证券化的发展程度不高，但成长的可能性是存在的。

近年来，尽管ILS的结构有所改进和越来越顾客化，但其基本结构仍然没有变——保险或再保险公司通过SPE发行证券，根据规定的保险事件的损失偿付利息和/或本金。如果损失超过预先设定的临界点，保险或再保险人将不对投资人支付利息；如果发行的是不对本金进行全额和部分保护的证券，本金的支付也会推迟或取消。[①] 通过这一基本结构创造出了新的风险工具：发行人将规定的风险敞口转移给资本市场投资人，降低了自身的风险状况，从而使资本和准备金的压力有所减轻，以利开展新的业务。这一机制的重要意义在于将保险和资本市场连接起来，允许保险公司进入投资人提供的巨额资本市场。当再保险机构大约有250亿美元的市场规模时，资本市场则超过14万亿美元，因而是一个有极大潜力的市场。确实，由于存在较好的投资机会，近几年这一市场已经拥有100~150个忠实的ILS机构投资者[②]，这些投资机构极大地促进了该市场的发展（当然，为了保持吸引力和有责任感，这些投资机构需要稳定的发行从而使其自身的投资组合要求得以实现）。事实上，现在的一部分发行是需求驱动的，发行人根据确定机构投资人的需要来“量身订制”股份。[③] 这一市场目前主要还是关注机构投资者，散户并不多。然而，一些信誉较好的共同基金近年来开始为小型投资者提供ILS风险敞口。[④]

这并不奇怪，大多数ILS发行人是保险或再保险公司，它们热切地需要采用其他工具来管理它们的风险组合。直接面向公司的发行已很少，近年来只有为数不多的几例。[⑤] 实际上，大多数有灾害风险敞口的公司发现用标准的保险产品来防范诸如飓风、地震等的风险更简单、更有效。尽管ILS活动有点周期性，但从20世纪90年代晚期至今的发行水平却相对稳定，每年的新发行量从7.5亿美元到12.5亿美元。自1994年以来ILS有50多次发行，成长还是相当稳定的。

由于ILS是保险和再保险的替代物（但不是永久替代物），所以再保险和资本市场金融工具的价格差异对整个市场活动就有相当大的影响。[⑥] 当硬市场（hard

---

① 例如，由于1999年破坏性极大的法国大风暴的影响，Reliance Ⅳ 债券的持有人收到的利息比原预期低了500个基本点；同样，Georgetown Re 发行的债券，其持有人损失了1999年的全部利息和2%的本金。

② 这些机构投资者包括美国主要的基金公司如TIAA/CREF和PIMCO，以及大量的到岸和离岸对冲基金。

③ 例如，早期的ILS以10年期为主，现在，投资人更偏好5~7年期的证券，发行人也得进行相应地改变。另外，投资人也偏好单一风险的交易。

④ 例如，Bank Leu专门创立了一种巨灾债券共同基金，严格面向散户。

⑤ 例如，Oriental Land/Tokyo Disneyland 于1999年发行了一种债券（见7.4.2的案例）。Vivendi Universal于2002年年底对发生在Universal Studios主题公园附近的California大地震风险进行了对冲交易。Vivendi的交易是票据和优先股发行的混合，提供了1.75亿美元的保险上限。优先股投资人先承担100%的损失，然后票据投资人也承担本金损失的风险。

⑥ 例如，2001年，Residential Re对4.5亿美元的发行提供L+499个基本点的利率，这相当于对56亿美元损失进行保险所支付的2 250万美元的保费。因此，必须权衡这两种选择的成本和收益。

market）出现时，ILS 的发行也会加速（但仍然处在一个相对较窄的边界，如没有证据表明发行量激增）。因为设计 ILS 结构的费用（如成立 SPE、准备文件、与投资银行协商承销等的成本）较高，所以在成本效益的框架内只有当其他可替代的损失融资的成本更高时才能说明采用 ILS 是合理的。尽管保险公司和再保险公司决定是否继续采用 ILS 将依价格而定，但还必须要考虑其他问题，诸如希望保留和再保险的总体风险水平、对不同再保险人暴露的信贷风险敞口大小等。

通过对地震、飓风和风暴风险进行证券化，大多数 ILS 的发行针对巨灾风险；这些证券统称巨灾**债券**（catastrophe bonds）。除了以特别目的再保险公司（SPR）而不是 SPE 信托作为发行手段外，标准的巨灾债券结构与资本市场的其他证券化结构非常相似，这一点我们将在下文分析。对投资人发行票据，受托人将收到的收入进行投资以获得报酬（通过互换加以固定）；分出保险公司支付的保费也是报酬的一部分。信托账户中的抵押物用来支付到期的本金，除非巨灾事件的发生使支付减少，如果这种情况发生，则投资人可能得不到根据时间货币价值所应收到的利息和/或本金，甚至在某些情况下根本得不到利息和/或本金（在有些情况下，只有源于被保险事项的所有求偿权和或有负债都已偿付以后，投资人才能得到补偿）。当约定的巨灾发生时，通过减少或取消对投资人的支付，分出保险公司减少了暴露于该灾害事件的风险。

由于在其他类型证券化中的经验和强大的债券分销网络，投资银行仍是 ILS 的主要安排人；除少数几例外，保险公司仍游离于发行过程之外。市场中的大多数发行是基于专业咨询公司如 RMS 和 AIR 提供的分析。这些公司有先进的建模能力，可以对不同类型灾害事件发生的概率分布进行较精确的模拟预测。分析模拟的结果可以帮助投资银行进行定价，有助于投资人在购买特定债券时理解风险和报酬的相对水平。评估机构在评价某一交易和等级的风险中扮演着积极的角色，不同的评估机构所采用的方法不尽相同，例如，穆迪是根据对预期损失的估计来评级，而标准普尔是基于最小损失的可能性来评级。

7.2.2 成本和效益

保险风险的证券化对多方有益，包括分出保险公司、投资人和中介机构。例如，分出公司（一般是保险公司）可以利用另一损失融资机制来管理风险。在处于“硬”再保险市场时，这是在成本效益框架下很吸引人的替代方案。这一方案还降低了单个再保险的信用风险敞口，因为风险被重新“包装”进票据，并通过 SPR 发行给投资人，分出公司不再需要关注再保险公司的具体经营业绩。另外，由于市场中的发行是高度“量体裁衣”式的，保险公司可以设计出其倾向的票据结构——可以基础风险高但没有道德风险，可以降低基础风险但承受由其所增加的道德风险成本，可以发行单期或多期保险，以及对单个或多种风险进行保险等。投资人同样可以通过购买与其已有投资组合中的风险资产不相关或相关性很小的证券来获得报酬。这对渴望寻找赚取超额报酬而影响其已有投资组合风险的机会的投资经理特别有吸引力（例如，飓风和地震事件与债券或股票市场波动没有相关性，这意味着风险分散化效应存在），投资人也能得到较高报酬。20世纪90年代末期和21世纪开始的几年里，大多数交易以“屡创新高的溢价”为特征，其报酬比评级相同的公司债券的报酬高50~100个基本点，因而吸引了大量投资人。尽管由于投资人对潜在风险越来越了解而使报酬有所降低，但其仍保持较高吸引力。中介机构也从新发行和募集业务中受益，它们通过帮助设计证券结构而收费，通过销售债券而得到佣金和价差。当然，也会发生成本和出现一些不利因素，包括建立发行媒介/程序和发行证券的费用，为了对证券估值和定价而进行的分析工作等所发生的费用，以及普遍的市场整体流动性较差（例如，大量“购买和持有”）、中介机构缺少有效的对冲工具（否则中介机构会愿意繁荣市场和增加流动性）等不利因素。

ILS市场可分为基于指数、赔偿金或者参数触发的巨灾和非巨灾风险发行。巨灾债券又可细分为与飓风、地震、风暴和其他发生频率低、损失严重的自然灾害有关的证券，每一债券或份额可以保障单个或多个风险。非巨灾ILS可细分为与气温、资产残值、抵押违约、贸易信用、寿险购置成本等有关的证券。后文我们将对每一种证券进行分析。图7—2概括了保险联结型证券体系。（再次提请读者注意的是，尽管信用风险也是可保障风险之一，但是我们认为CDO市场是一个独立的金融驱动型的市场，从而不对这种结构进行进一步的详细分。①）

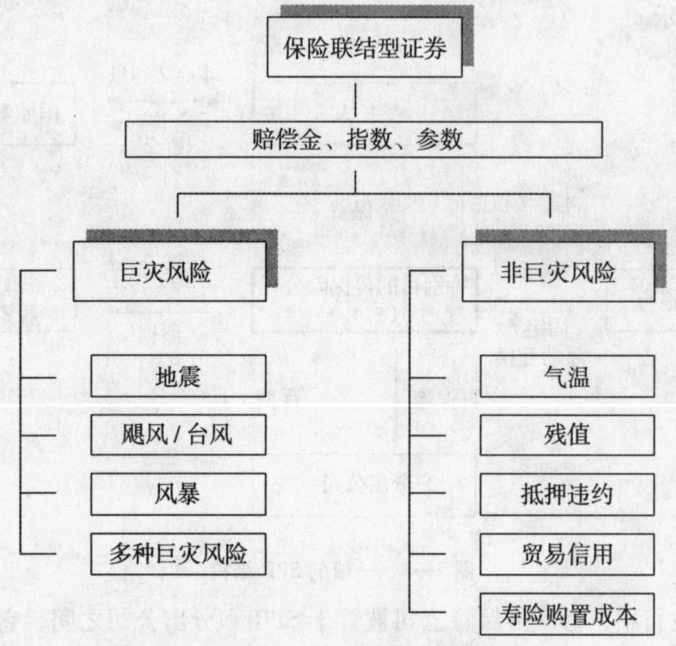

图7—2　保险联结型证券体系

① 例外的情况也许是通过指数触发而不是赔偿金触发将风险转移给资本市场投资人，寻求对冲信用投资/风险组合为主的保险公司所发行的证券。这种类型的交易，如Gerling公司1999年进行的3年期5亿美元的交易（与一个公认的信用指数相关），仍非常少见。

7.3 结构特征

ILS 市场已存续了几年时间，出现了一些结构特征并已成为类似证券发行的标准操作惯例。在本节我们分析与发行媒介、触发机制和等级等有关的普遍特征。

7.3.1 发行媒介

对风险进行纯粹的证券化并不能帮助分出公司满足法定资本金的要求，因而一些风险必须再保险给 SPR。这就要求先对风险进行再保险，然后证券化，证券化意味着允许进行必要的资本调剂。相应地，通过建立的再保险公司而不是简单的信托 SPE 发行的 ILS 在市场中是很普遍的。远离破产的 SPR 负责对分出公司制定再保险合同并收取保费。由于对分出公司提供的保障采用的是再保险合同的形式而不是衍生工具，SPR 必须是获得许可证的再保险公司。自然地，为了使保险公司得到分出风险的好处，风险必须能转移，也就是说分出保险人不能直接拥有 SPR。实际上，大多数 SPR 被慈善基金发起以便达到“独立性”的要求。除了制定再保险保障合同外，SPR 也对投资人发行票据，将收到的保费收入交给受托人进行投资，采用互换的方式以固定的利息对投资人进行支付。一般的 SPR 结构如图 7—3 所示。

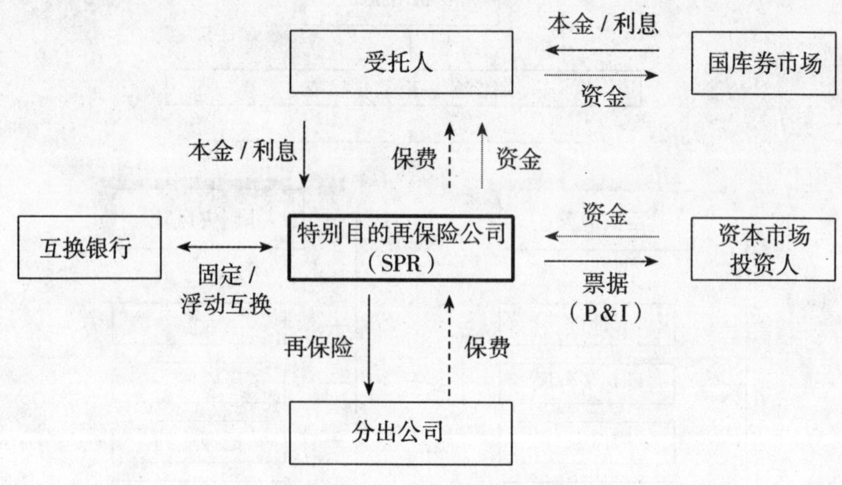

图 7—3 一般的 SPR 结构

在有些发行中，另一再保险公司被置于 SPR 和分出公司之间，它的意义就是使合同不再是再保险合同，而是转再保险合同。这种结构安排（如图 7—4 所示）使再保险公司承担赔偿金风险而将指数合约进行对冲以避免分出公司承担基础风险。

从理论上来分析，ILS 涉及双重税收（对赚取的报酬和支付的利息征税），所

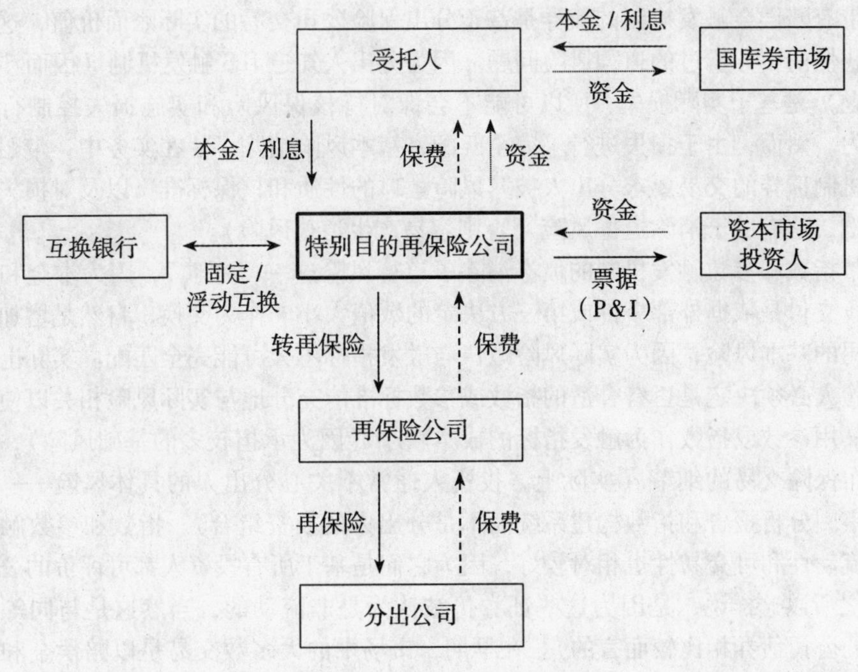

图7—4 有中间再保险人的ILS

以很多SPR设立于离岸和税收负担轻的地方，在这些地方它们以债务类证券（而不是权益类或权益混合类证券）的方式发行证券。债务类证券采用私募或公募方式发行。私募市场是面向机构投资者的专业市场，其特征是面向单个投资者发行数量大（排除了散户参与人）、流动性低（规定了参加二级市场的条件及交易数量）①，不需要信用评级机构的评级（尽管实际发行中经常进行评级）。

7.3.2 触发机制

每一ILS都带有触发机制以决定在什么情况下分出公司中止利息和/或本金的支付（可以是暂时的也可以是永久的）。一般情况下，触发机制可基于单个或多个事件的发生，并且只有当分出公司的损失超过某一规定的数量时触发机制才生效（如规定实际扣除条款）。触发机制可采用如下形式：

- **赔偿金触发** 事先商定某一业务的持续损失超过一定金额后，保险公司中止利息和/或本金的支付（如超过某一交易的实际账面价值）。
- **指数触发** 商定的某一第三方指数达到临界值时，中止利息和/或本金的支付。
- **参数触发** 当某一用来计量损失的指标达到一定数值时，中止利息和/或本金的支付。

① 例如，在美国，144A规则规定参与人必须是“有资格的机构购买者”（QIB），发行对象必须被限制为一定数量的投资人。在二级市场，典型的交易对象被限制为QIB群体和交易商。

带有赔偿金触发机制的债券是基于分出保险公司交易的实际账面价值，这就会产生我们前面分析过的道德风险问题。因为分出人知道 ILS 触发机制（因而涉及偿还问题）是基于实际损失，所以可能不会像对待核保风险和实施损失控制行为那样尽力。然而，由于损失进行了完全匹配，基本风险消除了。在实务中，带赔偿金触发机制债券的交易要求分出人披露风险敞口的性质和核保标准，以及对损失承担的比例，这有助于消除道德风险（否则容易产生道德风险）。

带指数和参数触发机制的债券消除了道德风险这一“恶魔”，因为本金和利息的中止支付是依据外部事件或第三方决定的数值大小。作为交换，自然是增加了保险公司的基本风险，因为实际风险敞口与触发指标不大可能完全匹配。实际上，分出保险人必须决定是否有合适的指数或参数标准能充分地与实际风险相关以使交易可行。用参数或指数作为触发指标的成本较小（因为承担较多的基础风险），不需要公布保险交易的细节（实际上，投资人通常不关心分出人的具体风险——他们只是审阅分析报告和指数构建系统而不是分出人的投资组合）。指数和参数触发的证券流动性和可交易性也相对较好，因为它们是基于所有投资人都可评价的公开标准（之所以这样说，是因为这些证券仍被认为是非流动的，当然这是与同等评级级别的公司债券相比较而言的）。在早期，市场中的大多数交易是以赔偿金和指数作为触发指标的，只有一小部分以参数作为触发指标。近年来，市场交易已从主要是赔偿金触发债券（20 世纪 90 年代超过 70%）转向指数触发债券（新千年的开始几年，金额和交易量都超过 70%），这与投资人的偏好是一致的。投资人喜好指数触发债券是因为其透明性较高，不需要对分出人的基本风险投资组合进行充分评价。

7.3.3 等级

ILS 通常被安排成不同等级发行，以便投资人选择其认为合适的风险和报酬水平。例如，对冲基金可能购买评级低、风险高的证券，而投资基金和银行/保险公司的投资账户则偏好评级高的证券。ILS 发行的种类可以依据利息和/或本金的延迟支付或放弃来构造。尽管每个未被保证的等级都有风险（如存在不保障本金和利息的证券，除非其被第三方保证），但潜在损失的程度却从中等到极端都有可能。正如我们所分析过的，有些等级可以通过被评级高的保证人进行信用担保以提高信用，这样有利于发行，因为有些投资人不能购买低于投资等级的证券，这就要求发行人承担信用“包装”的成本。表 7—1 列出一次典型 ILS 发行中可能遇到的实际等级。A 级，通过发行人或银行信用证的信用保证，其信用等级可能被评为 AAA 级或 AA 级；B 级，存在损失利息的可能，通常被评为 A/BBB 级；E 级，可能损失全部本金和利息，与 BB 级证券类似。注意，除了信用提高型这一类等级外，其他类债券是不需要评级机构进行明确评级的，仅仅是“影子评级”。

表7—1　　ILS的等级实例

等级	风险	信用级别
A	信用增强： 没有利息支付损失和本金偿还的风险	最高级
B	有利息支付损失的风险	高级
C	有利息支付损失的风险 有本金延迟偿还的风险	中
D	有利息支付损失的风险 有部分本金偿还损失的风险	低
E	有利息支付损失的风险 有本金偿还损失的风险	最低
剩余权益	剩余权益风险 有利息支付损失和本金偿还损失的风险	没有评级

附有延迟机制这一类的证券，必须通过零息基金按计划返还部分本金，余额在一定时间内偿还。虽然每一类都标明到期日，但在一些被保险的事件发生后，实际到期日可以被延迟。所以，账面的到期日和实际的到期日可能会不一致。在实务中当允许索赔累积时，分出公司偏好较长的损失形成期，这可以帮助它们降低本金和利息的偿付。通常，投资人偏好较低的损失形成期，这样便于他们收到本金和利息以及进行再投资。要注意的是，尽管许多ILS交易都是多等级和多年期的，(想要利用建立项目只需要一次性费用这一优点)，但他们仍受到最终到期日前就被终止的损失上限的支配。因而，如果一张5年期日本地震债券的损失上限是2.5亿美元，但在第2年损失了3亿美元，这债券实际上就终止了，尽管离到期日还有3年(损失形成期也许是6个月至1年)。

7.4　巨灾债券

为了帮助理解用ILS转移风险的实际应用，我们分析近年来出现的几类巨灾债券。由于“巨灾债券（cat bonds)”在市场发行中占主导地位，以其为例来分析是比较恰当的，(在接下来的章节中，我们将分析近几年出现的其他ILS结构，并分析其未来增长趋势)。尽管巨灾债券从1998年以来增长相对稳定，每年新发行约10亿美元，但其保障的范围却持续扩张，新增的保障范围包括夏威夷飓风、摩纳哥地震、法国暴风雨、法国地震等。ILS市场一般涉及11类主要的巨灾风险，如表7—2所示。

表 7—2 ILS 涉及的巨灾风险类别

风险类别	区域
地震	加利福尼亚
	美国中西部
	日本
	法国和摩纳哥
飓风	美国西北部/大西洋
	美国湾
	波多黎各
	夏威夷
	日本
风暴	欧洲
冰雹	欧洲

7.4.1 飓风

飓风造成的损失可以非常大，所以公司到保险市场寻求适当的保险是不奇怪的，而保险公司也通过再保障或诸如飓风债券这类可选择机制来寻求保险。过去几年飓风累计造成的财务损失是相当大的（1989 年的 Hugo 飓风，1992 年的 Andrew[①]、Amber 和 Iniki 飓风累计损失可以使 15 个 P&C 保险公司破产）。另外，一些分析模拟显示未来飓风可能造成 750 亿美元损失，这会严重影响再保险资本和抑制风险能力。基于飓风的巨灾债券于 20 世纪 90 年代中期第一次在市场中出现，事实证明这种债券是经得住市场检验的，从初始发行时起发行量便稳定增长。大多数飓风风险保险针对美国东北部及大西洋、墨西哥湾沿岸、夏威夷以及日本的台风。这些地方的主要特征是拥有重要的商业区，以及住房市场发达，许多地方处于飓风中心带上。证券发行交易附有赔偿金、参数和指数触发机制。我们下面分析 USAA 的具有开拓意义的交易案例。

案例研究

USAA 的飓风债券

USAA 是一家共有保险公司，提供汽车保险、屋主保险、住宅保险和覆盖美国军人及其家属的个人责任保险，从 20 世纪 90 年代早期开始对风险敞口保险的可选择形式产生兴趣。尽管它的大多数风险管理都是通过自留风险、分散

① Hugo 和 Andrew 飓风共造成了 220 亿美元的损失。

化和再保险形式进行的，但其早在1992年就开始考虑巨灾联结型证券。特别是安德鲁飓风导致179亿美元损失后，该观念变得更为先进。安德鲁给USAA带来了不成比例的6.2亿美元损失，因为USAA的风险主要集中在佛罗里达。事实上，由于军人及家属个人责任保险业务，USAA的风险敞口不适当地集中在几个“高风险”的州，如加利福尼亚、得克萨斯、佛罗里达和北卡罗来纳州。相应地，保险公司想将这些有巨灾倾向的州的一部分超额风险消除掉。1994年进行初步的结构设计后，1995年USAA开始征求9家投资银行的建议，并于1996年初，将选择范围缩小到3家。经过和AIR共同分析后，保险公司评估了有关建议，并将代理权委托给了Merrill Lynch。

基础工作的进行是艰难的，因为飓风联结型债券是一种全新的证券。1996年的大部分时间都花在结构设计、法律条文和管理控制以及处理潜在投资人和信用评级机构所关心的问题上。鉴于不确定性、复杂性和成本，保险公司在这时仍未最后决定，继续评价替代方案（如传统的再保险、自保险、芝加哥期权交易所的PCS期权和盈余票据）。巨灾债券的可实现报酬仍然不确定，这一交易不仅对USAA，甚至对整个市场也是非常重要的——结构设计、债券发行的失误必然对USAA的财务状况造成不利影响，而且会广泛引起对证券化巨灾风险可行性的疑虑。然而，1997年初，交易的细节基本制定好，增加Goldman Sachs和Lehman Brothers公司到承销辛迪加，承销团队准备发行债券。

债券被构造成给予保险公司超过10亿美元以上的XOL保险，按80%的比例最高不超过5亿美元（例如，20%的共同保险），这相当于4亿美元的再保险保险。设立于开曼的发行媒介Residential Re作为独立的SPR负责对USAA再保险合同的制订，以及对投资人发行二类三级票据。A-1类，评级为AAA，是一种保障7 700万美元本金和8 700万美元本金存在不确定的票据；A-2类，评级为BB，其特点是3.13亿美元本金存在不确定。图7—5和图7—6描绘了这两类债券的特点。交易是基于3级、4级或5级飓风的发生，最终净损失的确定要依据USAA投资组合的有关参数（例如，对21个已列入名单的州，根据现行保单、修改的保单和新保单提供的保障）。因此，这是多种类、单一事件型和附有赔偿金触发机制的债券。这一具有开拓意义的交易的一个重要方面是使监管当局相信这种交易是投资人购买债券而不是签订再保险合同（签订再保险合同是不允许的）；监管当局最终同意给予投资人资本市场投资人的地位。随着细节问题的解决和营销前准备工作的完成，由三家银行组成的辛迪加按承销（best efforts）方式发行债券，并完成了全部目标发行量。实际上，价格的制定策略是有意吸引大量投资人（例如，价差较大）参与以保证募集成功。因而这一首次发行的飓风债券为后续许多其他类别证券的发行提供了一个舞台（有些也采用同样机制）。USAA相信这种结构安排可以作为风险管理的有效工具，因而成为巨灾债券发行的“常客”。

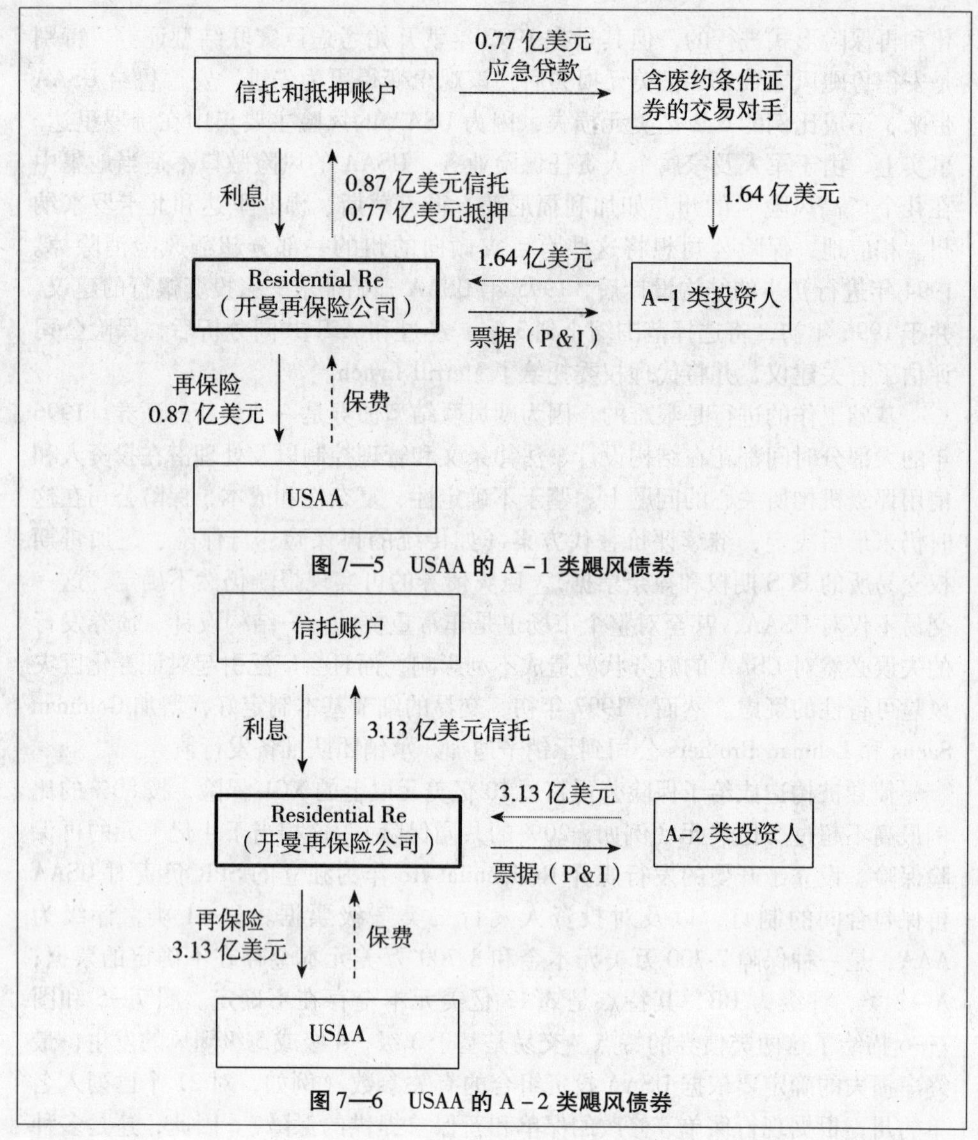

图 7—5 USAA 的 A－1 类飓风债券

图 7—6 USAA 的 A－2 类飓风债券

7.4.2 地震

像飓风一样，对于试图控制 P&C 风险的企业和保险公司来说，地震是另一种它们需要关注的风险，这意味着基于地震的 ILS 是企业进行风险管理的一个重要工具。经验表明地震造成的财务损失相当大（例如，1994 Northridge 大地震和 1995 Kobe 大地震），甚至发生更大损失的可能性也存在。事实上，一些预测分析估计如果美国 New Madrid 断层带发生里氏 8.5 级地震，直接和间接造成的损失可达1 150 亿美元（P&C 和企业中断经营等造成的损失）。因而基于地震的 ILS 的发行在近几年很活跃就不足为奇了。这类交易为发生在加利福尼亚、美国中西部和日本的地震提供可带有赔偿金、指数和参数触发机制的保险。

案例研究

地震债券

Swiss Re SR 地震基金：指数触发

1997年Swiss Re创立的SR地震基金，总额1.37亿美元，是一种多级别的债券，其偿付与加利福尼亚地震相关联。作为对保险公司已经订立的合同的转再保险风险的对冲，这一交易是基于两年以上加利福尼亚地震造成的最大可保损失（有一年损失形成期）。最大可保损失根据财产理赔服务（PCS）指数决定。根据PCS指数所反映的损失大小来减少对每一级别债券本金的偿付。前两个级别债券（一个是固定利率，一个是浮动利率，都被评为“投资级”）的60%本金偿付有风险，第三级别被评为投资级以下，100%的本金偿付有风险；第四级别，未被评级，如果根据PCS指数确定的损失超过120亿美元，则本金全部得不到偿付。

Tokio Marine/Parametric Re：参数触发

1997，日本最大保险公司之一的Tokio Marine和Parametric Re设计了一种独特的风险防范机制，用来防范发生在东京地区的与地震有关的P&C损失。特别之处在于，这两家公司设计了与东京地区发生的地震强度和具体地点有关的多级别参数触发债券。用东京内外城区的方位坐标确定潜在事件发生的具体位置，还有地震震级的大小（以日本气象局的公布为准）作为参数，这些被认为可以从一定程度上消除道德风险，同时也不需要规定损失形成期的参数。当然，会存在基本风险。根据协议的条款，内城区的里氏7.4级地震（根据JMA测量方法和标准）会导致44%的本金延迟支付，外城区的里氏7.4级地震会导致债券70%的本金延迟支付。ILS以“证券包”形式发行，包括100%风险敞口的票据和两种风险单位，即无风险敞口和100%风险敞口两种。

Oriental Land/Tokyo Disneyland ：参数触发

作为迪斯尼公司第一个海外主题公园，东京迪斯尼于1983年建于东京市郊。当主题公园开始经营时，既是股东又是经营者的Oriental Land，没有对地震可能造成的P&C损失进行保险，因为其主要关心的是地震造成的经济影响而不是有可能承担的P&C损失，而且，当时也没有这种保险。直到1999年公司发现通过ILS市场可以解决这一问题，才成为参与地震灾害关联债券发行的第一个公司发行人。1999年5月，在Goldman Sachs的帮助下，Oriental Land发行了2亿美元两个级别的参数触发证券——第一个级别的证券是防范在东京迪斯尼附近发生的地震使公司经营蒙受损失，第二个级别的证券是为了损失后重建融资。第一个级别的证券共1亿美元，是5年期浮动利率票据，由Concentric Re SPR发行，利息支付按L+310，是参数触发型的——不考虑对主题公园造成的具体损失，实际偿付依赖于与地震强度、地点和深度有关的参数；离主题公园越近、强度越大，对 Oriental Land 的实际偿付就越多。第二级别，1 亿美元，是 5 年期浮动利率票据，由 Circle Maihana SPV 发行，利息支付按 L+75，发行的主要目的是提供当所规定的事件发生后的重建基金。鉴于 Oriental Land 长期寻求此种保险，债券得以成功发行。

7.4.3 风暴

风暴风险是第三种巨灾风险，源于大风或大雨产生的 P&C 损失。近年来已经有几种基于风暴的 ILS 发行。这些保险主要是针对欧洲的（既可以是整个欧洲大陆（包括英国），也可以是某一国家，特别是法国）；也有些交易包括佛罗里达和美国其他州的大风产生的损失风险，但相对来说比较少见。如本章前面所提到过的，一些基于法国大风暴的债券曾经减少了利息和/或本金的支付，这显示了在实务中 ILS 的风险转移能力。

7.4.4 多巨灾风险 ILS 和多档次 ILS

在一些发行实例中，ILS 被构造成可以防范几种巨灾风险，如发生在全球不同区域的地震和飓风损失。此种多风险 ILS 发行的意图是使分出公司不需要根据每一具体风险发行不同的债券，从而具有最大的灵活性和效率（实际上，尽管这种债券结构对分出人很有吸引力，但是一些投资人却发现对这种复杂的“一揽子风险”进行估价很烦人）。多风险 ILS 可以附有赔偿金、指数或参数触发机制，可以设计成一档或多档发行（档次的设计与本金和利息的保障有关，而与风险敞口无关，因为每一档次的债券都对所有风险进行保险）。多风险 ILS 的发行量正在逐渐上升。从 1999 年最早的多风险债券发行开始①，发行规模有较大发展，而且在不断创新。例如，Swill Re 发行了 SR 大风债券，对法国大风暴和佛罗里达、波多黎各的飓风风险通过两个独立但也可能相关联的票据提供保险。如果某一风险产生的损失超过了触发指标，另一债券也用来对损失进行保险（规定了保险的上限）。在同一年，法国保险公司 AGF 发行了 Med Re 债券用来对欧洲风暴和法国地震进行保险。证券以美元发行，但用欧元来对两种灾害同时发生时的损失（65% 的限额再保险）和风暴灾害发生的损失（35% 的限额再保险）进行保险。很多其他的多风险债券也已经发行，未来的发行量也将是巨大的。

多风险 ILS 与对不同风险分别进行保险的多档次债券是不同的。如前面所提到的，在前一种情况下，投资人投资多风险 ILS 时，所购买的单个证券的价值受到几种风险其中之一的影响。在后一种情况下，所购买的单个证券受某一特定风险的影

① 1999 年是创新的多风险 ILS 发行的关键年，包括 Halyard、Juno、Gold Eagle、Atlas 和 Domestic 等都进行了发行。此种证券的成功发行表明即使是复杂的多风险敞口也能通过证券化来转移。

响，但证券的发行结构类似伞形，分支出多档次债券（也就是根据风险来分档）。因此，不存在风险的混合体，投资人不需要处理多风险证券的估价问题和复杂的风险特征。例如，2002 年 Swiss Re 推出 20 亿美元的“先锋巨灾项目”，这一项目是发行针对特定风险的不同档次债券，进行保险的风险有北大西洋风暴、欧洲风暴、加利福尼亚和美国中西部地震、日本地震造成的 P&C 损失风险。2003 年 Swiss Re 为 Zenkyoren（日本农业合作会社的国家共同保险联盟）发行了三档的 Phoenix Quake 债券。发行的 4.7 亿美元的债券对 Zenkyoren 的地震和台风风险敞口进行保险，投资人可以从三档参数触发的债券中进行选择（Quake Ltd、Quake Wind 和 Quake Wind Ⅱ），每一档的风险、触发指标、偿付和利息都不尽相同。多风险和多档次证券的结构如图 7—7 所示。

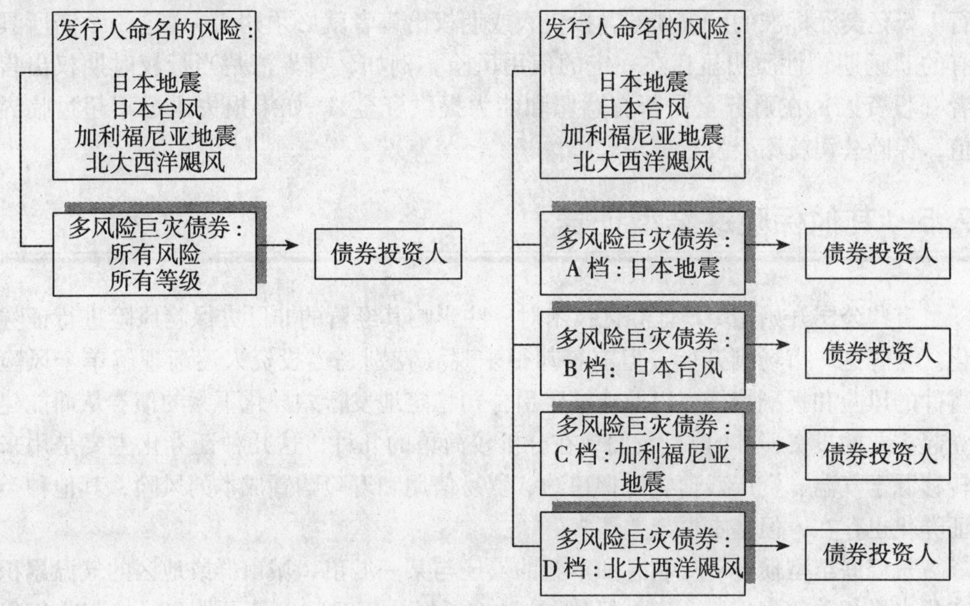

图 7—7 多风险和多档次证券的结构

7.4.5 债券/衍生金融工具的变体

标准巨灾 ILS 结构的变体可以满足特定发行人或投资人的需要。在一些实例中，发行人发行债券时，实际上不需要证券化风险，而是采用表外形式或将风险转移，但是会产生与某一指数相关的支付，这就像发行嵌入衍生工具的债券。特别是精选的一些已发行的债券，投资人购买这些债券时，当衡量指定风险的指数值低于临界值时，投资人可以得到超额利息；当超过临界值时，投资人得不到利息。这相当于每一份债券都嵌入了一份数字期权，在每一估价日，投资人要么得到超额利息，要么得不到利息。例如，2002 年 Winterthur 发行了基于冰雹的巨灾债券，这是一种次级可转换债券。当由于冰雹和风暴导致汽车损失赔偿要求权低于 6 000 份时，投资人收到比标准可转换债券多三分之一的利息；当高于 6 000 份时，不支付利息。因此，这一交易是与冰雹损失相关的次级债券、权益期权和数字期权的混合体。

合成巨灾债券

合成巨灾债券——一种在巨灾债券中有效嵌入期权的合成体，能够控制源于保险市场硬化导致的未来再保险成本的上限。如果市场周期处于不利于标准的再保险时，含期权的债券则可以提供保险，但并不是迫使保险公司和再保险公司受 ILS 交易的约束（除非处于硬市场周期时）。例如，Allianz Risk Transfer 在 ILS 中嵌入了一种期权（通过 Gemini Re 从投资人手中购买），这种期权允许发行一种 3 年期的 ILS，该 ILS 表现为当源于欧洲风暴和冰雹造成的损失超过先前规定的触发数值时，可以得到利息和本金的偿付。如果损失超过某一临界值，Allianz 执行期权，即发行 1.5 亿美元标准的巨灾债券，投资人或期权出售者就必须购买。（这一承诺所具有的“远期”性质明显存在一定的信用风险，例如，要弄清楚当行权时期权出售者（投资人）在财务上是否有意愿和能力提供资金）。如果损失永远不超过临界值，保险公司就不会发行 ILS。

7.5 其他保险联结型证券

有些公司开始用 ILS 证券化技术对一些影响其经营的非巨灾保险风险进行证券化。尽管这一市场刚开始，但前景却很乐观（特别是当投资人逐渐理解单个风险事件的风险和报酬特征，以及能够吸引公司稳定地发行差异化不大的债券从而能建立起主要的投资群体时）。我们现在分析较简单的几种，这几种证券化主要是用来转移源于气温、资产残值、抵押违约、贸易信用和寿险购置成本的风险，其他种类证券化也存在，但基本框架差不多。

气温联结型债券——利息和本金的偿还与某一城市、城市群或地区的气温累积变化水平相关的 ILS——该债券已经被讨论了好几年时间，甚至从 20 世纪 90 年代末期气象风险管理活动开始盛行之时就开始了。尽管从新千年开始，与气温相关的衍生证券市场发展非常迅速（我们将在第 9 章分析），但基于气温的 ILS 并没有快速发展。实际上，交易商 Koch Industries 于 1999 年的首次发行代表了在新千年伊始的几年里仅有的气象证券化交易。[①] Koch 发行的 3 年期开尔文债券（Kelvin bond）总额为 5 400 万美元，当美国 19 个城市的气温超过规定的临界值时将减少对本金的偿付。如果气温仍处在使交易可进行的变化幅度内，则投资人可得到超额利息。除了其独特的“联结参照物”外，开尔文债券还有结构上的几点复杂性，包括设置受“事件”调节的两个独立档次：在交易的协议安排下，只有在第一档（事件）已经生效的条件下第二档（事件）才被激活；直到第一档已经失效时第二

① 原计划由新近破产的安然（Enron）公司进行的气温 ILS 的发行于 2000 年被取消。

档才生效（另外，保险期限在预先设定的时间范围内）。[①] 尽管与气温相关的债券的发行量很小，但市场参与者预期发行量在未来会增加。

残值证券化是一种ILS结构，其通过将隐含在硬资产（价值高而稳定的资产）租赁中的残值变化风险转移给资本市场投资者从而达到防范风险的目的。诸如拥有飞机和船艇的公司，如果它们提供残值保证，则承担了残值变化的风险。这类交易隐含的基本风险是最初估计的残值大于租赁结束日资产公允价值。通过将出租资产未来价值（小于最初估计，即贷方金额）的变化风险转移给金融市场，资产负债表风险就降低了；从技术角度来讲，就是出租人将租赁应收款卖给了投资人。这样做防范了在租赁结束日残值变化的风险或者说资产预期报酬变化的风险（之所以与资产报酬有关，是因为当资产残值变化时会导致资产负债表中有关准备账户余额的变化）。资产残值ILS可适用于租赁公司、有租赁业务的金融机构和传统的设备生产商。提供资产残值保险业务（和财务风险保险业务，即包括资产残值变化风险和承租人的信用风险）的保险公司同样可以证券化其承担的风险。

这种债券于1998年首次出现，是Toyota Motors发行的，随后BAE、Saab和Rolls Royce发行债券，其债券结构基本类似。这些公司都面临着租出资产（汽车、喷气发动机、飞机）的估计残值低于市场价值的风险。租赁合同中一般都赋予承租人在租赁结束日购买所租资产的权利，当然，只有在市场价格低于残值的情况下，承租人才会选择购买。相应地，作为出租人的租赁公司承担的损失风险就是残值与再出售价格之差，通过ILS市场可以转移这一风险。例如，通过Grammercy Place Insurance SPV的安排，Toyota发行了5.66亿美元三个档次的票据，这一证券化可以防范由Toyota的财务分部和Toyota Motors Credit Corporation（TMCC）作为出租人租出的260 000辆汽车的残值风险。这一残值保险型ILS的发行条款规定，在3年中，Grammercy每年都对残值变化损失提供保险（TMCC承担10%的共同偿付和大约9%的免赔额）。每年TMCC向Grammercy提出残值损失赔偿要求（即损失超过免赔额但低于共同保险额的大小）。受托人抵押账户中持有的投资人的初始投资款用来支付TMCC的赔偿款，剩下的部分偿付给投资人。如果在某一年，TMCC没有赔偿要求，投资人就会收到全部本金和超额利息；反之，如果不够支付赔偿款，则投资人要承担一部分损失（这和CDO投资人本质上差不多，CDO和残值保险型的唯一差别在于触发事件由纯粹的信用求偿权转到资产价值求偿权）。Saab所进行的交易与Toyota的基本上类似，提供11.7亿美元15年期的租赁风险保险。尽管残值保险型ILS代表了一种小生境的市场，但对于面临租赁资产价值求偿权风险的公司来说，还是会变得越来越受欢迎。

残值风险证券化的一个变体是**按揭违约风险证券化**，可以使按揭债权持有人通过证券而不是标准的保单来得到违约保险。例如，摩根斯坦利安排了一种交易，通过G3 Mortgage Reinsurer SPR发行有追索权的按揭违约票据来对Freddie Mac提供按

① 由于气候指数是一种新的指数并且其相当复杂，所以原计划发行2亿美元，后来规模大幅缩减——作为募集代理人的高盛，发现需求量不足以消化原计划的发行量。

揭违约风险保险。G3 发行了五种证券，其本金和利息的支付基于按揭组合的违约情况，并且与 Freddie Mac 签订了对应的保险合约。发行证券筹集的资金用来购买抵押品，抵押品的变现可对按揭组合的违约风险提供保障。对违约风险保险后，根据证券的优先权来对投资人支付本金和利息。

交易信用证券化——将交易信用保险向证券市场转移的一种结构安排——已有保险公司进行这种交易并且有效地保证了交易信用的扩张。当商品和劳务的提供发生在付款之前时，企业就或明或暗地向供应商和卖主提供了交易信用。通过这种活动产生的应收账款是企业资产负债表中有价值的资产，尽管有信用风险。为了防范交易信用风险，企业可向保险公司购买交易信用保险，这一保险可对任一由于交易的债务人违约所产生的信用风险提供保障。保险公司然后又将交易信用保险组合通过 ILS 机制进行证券化，有效地创造出更强的信用保险能力；否则，保险公司只能分散和重新配置投资组合。例如，1999 年，德国一家保险公司 Gerling 发行了几种档次的 SECTRS（Synthetic European Credit Tracking Securities，合成欧洲信用跟踪证券），用来转移其承保的欧洲企业交易信用风险组合；这一组合覆盖 92 000 家随机选取的企业的交易信用。根据这一交易的协议条款，通过 SECTRS 1999 SPR（高盛作为募集代理人），Gerling 发行了 4. 5 亿欧元的 3 种档次的 ILS。Namur Re，处在 Gerling 和 SECTRS 之间，对 Gerling 提供再保险，用来保险超额损失（XOL）（三个不同的投资组合，也就是每一组合对应一个档次）。触发机制是基于三个投资组合中任一组合的每年和累计的违约企业数。每年违约企业数超过年临界点或累计违约企业数（从第 2 年开始）超过累积临界点时便退款。触发机制生效时，Namur Re 收到 SECTRS 的偿付，金额由超过临界点的数值大小乘以补偿率来确定。根据 Namur Re 求偿金额的多少（这又基于 Gerling 的求偿数量）来相应减少对投资人本金的支付。通过这一 ILS 结构，Gerling 提高了其对交易信用进行保险的能力。像其他非巨灾 ILS 一样，交易信用风险证券化在市场中占的份额还相对较小。

寿险购置成本证券化——允许向资本市场转移与承保寿险保单相关的成本风险的一种机制——从 20 世纪 90 年代中期已经开始。这一独特的证券发行旨在转移从事寿险业务的部分成本风险，通常包括保险公司开展寿险业务的前期费用（如经纪人费用、销售费用等）。有些寿险成本风险证券化是受特定的监管要求驱动的，如德国的监管规则不允许寿险购置成本在资产负债表中出现，这对寿险业务量多的保险公司的财务状况带来较大压力。在寿险成本风险证券化下，保险公司授予其他保险公司（可以是母公司、合资伙伴或者金融机构）分得某一寿险业务或业务组合未来利润的权利，作为交换收到未来现金流的现值，收到的现值可以用来保险寿险业务前期成本（减少了对利润表和资产负债表的影响）。实际上，这些证券化可看作是风险融资的一种变体，而不是纯粹的风险转移（尽管最终的风险情况依赖于特定的结构）。例如，在 1996 年和 1997 年，美国的 Skandia Life 公司将死亡保险费和附加费用（mortality and expense charges）收费权卖给母公司并得到母公司支付的未来收费权的现值。母公司将未来收费权作为担保物，通过 SPV 进行证券化。

英国保险公司 National Provident 通过 Mutual Securitization SPV 将其寿险业务的未来利润进行证券化，发行了两档次的债券（到期日分别是 2012 年和 2022 年），本金和利息的支付与寿险业务的盈余情况有关。这使保险公司以现值为基础，提前确认了寿险业务的盈余，否则的话，盈余要经过很长一段时间才能实现。其他保险公司，包括 Hannover Re，也进行过类似交易。

市场中还出现过 ILS 的其他变体，并将继续有新的变体出现。例如，世界足球的领导机构 FIFA，通过发行债券来防范由于取消或推迟世界杯决赛阶段比赛而产生的风险。因为 FIFA 拒绝将地震和政局不稳定作为免保条款，传统的保险业务不愿对上述风险进行承保，FIFA 被迫求助于 ILS 市场。ILS 正好成为 FIFA 需要的保险机制（保险公司不愿承保某些业务，这正好显示出 ART 市场的优点）。

ILS 市场中的一些发行业务已经变得较稳定，精明的投资人群体已经形成，价差已经变小（在有些市场周期中，他们被迫选择传统的再保险机制）。而在另外一些领域，发行相对不活跃，其发展还需要一段时间。所有 ILS 二级市场的流动性都非常差，ILS 市场中的证券本质上被看作“买而持有”类型的投资。ILSS 的结构安排和价值通常受到挑战，特别是那些多风险巨灾证券。然而，在所有情况下，投资人和发行人日益增长的经验和分析技术的进步都有助于市场的发展。因而，涉及可保风险的特定因素的资本市场发行被认为是合法的机制，并且是 ART 日益增长的重要的组成部分。

第 8 章 应急资本结构

在第7章，我们介绍了资本市场结构和 ILS。本章我们将继续分析类似的主题，讨论被称为**应急资本**的损失后融资的一般分类，应急资本是合同型的筹资工具，公司在导致损失的事件发生后可以利用它。与资本市场其他的金融产品一样，通过从资本市场资金提供者或投资人那里筹集资金且基于某一与保险事件相联系的触发机制，应急资本这一结构安排有助于将保险市场与资本市场联系起来。不像 ILS 具有保险、再保险和证券的特征，应急资本这种“工具”是严格按照基金业务、银行业务或证券交易来构造的，不具有保险合同的构成要素。相应地，使用这一工具时必须考虑不同的监管规则、税收和资本要求等。

在 ART 市场，尽管应急资本这一工具不像 ILS 那么普遍流行①，但是对于要开发综合风险管理项目的公司来说，必须将其作为损失后融资的组成部分。本章我们讨论创造损失后融资这一金融产品的动机，并分析目前流行的一些应急资本结构，包括以下两大类：

应急负债：当某一特定事件被触发后，可以得到的损失后负债筹资。

应急权益：当某一特定事件被触发后，可以得到的损失后权益筹资。

在以上所分的两大类别下，我们可以将应急负债进一步分为承诺资本、应急盈余票据、应急贷款和担保，将应急权益进一步分为损失权益卖权和保护权益卖权。我们依次分析这些金融产品，如图 8—1 所示。

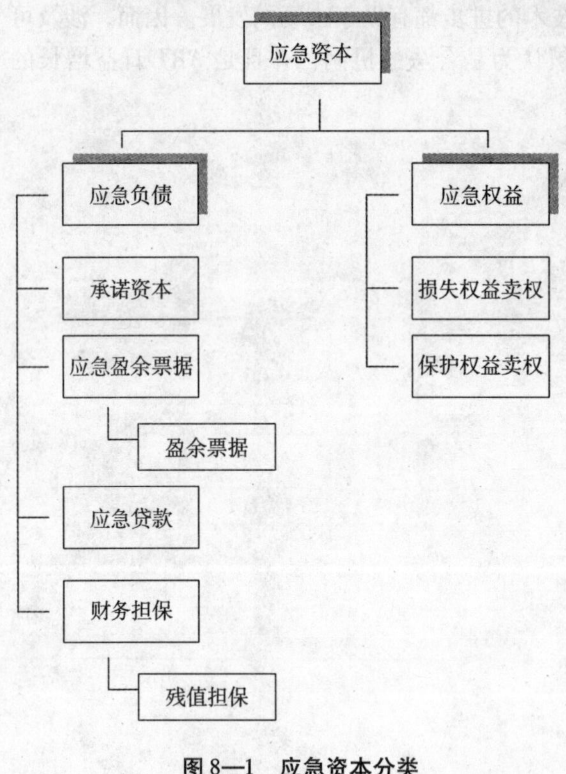

图 8—1 应急资本分类

① 1995 年至 2002 年间共安排了大约 60 亿美元的交易。

8.1 创造损失后融资金融产品

在第1部分，我们讨论了企业需要使陷入财务困境的可能性最小，以便最大化企业价值。企业发生损失后如果没有充足的资本，就会陷入财务困境，这是能提供损失后补偿的风险管理产品发展和使用的关键驱动因素。应急资本这一工具允许在规定的承诺期间内，如果某一特定的导致损失的事件发生，企业可以筹集资金。重要的是，由于这类工具是在任一可能使企业陷入财务困境的损失发生前安排的，它们的筹资成本不会反映风险溢价（报酬），而在发生损失后再安排融资，必然要求补偿风险溢价（也就是说，较低信用和较差的流动性，会导致资本成本增加）。这使得这类工具在一系列财务境况下成本效率提高。在灾难损害了企业的财务状况的情况下，企业试图筹资时将要支付较高的资金成本，特别是在信用等级降到“投资级”以下时更是如此。受到同样的灾害影响的公司，如果其筹资是采用事先安排的方式，则会得到补偿，且再筹资的成本和损失前是一致的。

通过一般的应急资本结构（如图8—2所示，但是也很容易将其改变为银行提供的金融工具结构），公司可以确定在损失事件发生后其所希望的筹集资本的数额，决定触发损失的事件，同时决定其筹集资本时所发行的证券的具体形式。如果触发事件发生，那么资本提供者以事先确定的价格购买公司所发行的证券。作为回报，公司支付给资本提供者定期的（或预付的）不可退还的承诺费（不论证券是否发行都要支付）加上承销费（只有在发行证券时才支付）。尽管具有法律效力的承诺费使资本提供者有责任提供资金，但在实务中资本提供者几乎总是将证券分销给机构投资者。然而，如果资本提供者不能将证券分销给机构投资者，则仍要向公司提供资金（如我们将在下文注释中说明的，这将会导致对等的信用风险发行）。因而，资本筹集的工作，用承销的话来说，就是“包销”或“捆绑式交易”（以触发事件为或有条件），而不是“推销”或“代理”交易。我们也可以从期权的角度来对这种结构进行分析，公司实际上从投资人处购买了卖出期权，执行价格和设想的规模分别等于发行价格和行权时所筹集的资金数量。如果行权发生，公司行使其权利，向资本提供者卖出证券以筹集资金。当然，期权行使与否依赖于触发事件的发生，而不像美式期权或欧式期权那样，可随时行使或在到期日行使。公司所支付的承诺费相当于期权购买者所付的期权购买费。

应急资本这一金融产品是基于规定的损失水平来触发的。触发指标可以根据公司的具体情况设置，这样就和导致损失的特定事件所带来的风险相匹配；触发指标也可以根据被广泛追踪的市场指数来设置，这和ILS所采用的触发指标相类似。如果触发指标是基于赔偿金来设置的，公司就会减少基础风险但增加道德风险，且一般会使应急融资的成本更高。如果触发指标是基于参数或指数来设置的，则道德风险和相关的成本会降低，但基础风险会增加。最终所发行证券的具体条款，由公司和资本提供者事前共同商议，变化的范围可以很大。发行的证券可以是普通权益、

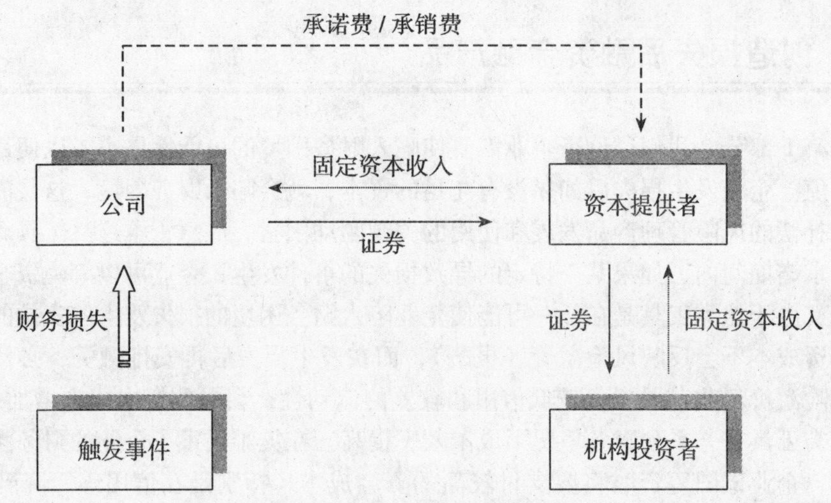

图 8—2　一般的应急资本结构

负债或优先权益。如果是普通权益，则稀释效应必须考虑；如果是负债或优先权益，则杠杆效应、次级特点、到期日、利息（或股利）、可赎回性和股利是否可累积等则必须予以解决。大多数较灵活的交易都允许在证券中嵌入一些结构选择权，包括展期、推迟融资、可转换等。如果负债资金是通过银行而不是证券筹集的，则也必须考虑类似的问题；另外还有削减条款、重大不利变化条款和违约赔偿等。

尽管市场有时对在财务损失发生时进行筹资有反对意见，但对于应急资本这一工具的使用看法却不一样。当公司遭受损失需要获得流动性以减少财务压力时，通常不愿求助于银行（原因在于害怕向市场传递负面信息，影响其他资产的流动性，以及筹资成本较高），对于应急资本这一金融工具而言则不存在这些问题。实际上，如果一家公司公开宣告事先安排了损失后融资计划，则市场会认为该公司是一个精明的风险管理者。

诸如应急资本这样的损失后融资产品可以和传统的保险或金融套期结合起来使用。应急资本主要关注发生频率低的灾害事件，而并不对所关注的发生频率高/损失小的事件进行保险，这就意味着应急资本这一工具是其他风险转移工具和融资形式的补充而不是替代（例如，一家公司可以用保险来保障平均层次水平的风险，而用应急资本来保险处于顶层的风险）。应急资本还具有可以使公司去管理那些无法通过其他市场交易工具来管理的风险的优点（例如，不适宜通过标准合同与某一参照的监控指标联系起来的特定巨灾造成的损失，源于某些特定形式的信用风险的损失等）。在实务中，很多行业的公司都可以使用应急资本这类金融工具。例如，银行可以使用这一工具，其触发机制是基于不可预期的重大信用损失；突破触发界限而注入的应急资本可用来补充银行的资本和准备金。保险公司或再保险公司在发生巨灾损失的情况下可用应急资本这一金融工具来提供补充资金，这可作为保险公司和再保险公司所持有的 ILS 或 XOL 保险的补充。应急资本还可用于更广泛的事件，例如，如果某一公司对经济增长高度敏感——也许是其害怕当衰退来临时，其评级会降低到投资级之下，或者生产和销售急剧下降——应急资本这一工具可使其以现在的（在衰退到来前的）资本成本来筹资。也就是说，如果经济增长放缓，影响到公司的销售收入，使其评级降低，公司也不会面临与其较差信用状况相对应的较高筹资成本；这种情况下的触发机制是基于宏观经济指标，如GDP。

最终，公司当然要进行成本效益分析，如果分析的结果表明能为公司增加价值，则公司使用应急资本这一金融工具。应急资本这一工具带来的效益主要是能够降低公司在陷入困境时的融资成本，以及随着支付利息而产生税收减免（假设采用负债筹资）。使用应急资本这一工具的成本则是前期发生的支付和不需要融资时的承诺费用（以及当需要发行证券时的承销费用和安排费用等）。另外，重要的是要记住应急资本不是保险，其会在资产负债表和现金流量表中有所反映（实际上其结构与许多有限风险项目类似），因此不会对盈余进行保护，也不像保险类工具那样具有税收抵减特征。更进一步地分析，当公司使用应急资本这一金融工具时，要依赖于资本提供者的资金，公司因而承担源于应急资本提供者的信用风险。我们可以设想一种极端的情况，一家公司和一家银行（资本提供者）协商在公司遭受严重损失时，银行提供5亿美元的资金注入。当超过触发指标且公司损失超过5亿美元时，公司期望银行注入补偿权益资金。然而，如果银行拒绝执行（例如，银行或许本身也陷入财务困境或银行违约），公司就得不到其期望的至关重要的资本注入，这可能使公司陷入财务困境或破产。因而信用风险对任何应急资本结构都是关键问题。尽管大多数交易的对手都被安排成高信用等级的，但是也有些是中等信用等级的（或者高信用等级主体的信用随时间而变低），公司风险管理经理因此必须适当给予关注。

8.2　应急负债

在应急负债这类金融工具中，我们主要讨论以下几种：承诺资本（committed capital facilities）、应急盈余票据、应急贷款和担保。尽管每一种的特点有些差异，但最终的目的都是相同的，即对公司提供预先协议好的损失后负债融资。

8.2.1　承诺资本

承诺资本（CCF）——损失前安排的专项资本且通常在两个触发事件都发生的情况下才可使用，它是应急资本最常见的形式之一。在典型的CCF下，公司先设计一个融资项目，详细规定其打算发行的基于触发事件的具体负债筹资工具，如优先债或次级债、到期日、偿付计划和利息支付等。当且仅当触发事件发生、公司行使其权利时，保险公司或再保险公司在这一金融工具安排下才作为资本提供者。第一触发通常是内含的，这就是说除非期权有价值，否则不会被行使；只有损失发生且公司不能从其他渠道得到更便宜的资金，期权才有价值。第二触发通常与公司正在寻求的资金的风险有关（为了最小化基础风险），但是具体的触发事件不可能受公司的控制（为了消除道德风险）。

与其他应急资本结构一样，CCF 一般有固定的到期日，且其意图是作为一种融资形式而非风险转移。CCF 的价格近似等于期权费加附加费用，但是如果期权没有被行使，则部分期权费可以退回。CCF 可能包含用来保护一方或双方的合同条款。这些条款包括重大不利变化条款、控制权的改变、财务实力或财务比率等。这些条款的意图是保证当触发事件发生时，保险公司或再保险公司所提供的资金不会次级于银行贷款。在有些复杂结构下，附有保险公司或再保险公司和银行（或银行辛迪加）一道为公司提供资金的或有选择权；这减轻了保险公司或再保险公司的财务负担，将资金来源转向更适宜提供资金的金融领域。银行辛迪加可选择持有这一金融工具或将其卖给目标机构投资者。

考虑下面的例子，一家银行为了防范发生概率低但程度严重的贷款组合信用损失对其准备金水平的影响，而和一家保险公司安排了 CCF。在这一金融工具安排下，当触发指标突破时，如果贷款组合遭受意外信用损失，则银行可发行 7.5 亿美元的优先股（分类为负债而非权益）。这种机制使银行在需要时可补充准备金，而不必持有过多的准备金，从而其资产负债管理更有效率。由于银行的贷款组合一般都充分地分散化，所以选择包含了跨行业和整个国家的信用状况的外部贷款指数作为参照触发指标，有助于消除道德风险。

8.2.2 应急盈余票据

应急盈余票据（CSN）——另一形式的应急负债融资——通常是保险公司和再保险公司在防范其投资组合的意外损失风险时发行的。在典型的 CSN 结构安排下，一家保险公司与一家金融中介签订合约以建立投资信托，对外部投资人发行信托票据以筹集资本，对信托票据要支付超额报酬。信托资金投资于高信用等级的投资品（如 AAA 级债券）直到（如果）需要应急资本时。如果保险公司的损失突破了触发指标，便对信托发行 CSN。信托则变现所投资的 AAA 级债券，将现金交付给保险公司。作为对提供了初始承诺和应急资本的补偿，投资人获得所有的报酬，这一报酬比投资于同等信用级别的公司证券要高。保险公司则在再保险处于硬市场周期情况下得到了以事先约定的价格确定的损失后融资承诺，事实证明这对保险公司是有利的。保险公司对信托支付的承诺费可看作是在 CCF 结构下的期权费。图 8—3 描绘了一般的应急盈余票据结构。

考虑下面的例子。一家保险公司安排了 5 亿美元 5 年期的 CSN 发行，其触发指标是未来两年内 P&C 组合的损失超过 5 亿美元。一同参与这一交易安排的银行确定了几家机构投资者，共同出资 5 亿美元成立了信托，他们得到的全部报酬等于承诺费加 5 年期国库券的报酬。所筹集的 5 亿美元的资金用来购买美国国库券，投资人收到反映了超额利息的信托票据。假设 1 年后损失大于预期导致了触发，保险公司则对信托发行 5 亿美元 5 年期票据，信托变现其持有的国库券头寸，变现所得用于购买CSN。信托现在持有的则是保险公司的CSN，保险公司收到5亿美元现金以改善其财务状况，而最终的投资人则继续收到信托票据的超额利息。

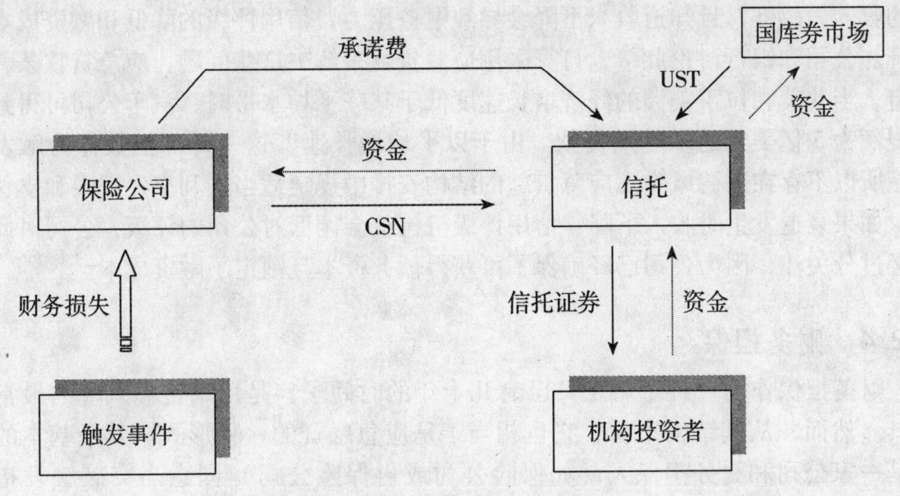

图8—3 一般的应急盈余票据结构

第一个CSN是1995年由National Mutual发行的，金额4亿美元，期限10年。在这一交易的条款中规定，National Mutual通过信托可以获得4亿美元的补充资本，信托则在需要的时候向投资人发行盈余票据。在对标准结构作适当改变的情况下，保险公司可在其需要的时候筹集资金（并不一定只有在损失发生时）。投资人的风险（他们收到超过市场利率的利息）是当州保险监督委员会行政长官认为这种支付对保单持有人不利或存在不公平时，会指令National Mutual停止支付本金和/或利息。

除了标准的CSN外，保险公司还可发行**盈余票据（surplus notes）**，它是一种次级证券，其功能和CSN很相像，但它是直接由公司发行而不是通过信托。典型的盈余票据期限是10至30年，且必须经过保险监管部门批准。重要的是，这些票据增加的是法定资本，而非会计资本。

8.2.3 应急贷款

应急贷款——CCF的变体——是在发生损失前安排的可在触发指标突破时实施的一种银行信贷额度。不像传统的信贷额度可以用于任何目的且可随意使用，应急贷款只能用于保险所规定的事件造成的损失，且只有在这一事件发生时才可使用。由于公司在衰退时财务弹性较小（衰退的概率很低），所以应急贷款比标准的信贷额度的成本要低。另外，由于衰退的概率低，公司通常能够和银行协议较大的借款金额，这样在损失事件触发时就不会损害财务弹性。与前面所述的CCF一样，应急贷款的条款也是事先制定的，包括最大借款额、固定或浮动利率、期限、支付计划、触发指标等。从提供资金的银行的角度来看，其可以保留贷款承诺，也可以和其他机构组成辛迪加。

看看下面的例子。生产和销售主要在美国的一汽车制造商，想在经济增长速度放缓时获得应急融资。通过广泛的分析，公司预测了经济增长速度每下降一个基本点的收入敏感度，且知道收入下降会导致财务压力、信用评级的降低和融资成本的上升。公司和银行讨论此事，打算采用应急贷款来解决这些问题，应急贷款条款中规定，当北美和拉丁美洲的经济增长速度低于某一平均水平时，汽车公司可得到最高限额为5亿美元的多年期贷款。由于以平均增长速度这一外部指数作为触发指标，所以不存在道德风险。应急贷款的结构安排中规定适当的利率、期限和支付计划。如果衰退发生时收入下降，信用评级机构就会调低对公司的评级，公司对此可不必过分关注，因为公司已经确保了可获得债务资本且锁定了融资成本。

8.2.4 财务担保

财务担保作为一种金融工具已有几十年的时间了，是用来转移风险的最常用工具。然而，从其结构来看，它也相当于是应急融资的一种形式。其最基本的形式是一家公司和财务担保人（如保险公司或再保险公司）同意当突破触发指标时，公司从担保人那里获得资金。这种形式的担保通常用来防范企业和特别实体（SPE）的信用损失或残值求偿权风险。交易所和结算所也可在概率低但导致损失的事件发生时，用财务担保这一金融工具来获得充足的资本（如大量的交易对手违约）。[①] 单一险种业务的保险公司所从事的债券保险本质上也是财务担保，这种保险是以发行CDO或进行其他对信用风险敏感的以资产为基础的交易的特别目的主体（SPE）为受益人。保险公司为特别目的主体的CDO担保以提高其信用等级（因而可对更广泛的投资人销售），并且收取一定的费用。如果信用损失大于预期——因而突破了嵌入在担保中的触发指标——特别目的主体可获得保险公司的资本注入，特别目的主体将得到的资金支付给持有被担保债券的投资人（例如，最初的超AAA级或AAA级债券、次级债券或剩余权益的投资人不能从资本注入中获益）。

残值担保通过给予企业所租出资产残值最低保护（如飞机或飞机发动机），提供了类似的功能。如果企业在租赁结束日其租出资产的残值远低于预期价值，则将遭受资本损失，容易陷入财务困境。残值担保对资产的最低价值提供了保险，这意味着当资产价值下降时，公司可得到资本注入。这仍然是一种应急融资，如果残值等于或大于之前预期的价值，则不会获得资本注入。如我们在上一章提到的，残值担保（或保险）可以通过ILS市场证券化。

8.3 应急权益

不是所有的应急资本结构都是基于负债的，在有些情况下，公司偏好或要求其

① 例如，泛欧清算所Clearnet有1.7亿欧元的财务担保，用来保险超过其资本储备的交易对手违约风险。

增量资金采用普通股或优先股的形式。这有助于确保损失后的再融资行为不会增加债务负担和对杠杆比率有不利影响，因为注入的资金采用权益的形式，杠杆比率要么不变要么降低。然而，任何应急权益结构都涉及新的普通股发行，最终会导致每股盈余稀释；另外，由于权益资本成本一般比负债资本成本高，所以这种形式的损失后融资的纯粹经济后果不是太吸引人。我们分析两种不同形式的应急权益：损失权益卖权和保护权益卖权。

8.3.1 损失权益卖权

损失权益卖权（LEP）——当基于自然灾害触发指标时有时也称为灾害权益卖权[①]——是一种应急资本结构，当事先确定的触发指标突破时，发行新的股份。除了是权益而不是负债外，典型LEP的结构和机制与前述的“承诺资本”是相似的，当触发指标突破时才发行。在典型的结构安排中，公司从中介机构手中购买卖出期权，在合同有效期内当特定的损失触发事件发生时，公司可以卖出固定数量的股份(通常基于私募安排)。作为交易对价，公司支付中介机构期权费。卖出期权中的条款是固定的（如发行的数量和行权价格），因此损失后融资的安排和承诺都是在损失发生之前进行的。如果期权变得可执行，公司就对中介机构发行新股份且支付承销费，并收到协定的报酬。为了避免由于发行新的普通股而导致每股盈余稀释，LEP通常采用优先股而非普通股的方式。也可以发行可转换优先股，但双方都隐含地承诺公司在可转换前购回优先股（这样可以避免稀释）。

每一LEP的特点都是交易条款和交易条件标准化，包括发生什么样的事件导致可行权、证券的形式、行权时可发行证券的最小数量、有效期、发行证券的最长时间、行权价格和一些具体要求（如行权时最低的净资产（或法定资本）数额、控制权的改变、有关财务比率的最低要求等)。为了降低源于补偿金的结构安排而产生的道德风险的可能性，LEP通常有两个触发指标：第一个触发指标是公司的股票价格，当公司的股价低于行权价格这一触发机制时启动，这与任何期权结构的安排都是一致的，也就是说只有实值期权（in-the-money）才会被行权；第二个触发指标与具体损失大小有关，只有突破一定的损失水平，才可行权。因而，只有公司股票价格的下跌还不行，还必须伴随损失事件的发生。实际上，在损失很大时，这两个触发指标有可能有高度的相关性，也就是说，当市场知道公司发生了重大损失时，公司的股票价格很可能低于行权价。LEP结构的触发指标可以用指数或参数代替赔偿金。

除了用事先确定的价格水平筹集损失后资金从而锁定成本这一明显的好处外，LEP至少还有另外两个优点。第一，不像通常含有当出现混乱事件（或是市场上，或是分出保险公司）从而公司发生重大不利变化时，限制或禁止损失后融资条款的债务性工具，LEP没有如此限制（除了要维持最低数量的净资产外），这意味着

① 保险经纪人AON于1996年开发了最初的结构，将这一产品命名（并注册）为CatEPut®，这一名称似乎已成为金融专业术语。

当公司在需要的时候更容易筹得资金。第二，求偿权能被满足（标准的再保险合同不具有这一特点，在标准再保险合同中，分出公司可能变得没有清偿能力，再保险公司仍然必须履行其再保险义务）。为确保期权卖方没有被迫投资于财务上陷入困境的公司，交易中一般都规定了最低净资产的条款；如果期权买方的净资产低于临界值，则不能行权和筹资。例如，如果一分出公司有1亿美元的净资产，那么分出公司持有的损失权益卖权当可行权时，可以筹集5千万美元资金，当发生损失导致分出公司只有1千万美元的净资产时，就会使期权卖方陷入不利的境地，因为期权卖方不得不对分出公司投资5千万美元，而分出公司净资产却只有1千万美元。保障机制避免了这种情况的发生。

图8—4描绘了触发启动前后LEP的流程。注意与前面所描述的应急负债结构一样，如果LEP被行权，中介机构最终负责认购新股和交付资金。在实务中，中介机构可能会转而向机构投资者售卖所认购的新股。

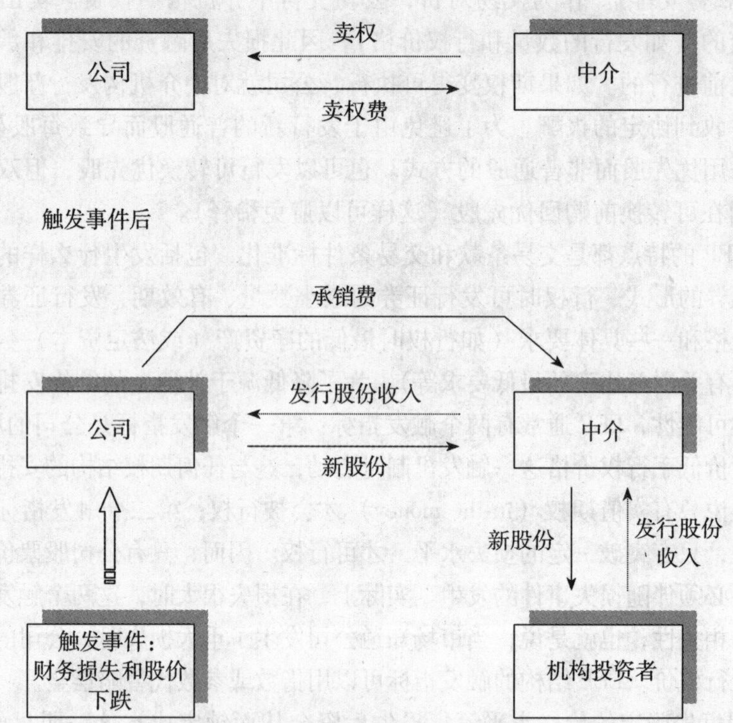

图8—4 触发启动前后的损失权益卖权流程

考虑下面的例子。保险公司ABC，其股价是每股32美元，公司关注其巨灾投资组合的风险集中情况，想防范下一个核保季节里损失超过5亿美元的风险；如果损失超过5亿美元，ABC将发行新的普通股以补充其资本，使其仍然满足法定资本要求（目前权益总额为15亿美元）。ABC从再保险公司XYZ购买5亿美元的LEP，行权价为每股30美元（也就是1 660万股），触发指标是赔偿金超过5亿美元，期限是1年。为了能行权，ABC 必须保持至少 8.5 亿美元的法定权益。假设发生如下情景：

情景1　未来 12 个月内，ABC 的巨灾风险组合运行情况良好，尽管公司的损失接近 7 500 万美元，但全部在其损失准备的范围内，保险公司不需要发行新股；实际上，ABC 的股份是每股 36 美元。LEP 过期且没有价值。

情景2　恶劣的飓风季节使 ABC 在巨灾组合上的损失达到 6 亿美元；市场对这一信息给予了关注，使其股价下降至每股 20 美元。然而，ABC 对 XYZ 行使 LEP，以 30 美元的行权价发行了 1 660 万份新股，粗略地算共筹集资金 5 亿美元。增加的资本稳定了 ABC 的财务状况，使其股价最终有所反弹。

案例研究

RLI 的巨灾损失权益卖权

RLI 公司，美国保险公司的特殊财产责任险子公司，承保超强度地震风险。他们过去一直在再保险市场上对其部分风险投资组合进行再保险。在 1994 年之前，这一风险管理方法一直取得较好效果。1994 年加利福尼亚发生了 Northridge 大地震，导致保险行业 130 亿美元的损失。这一事件发生后，RLI 的再保险资源实际上已耗尽（即 RLI 与不同再保险公司的保险额都已全部利用）。这意味着公司在财务上遭遇了“地震”。公司和其经纪人 AON 认识到这一问题必须得到解决。他们（与苏黎世再保险集团的再保险子公司 Centre Re 联合起来）开发了一种新的 ART 机制。具体地说，也就是在 1996 年，AON 和 Centre Re 设计了第一份巨灾权益卖权。当 RLI 在未来耗尽其再保险保额的时候，他们可以通过这份卖权获得额外的资本。

根据交易条款规定，RLI 从 Centre Re 购买卖权。如果灾害发生后公司的再保险保额完全耗尽时，RLI 有权向 Centre Re 发行 5 千万美元可转换累积优先股。可转换累积优先股包括两批：一批（占 50%）在 3 年内 Centre Re 可将其转换成普通股，另外一批（占 50%）再过 4 年以后转换为普通股。这种合约安排的含义是：如果行权了，RLI 就要在 3 年和 7 年的时间内从 Centre Re 回购这些可转换优先股，以避免这些优先股转换成 RLI 的普通股。这种在行权时所发行的新股本，从内部和税收的角度看，实际上是负债，但是从监管的角度看，它又是权益。尽管对 RLI 而言，卖权比标准再保险成本更高，但公司不需要协商一份全额再保险合约了。这一新工具的出现无疑是一个可行的选择。其他公司也做过应急权益卖权（如 Horace Mann，La Salle Re/Trenwick①）。图 8—5 描绘了 RLI 和 Centre Re 之间安排的巨灾权益卖权假设行权结构。

① La Salle Re 和 Trenwick 之间的交易成为 2002 年法律争论的焦点。Trenwick 处于 La Salle Re 的地位对欧洲再保险公司发行高达 5 500 美元带有触发机制的卖权，2001 年“9·11”事件后，Trenwick 发生了 1 亿 4 千万美元损失，打算于 2002 年行使卖权。卖权卖方拒绝提供保险，指出对方剩余资本不符合合同要求。这一争论最后提交仲裁解决。

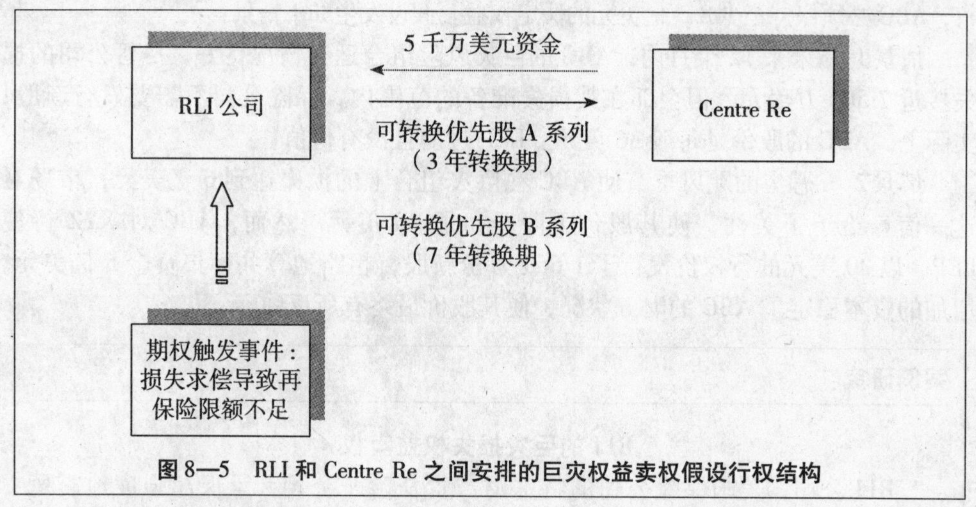

图 8—5　RLI 和 Centre Re 之间安排的巨灾权益卖权假设行权结构

8.3.2　保护权益卖权

应急权益的第二种形式是**保护权益卖权**（put protected equity，PPE），在这种交易结构中，公司购买基于其本身股票的卖权，以便当发生损失导致其股价下跌时可以获利。在典型的 PPE 结构中，公司从中介机构购买一份卖权，确定所卖股票的数量、行权价格和期限（与任一期权一样）。如果公司发生较大损失（例如，公司正在寻求防范的不利事件），公司股价就很有可能下跌。公司此时行权会获得经济利得。经济利得可专门用来增加留存收益，或用来作为发行新股的价格对冲。如果 PPE 仅仅被用来获得基于股价下跌而产生的经济利得（例如，公司从公开市场购买股票，然后卖给中介机构），则权益资本的增加是间接的，而非直接的；也就是增加留存收益账户余额而不是缴入资本账户余额，这意味着税后筹集的资金会减少以及没有稀释效应。如果 PPE 是用来保护新股的发行，此时行权产生的利得就可以用来抵消多发的股数，因为当以较低的价格发行新股时要筹集同样多的资金就必须发行更多的股票。与 LEP 一样，如果发行了新的普通股，就会产生稀释效应；如果发行的是优先股，则不会产生稀释效应。但不像 LEP，PPE 不需要具体损失的触发，也就是说公司只是购买基于其本身股票的卖权，其假设条件是较大的损失足以导致其股价下跌。然而，PPE 可能被市场看作是利空因素。如果投资人知道一家公司正在购买其本身股票的卖权，他们就会担心未来会有不利的消息；当投资人抛售股票时，股价因而被迫下跌——但这并不是任何具体损失导致的。

除了上面所分析的应急权益结构外，公司通过发行反向可转换债券可取得同样的效果。标准的可转换债券给予投资人将债券转换成发行人股票的权利，**反向可转换债券**（reverse convertible bond）授予发行人以确定的价格将债券转换成股票的权利。当股价下跌到低于负债（债券）的价值时，发行人才会行使转换权。实际上，最优的行权条件是负债（债券）价值高于权益，权益因此变成了较便宜的资本来源且降低了财务杠杆。

我们应该明白，当公司在陷入财务困境前安排损失后融资措施时，会有很多选择。考虑和安排此类金融工具的时间显然应是在潜在问题出现前，此时可协商最优惠的条款。正因为如此，一个深谋远虑的风险管理项目必须关注所选择结构的有效时段以及可能的选择权。最后，不管怎样，应急资本产品仍然必须遵从合理的成本效益框架，它们必须仅仅被看作是财务措施的一部分而不能是一个完全的风险管理工具。

第9章 保险型衍生金融工具

我们已概括性地将衍生金融工具定义为金融合约，其价值源于市场中的标的，是ART市场所使用的第三大类金融工具。衍生金融工具允许使用者转移特定风险标的的经济特性，包括可能导致公司发生损失的一些变量，因此可对其进行改变以应用于ART市场。当然，基本的衍生金融工具市场已存在很多年了。实际上，一些在交易所交易的（上市的）衍生金融工具可追溯到几百年前——尽管在实务中大多数合约是随着20世纪70年代通胀的上升和经济波动性的增大才进入主流金融市场的。在上市的衍生金融工具市场中，目前交易着金融体系中一些最具流动性的风险管理工具①。场外交易（OTC）衍生金融工具市场是近期的一种创新，发展于20世纪80年代早期；尽管其历史较短，OTC衍生金融工具由于其灵活性已成为金融工程的主要角色。衍生金融工具十分广泛，在本章中我们只限于讨论用来管理风险和对风险提供保障有关的一般衍生金融工具及其机制。在分析具体的衍生金融工具之前，我们对衍生金融工具和ART进行简单的回顾，并且对衍生金融工具的特点作一般性的分析。

9.1 衍生金融工具和ART

交易所和场外交易的衍生金融工具表示了一种可选择的利益，机构投资者既可以用它们进行套期保值，也可以进行投机。正如我们在前面提到的，这与保险合约是有区别的，保险合约是基于可保险的利益，不能用来产生投机利得。因而，场外交易的巨灾期权不能认为是保险合约，因为期权购买者不需要在证明有损失时才能行使在值期权（in-the-money）来取得经济利益；而能提供同样经济保障的超额损失（XOL）巨灾合约则是保险合约，因为其购买者必须证明既是可保险的利益又要发生了损失才能行使求偿权以得到偿付。② 尽管衍生金融工具可用来投机，但许多公司用它们来防范风险，使其成为重要的损失融资（loss-financing）机制。衍生金融工具可用来抵消单个风险投资的不利变化，可用来分散投资组合的风险（这样做降低了风险），可以增加公司从事风险经营的能力。当公司确认了其打算防范的单个风险，或者当公司确认了其想要分散风险的投资组合，又或者当公司安排了如果其基础投资项目产生损失时能提供补偿的交易时，所有这些功能就都能实现。

---

① 对衍生金融工具的全面论述有兴趣的读者可查阅Banks（2004）。

② 纽约州保险局（NYID）在1998年6月制定了规则，规定诸如巨灾期权这一类的金融工具不是保险，因为支付和触发事件都与购买人的盈亏无关。2000年NYID对气候衍生金融工具应用了同样的逻辑。

由于衍生金融工具不是赔偿金合约，所以公司一般准备承受一些基础风险。尽管某些金融风险能通过衍生金融工具进行完全匹配（例如，汇率或利率风险），但与保险相关的风险通常会不同（例如，巨灾或气候风险）。承受更高基础风险所要权衡的是降低道德风险和创造更便宜的风险管理工具。

衍生金融工具所具有的一些优点和特征使其成为ART解决方案的重要组成部分：

- 有些衍生金融合约有很强的流动性，能形成一个有成本效益的风险管理方案。
- 通过交易所交易的衍生金融工具消除了信用风险。
- 场外交易的衍生金融工具可以高度地“量身定做”，灵活性很高。
- 可保险的利益和损失的证据不一定非要披露。
- 清算合约时收到偿付额的延迟期很短（例如，不存在损失发展期或要求权调整过程）。
- 对持有在值期权合约一方的财务支付一般没有上限（例如，没有保单限制）。

衍生金融工具的成本及缺点，包括：

- 能利用在交易所交易的衍生金融工具进行防范的风险，特别是非金融资产类的风险是有限的。
- 如果存在较高的基础风险，则难以完全进行对冲。
- 场外交易的信用风险可能非常高（与那些在保险或再保险中遇到的情况类似）。
- 针对一些“奇异”风险设计的衍生金融工具的价差较大，但流动性受到限制。
- 双边合约（如互换和远期）使公司暴露在向下偿付的风险中。

在分析具体的保险衍生金融工具时，我们将考虑这些优点和缺点。

9.2　衍生金融工具的一般特点[①]

在第1章，我们概括了企业可用来作为风险管理程序一部分的衍生金融工具的一般类别。再次提醒读者，这些衍生金融工具包括在交易所交易的期货、期权[②]和期货期权，以及在场外交易的远期、互换和期权。当然还有许多“奇异”的衍生金融工具子类（如复杂互换和期权、结构化票据），但这些都超出了我们本章讨论的范围。衍生金融工具的一般分类如图9—1所示。

期货是以双方同意的但并不是在交易日的价格买进或卖出一定数量标的资产的义务，结算日是在未来某一时点。因而可以认为期货是一种延期支付和交割的合约。所有的期货（以及其他在交易所交易的合约）都是通过有形的或电子交易系统来交易的，清算则通过集中的清算公司，清算公司要求买卖双方交付初始保证金以降低信用风险；双方的盈亏地位每天都要进行重新评估，处在赤字状态（亏损

① 本节的一部分内容来源于Banks（2003），根据本书要求作了适当修改。

② 作为对来源于OTC市场竞争的反应，过去几年内出现了不少标准上市期权结构的变体。例如，有些交易采用了可变期权（例如，允许使用人自己规定执行价和到期日等关键参数的期权）、隔夜期权、长期期权（如3~5年）、低执行价期权（如模拟期货或基本头寸）等。对期货也进行了一些创新，包括引入“迷你”合约以吸引零售交易商。

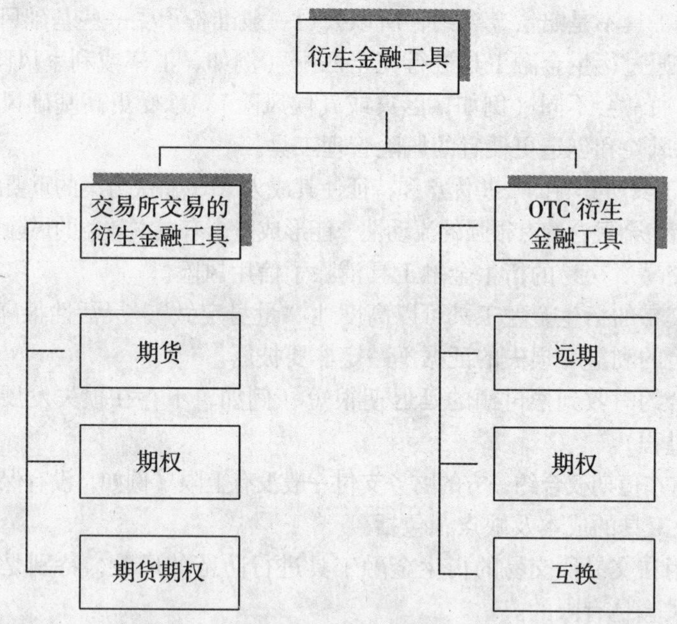

图 9—1 衍生金融工具的一般分类

地位）的一方要交付追加变动保证金，以维持其地位。期货合约可以用财务清算（也就是现金交易），也可用实物结算（也就是标的商品或资产交易），到期日是固定的，从一天到几个季度都可以。期货交易的多头方，即购买或拥有的一方，随着标的价格上升其价值增加，价格下跌时其价值减少。期货交易的空头方，即借入方或卖出方，标的资产价格下跌时其价值增加，价格上升时其价值减少。期货的盈利与亏损（P&L）关系如表 9—1 所示。损益图如图 9—2 和图 9—3 所示。

表 9—1 期货的盈利与亏损关系

头寸	标的资产↑	标的资产↓
期货多方	盈	亏
期货空方	亏	盈

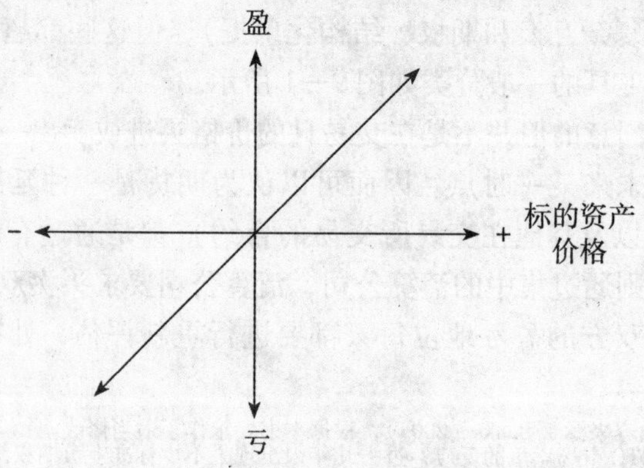

图 9—2 期货多方损益图

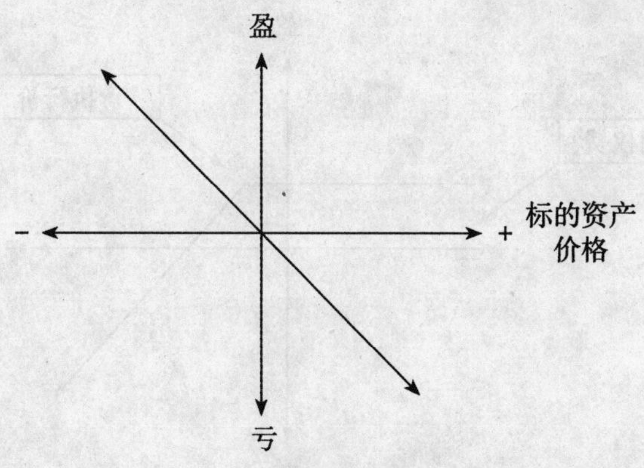

图9—3 期货空方损益图

期权给予其购买方以确定的执行价格买进（看涨期权）或卖出（看跌期权）标的资产的权利而非义务，在到期前任一时点都可行权（美式期权）或在到期日行权（欧式期权）。作为对取得这种权利的交换，期权购买者必须支付卖出方期权费（应该强调的一点是，这与我们已分析过的保险合约的保费是不一样的）。收到期权费后，当期权被行权时，期权卖方有义务以执行价格买进或卖出标的资产。期权多头方的最大损失限于为了取得期权所支付的期权费（正与保险合约中分出人的最大损失限于所支付的保费成本一样）。与期货一样，期权可用财务或实物来结算。期权的盈利与亏损（P&L）关系如表9—2所示，看跌和看涨期权的多空双方损益图如图9—4至图9—7所示。

表9—2 期权的盈利与亏损关系

头寸	标的资产价值↑	标的资产价值↓
买权多方	盈	亏（但仅限于所付期权费）
买权空方	亏	盈（但仅限于所收期权费）
卖权多方	亏（但仅限于所付期权费）	盈
卖权空方	盈（但仅限于所收期权费）	亏

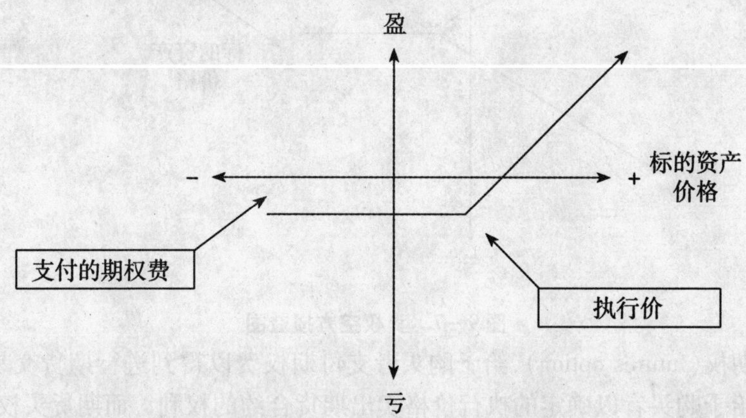

图9—4 买权多方损益图

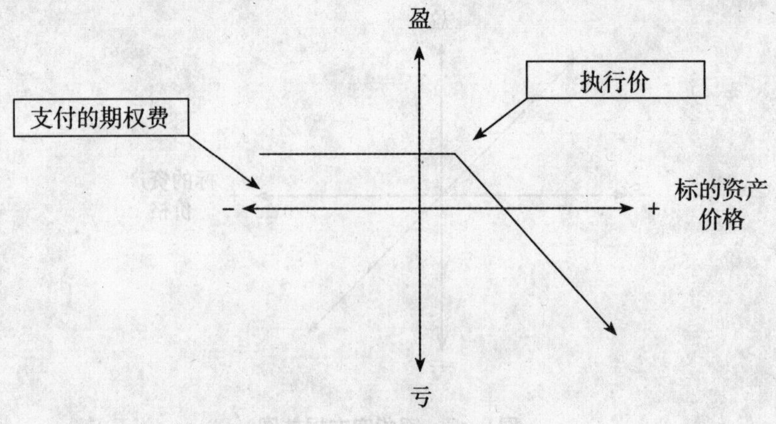

图 9—5 买权空方损益图

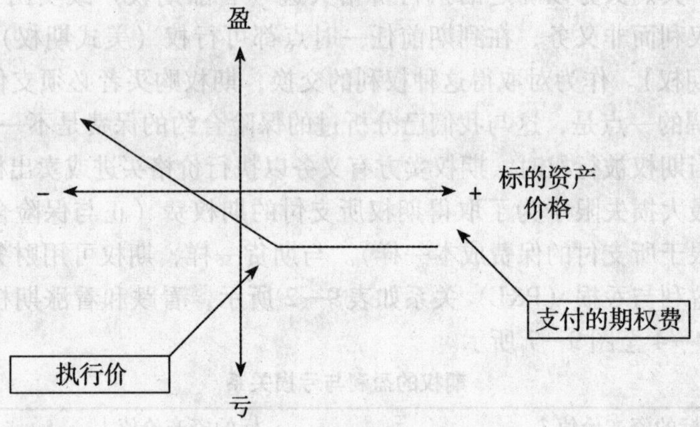

图 9—6 卖权多方损益图

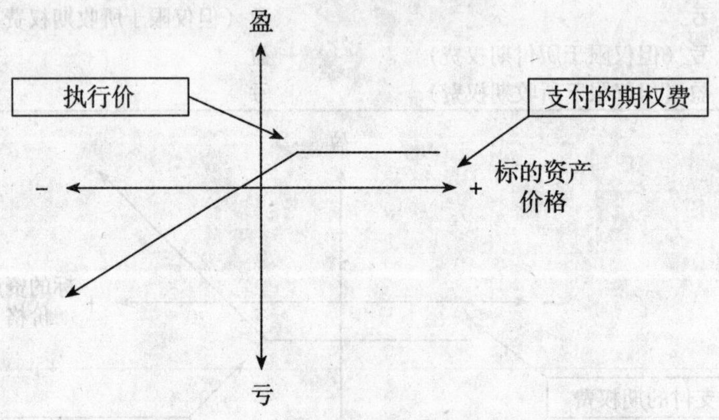

图 9—7 卖权空方损益图

期货期权(futures option) 给予购买者支付期权费以得到进行期货交易的权利。期货卖权给予购买者以确定的执行价格卖出期货合约的权利，而期货买权则给予购买者以确定的执行价格购买期货合约的权利；期货期权卖方的交易情况则相反。期货期权多空头关系如表 9—3 所示。

表 9—3　期货期权多空头关系

头寸	权利/义务
期货买权多方	以执行价格购买期货合约的权利
期货买权空方	以执行价格卖出期货合约的义务（如被行权）
期货卖权多方	以执行价格卖出期货合约的权利
期货卖权空方	以执行价格买进期货合约的义务（如被行权）

所有在交易所交易的合约，无论是期货、期权还是期货期权，其特点都是交易条款标准化，包括：

- 交易单位（trading units）
- 交割日期
- 可交割资产等级（deliverable grades）
- 交割地点
- 合约月份
- 最后交易日（last trading day）
- 其他条款和适用的条件，包括价格限制
- 执行价格或执行方式（对期权或期货期权）

场外交易的期权有类似的特征，但可以含有更独特和复杂的支付条款和条件。

远期是一种“量身定做”的、双边的、单一期限的以特定市场或资产为标的的合约。像期货合约一样，它代表了以确定的价格但不是在交易日当天买进或卖出一定数量标的资产的义务，结算是在未来某一时间。但与期货合约不一样的是，不存在介入现金流的交换（也就是，不需要每天评估双方的盈亏地位）。因为远期是在场外交易的，不需要集中清算所的帮助，双方都暴露在潜在信用风险之中（除非双方协商了抵押品）。多空双方的损益与标的资产价格的联系与表 9—1 和图 9—2、图 9—3 一样。

互换是一种双边交易，要求双方基于标的指数定期（例如，一年、半年或季度）交换支付，也可看作是远期合约的组合。互换一般以名义条款来表示，期限可以延伸很多年（例如，10～30 年，尽管只有双方的信用等级很高或双方愿意交付担保品，才会安排这么长期限的交易）。由于互换是双边场外交易的合约，所以可能会使任一方暴露在信用风险之中（除非已对风险敞口进行了担保）。

互换和远期规定了很多条款，包括：

- 名义数额
- 标的指数
- 期限

- 支付频率（仅适用于互换）
- 清算条款
- 远期（固定的）交割价格
- 浮动交割价格

场外交易的衍生金融工具通常是以净额为基础来管理的，这样可降低投资组合中单个投资所产生的风险。净额清算管理是通过使用一种主要的净额清算协议来完成的，协议以法定的净额风险敞口为基础，从而使双方从总额到净额都降低了对方的信用风险。

交易所交易和场外交易的衍生金融工具对提高金融市场的效率是非常重要的，对风险管理和安排有成本效益的投资策略提供了大量机会。交易所交易和场外交易衍生金融工具的主要差别如表9—4所示。接下来我们将根据具体的保险风险来讨论这些合约。

表9—4　　交易所交易和场外交易衍生金融工具的主要差别

	交易所交易	场外交易
条款	标准化	量身定做
交易场所	集中交易（有形或电子系统）	OTC（电话或电子系统）
价格透明度	高	差或一般
流动性	适中或强	受到限制或一般
信用风险	可忽略	很大（除非已担保）
保证金	需要	不需要（除非已协商）
清算	一般都平仓	一般都持有至到期日
监管条例	全面	从部分到全面

9.3 交易所交易的保险衍生金融工具

交易所交易的衍生金融工具都是标准化的合约，这意味着所有参与者交易的都是同样标的的工具。这有助于产生足够数量的流动性，但导致买卖价差减少，因而更是有成本效益的风险管理措施。世界市场流动性最强的交易所交易的合约以很多重要的金融指标为标的，诸如短期和长期利率（美国、欧盟国家、英国、日本）、汇率（美元对欧元、英镑、瑞士法郎、日元）、股票指数（S&P 500、Nasdaq 100、FTSE 100、DAX、Nikei）和挑选出的一些商品（布伦特的轻原油、黄金）。实际上，这些合约的活跃性是极其重要的。不必惊讶的是，对具体与保险相关联的风险投资品进行报价的数量仍然较少，交易的活跃性也一般，当然这是与流动性较强的基准合约相比较而言的——这意味着同一价格和交易量的优势不存在。然而近年出现了各种特征的衍生金融工具，大多数集中在巨灾P&C风险和非巨灾气候风险领域，在一些发行实例中这些衍生金融工具会给予最终使用者和中介机构另外的风险管理机会。

9.3.1　交易所交易的巨灾保险衍生金融工具

交易所交易的巨灾保险衍生金融工具——通过授权的交易所交易的期货和期权以许多巨灾指数为参照——是进入市场的第一种交易所交易的保险合约。最早尝试引入巨灾风险合约要追溯到1992年，芝加哥三大上市交易的交易所之一的芝加哥期货交易所（CBOT）当时开发了基于保险服务处（Insurance Services Office，ISO）所创立的指数巨灾期货。ISO从100家公司搜集巨灾风险数据，用这一数据来追踪基于损失比率的美国巨灾损失。1993年年中CBOT又引入期货期权，试图激发期货市场，但并没有带来有意义的交易量，最终被迫放弃了这两种合约。CBOT没有被吓住，1995年引入了基于更透明的和被广泛认可的PCS指数的以现金结算的期权合约。PCS为交易所追踪9个损失指数（参考的指数包括国家的、地区的和高风险州的指数，如Florida 、Texas和California）。与ISO指数相比，PCS指数通过每天调查70个涉及巨灾风险的参与者（要根据非调查的参与者进行调整）来衡量损失。CBOT提供了两个具体的工具：大额上限期权（保险200亿~500亿美元的风险敞口）和小额上限期权（低于200亿美元）。合约有两个或四个季度的损失发展（或附加）期（与原来的ISO合约相对较短的一个季度的期间形成对比）。通过组合PCS的差价，保险公司和再保险公司至少从理论上能够创设合成的XOL再保险。然而，这一金融工具不能够吸引大量参与者，交易的活跃水平无法使其成为传统的和其他ART金融工具的竞争性替代物，保险公司和再保险公司最终于2000年放弃了这一工具。我们可以指出这一工具退市的几个原因，包括市场双方缺乏固有的对冲工具（这是在中期的时间跨度内保证合约成功的前提条件），缺乏有深度的OTC巨灾衍生金融工具市场从而不能提供附加的流动性，以及对冲和定价参照物，缺乏透明度，过高的基本风险和定价面临一定的挑战。

CBOT不是唯一的试图引入巨灾衍生金融工具的交易所。1996年百慕大议会批准建立百慕大商品交易所（BCOE）——上市和交易巨灾衍生金融工具的场所。BCOE打算成为会员拥有的共同交易所，成立一个由众多信用等级高的行业领导企业拥有的独立清算所（保证清算所本身的高信用等级）。BCOE准备上市基于Guy Carpenter公司巨灾指数（GCCI）的巨灾期权，GCCI是由39家保险公司的数据构成的指数。不像PCS以州或地区水平的总美元损失为衡量标准，GCCI按数点（例如，邮政编码）水平来产生行业损失与价值比率。BCOE所设计的期权结构与CBOT也不一样，是以数字或二进制（例如，若超出结算条件，则100%支付；若低于结算条件，则0%支付）为基础来安排支付的，而不是以标准的内在价值为基础。BCOE尽管进行了充分的计划，在开发阶段也付出了相当大的努力，再保险行业还是看出了合约结构（数字式计量基础，100%保证金）、指数（例如，GCCI的私房屋主损失集中度）和费用等方面的缺陷，BCOE没能得到再保险行业足够的支持，最终放弃了这个计划。

其他全球性的衍生金融工具交易所没有上市过巨灾衍生金融工具。尽管像法国、德国和日本都存在巨灾风险（例如，水灾、风暴和地震），但当地的交易所没有注意到对基于这些风险的具体上市合约的巨大需求。然而，纽约巨灾风险交易所（CATEX）1995 年成立了，CATEX 成为匹配分出公司与保险公司或再保险公司的渠道，交易对各种 P&C 风险包括那些与巨灾相联系的风险提供保险的合约。尽管 CATEX 不是正式受到监管的交易所，不交易标准化的合约，但可将很多交易方带到一个集中的交易场所，因此可用有组织的方式履行巨灾风险保险。在实务中，市场参与者（必须是认购者）利用 CATEX 的技术平台来提交其寻求的保险或防范的风险。一旦提交且进行了匹配，双方就可私下协议，因而可将 CATEX 看作是交易所或场外交易匹配渠道的混合体。在运作的最初 5 年，CATEX 协议了大约 55 亿美元的保险。

9.3.2 交易所交易的气温衍生金融工具

尽管上市交易的巨灾衍生金融工具没能引起市场的兴趣，也没有足够的交易量，**交易所交易的气温衍生金融工具**——上市的以特定城市的气温指数为标的的期货和期权合约——已有一批核心追随者且持续扩张，新合约以较合理的有规律的时间间隔出现在市场上。

另一个芝加哥主要的上市交易场所——芝加哥商品交易所（CME），在 1999 年引入了以现金结算的美国 10 个城市的气温指数的期货和期货期权。合约通过 CME 的电子平台（全球交易系统 2，Globex2）交易，所有参与方以 CME 清算所作为交易对手。气温指数是基于标准的取暖指数（Heating Degree Day，HDD）和制冷指数（Cooling Degree Day，CDD）来计算的，能源公司和气候衍生金融产品交易商普遍使用这一指数作为参考。HDD 反映了煤气的使用（温度越低，煤气用量越大，则 HDD 越高），而 CDD 反映了冷气的使用情况（温度越高，冷气用量越大，则 CDD 越高）。HDD 是用基准值（通常采用 65°F 或 18°C）减去日气温平均值，而 CDD 则是用日气温平均值减去基准值。因而：

每日 HDD = max（0，基准值 -（Tmax + Tmin）/2）

每日 CDD = max（0，（Tmax + Tmin）/2 - 基准值）

其中，Tmax 是每日最高气温，Tmin 是每日最低气温。

因而，当 Tmax = 30°F，Tmin = 25°F 时，HDD = 37.5°F。为了计算合约的美元价值，有效期内每天的每日 CDD 和 HDD 都累计起来，再乘以 100 美元。例如，当 HDD 分别为 30、40、40 和 45 时，价值为 15 500 美元。

尽管 CME 的合约在开始的两年里交易并不活跃，但对气候风险管理市场的广泛兴趣和 OTC 气温衍生合约逐渐增加的流动性，使得从 2002 年起 CME 交易量开始增强。兴趣增加的例证是 CME 于 2003 年在原先月份合约的基础上增加了季节性的合约（如 11 月至来年 3 月份的取暖季节和 5 月至 9 月份的制冷季节）；如下面将提到的，这与随后的OTC气温衍生产品市场的交易惯例是一致的。交易所还增加了标的城市的名单，且宣布在未来要增加更多的标的城市。

案例研究

用上市的气温衍生产品对冲风险

对于有些行业，过高或过低的气温对公司的收入和成本会产生相当大的影响，将导致财务亏空和绝对损失。例如，当气温非常高或非常低时，能源公司不得不对客户供应更多的电力，如果能源公司不能生产足够的电力以满足需求，则收入会有影响。煤气供应公司对暖冬非常敏感，如果气温过高，煤气需求下降，收入就会受到负面影响。农业生产者也暴露在气温过高的风险之中，过高的气温损害农作物，降低每英亩产量，从而影响收入。饮料企业则暴露在"冷夏"风险之中，"冷夏"会导致对其产品的需求严重下降，影响盈余。季节性服务行业和娱乐公司（如主题公园、滑雪圣地、户外餐厅）也会暴露在过高或过低气温的风险之中，收入会下降。近年来这些行业中的一些公司已成为气温衍生产品的积极使用者，因为他们认识到在特定的天、月或季节里气温的波动对公司的财务业绩有负面的影响。实际上，对这些公司而言，气温不过是风险的另一种量度，能在损失融资的框架下考虑和管理。

考虑一家当地的在冬天向居民供应煤气的公司。严冬（即取暖指数高）对这家公司非常有利，对煤气的需求和煤气价格都会较高——意味着收入增加。相反的情况当然是有风险的暖冬（即取暖指数低），需求、价格和收入都低。煤气供给和需求如图9—8所示。相应地，煤气供应公司想防范向下变化的风险，这可通过卖出HDD期货或购买HDD期货看跌期权来实现。在这两种情况下，所选择的标的城市气温指数必须与公司的主营业务地区的气温有很强的相关性；如果不是这样的话，则会带来很高的基础风险，从而使对冲无效。尽管卖出期货合约不需要支付前期费用，但却会使公司暴露在双向支付风险之中；这意味着如果气温下降，HDD就上升，公司将会在期货合约上发生损失（尽管公司在主营业务上盈利，从而可抵消这一影响）。购买期货看跌期权需要前期费用，但不会使公司暴露在双边支付风险之中。因而，如果HDD上升到合约价格以上，看跌期权过期而没有价值，损失就只是支付的期权费——但是期权费代表了前期成本，而期货合约则没有。

煤气供应公司量化其风险，确定HDD向上或向下变动100相当于收入增加或下降100万美元。因而，基于预计的HDD为5 000这一水平，如果某季度HDD为4 700则导致300万美元损失，而HDD为5 200则导致200万美元报酬，等等。这一函数关系如图9—9所示。

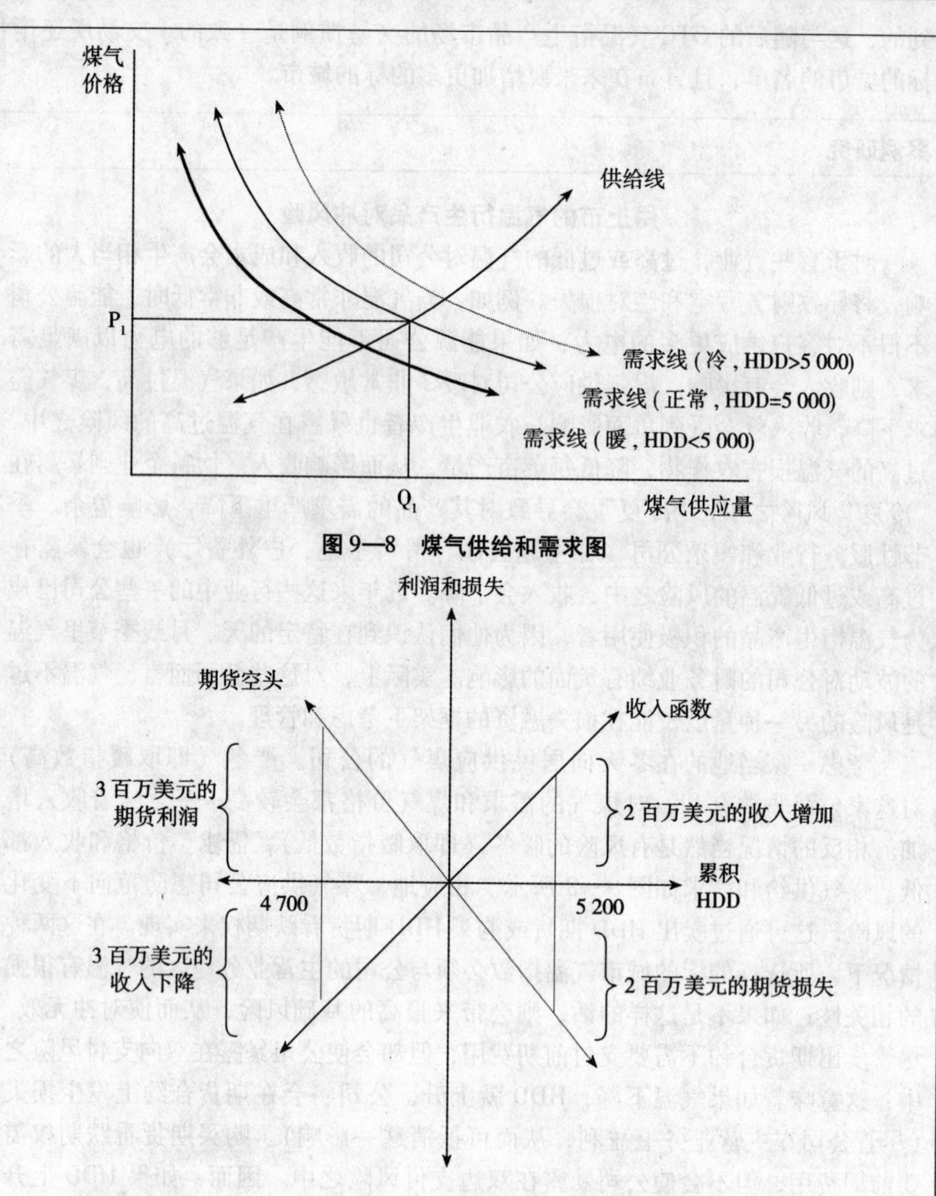

图 9—8 煤气供给和需求图

图 9—9 收入/期货空头支付图

假设公司卖出 100 份 HDD 指数水平为 5 000 的期货合约，如果气候在取暖季节变得非常冷，则 HDD 可能升到 5 300，这意味着公司在期货头寸上损失 300 万美元；然而，由于对煤气需求的增加，其收入又增加了 300 万美元。如果冬季气候较暖，HDD 可能是 4 700，则公司主营业务会损失 300 万美元，但其期货可盈利 300 万美元。这些财务状况的描述如图 9—10a 和 9—10b 所示。需要强调的是，这种及其他任何风险管理结构的功效都依赖于公司收入对市场变量（如 HDD）敏感性的测算准确度。全面分析是非常重要的。

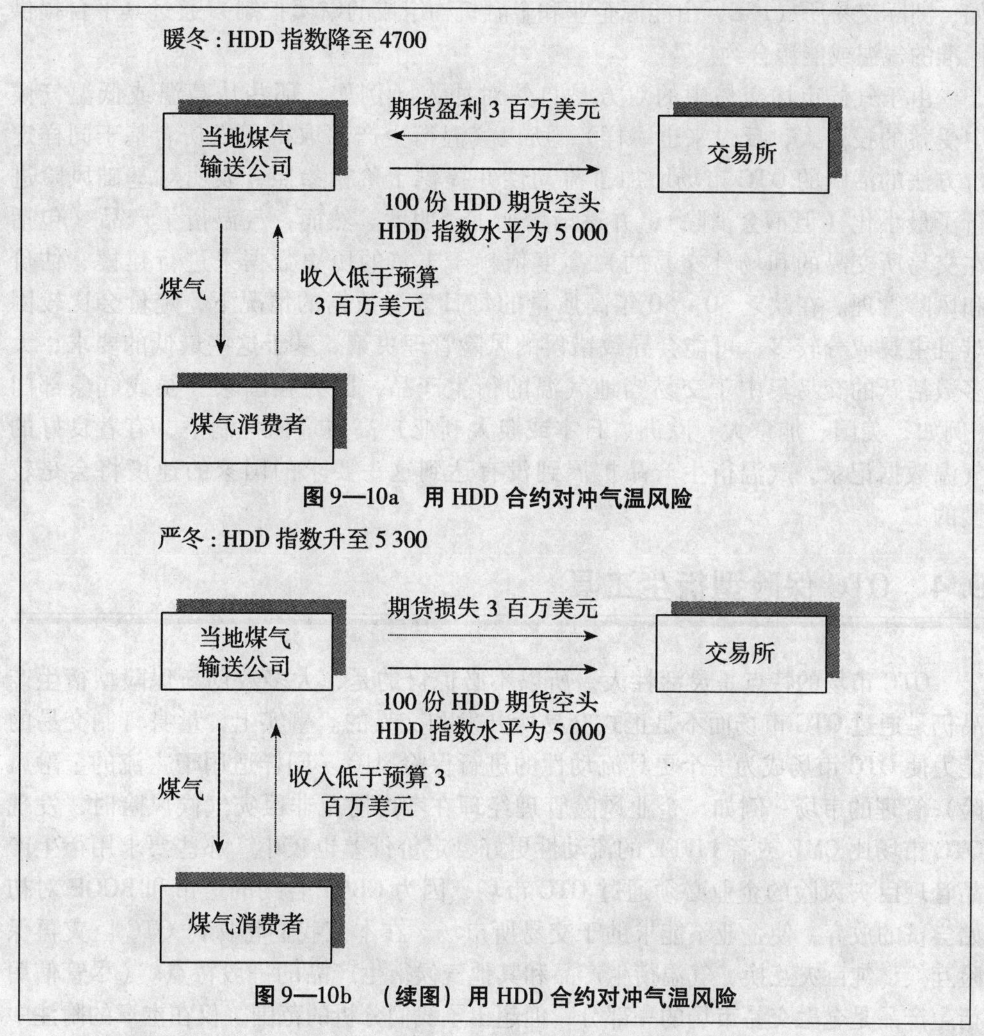

图9—10a　用 HDD 合约对冲气温风险

图9—10b　（续图）用 HDD 合约对冲气温风险

CME 的逐渐成功和对欧洲气温变化越来越关注导致伦敦国际金融期货交易所（LIFFE，欧洲交易所集团的一部分）于2001年引入了自己的气温交易合约——通过 LIFFE 电子连接平台来交易，保证金的交付通过伦敦清算所（London Clearing house）。从概念上讲，LIFFE 的合约与 CME 的相似（即累计气温指数），除了其指数的建立是基于平均每日气温而不是 HDD 或 CDD（例如，最高气温和最低气温之间的中点与从月到日的平均气温结合起来）。LIFFE 合约开始是从三个欧洲城市发盘，计划后来进行有规则的扩张。当2003年年中 CME 和英国国家气象局宣布成立 Weather Xchange 合资企业（Weather Xchange joint venture）——共同开发全球气温期货和气温期货期权的平台时，欧洲市场进行了进一步的尝试。合资企业开始交易的是每月和每季 HDD 合约，HDD 是基于5个欧洲城市的累计平均气温，通过 CME 和 CME 清算所交易，然后逐渐包括更多的标的城市。除了通过 CME 和 LIFFE 交易的合约外，近年来还涌现了许多其他电子交易，这有助于气温衍生产品的交易。例如，洲际交易所（ICE，由能源企业和金融机构组成的财团控制）通过其平台提供标准的气温或能源合约。

由于气候市场交易中的双方是自然对冲人（例如，那些从高温或低温气候中受益的投资人，反过来也一样），所以气温衍生产品取得了成功。基于同样定价方法的活跃的 OTC 市场增加了流动性并提供了价格参照，表明对基础风险进行了最小化（但不会消除），并逐渐增加了透明度。然而，气温衍生产品（包括在交易所交易的和场外交易的）高度依赖于丰富的历史数据来进行建模、估价和风险管理。在缺乏 30 ~ 50 年高质量的每日气温数据的情况下，定价会比较困难且主观成分较多，可能会导致错误的风险管理决策。基于这些最低的要求，大多数活跃的交易集中于交易当地气温的衍生产品，因为在国家气候或气象部门（例如，美国、加拿大、欧洲、日本或澳大利亚）高质量的控制下，有着良好的气温数据记录。气温衍生产品扩展到没有达到这一要求的国家的速度将会是较慢的。

9.4 OTC 保险型衍生工具

OTC 市场的特点是灵活性大，所以不必惊讶的是，大多数创新保险型衍生产品仍是通过 OTC 市场而不是正式交易所开发和交易的。事实上，量身订制交易的能力使 OTC 市场成为一个更具流动性的进行保险风险（同样适用于主流的金融风险）管理的市场。例如，企业风险管理经理在考虑防范非巨灾气候风险时，发现 OTC 市场比 CME 或者 LIFFE 的流动性更好，定价价差也较小。那些要求用衍生产品管理巨灾风险的企业必须通过 OTC 市场，因为 CBOT 合约的退市和 BCOE 对初始尝试的放弃，使企业不能求助于交易所市场。在本节我们将探讨 OTC 巨灾再保险互换、纯巨灾互换、气温衍生产品和其他气候衍生产品的一般特点。（尽管信用衍生产品是金融交易市场的一部分，但超出了我们分析的范围，仅在本章的附注中对这一类金融产品中主要的金融工具作一些概括性的评论。）

9.4.1 巨灾再保险互换

有些保险公司或再保险公司用巨灾**再保险互换**管理它们的巨灾风险组合，巨灾再保险互换是一种合成的金融交易，双方基于巨灾损失导致的或有支付交换承诺费。通过这种做法，他们得到了再保险或证券化（如投资组合分散化，增强了承受风险的能力）提供的许多同样的好处，还可避免结构设计上的复杂性，以及由于协议的临时再保险或合同条款或完全 ILS 保险所发生的成本。在巨灾互换下，保险公司可能向再保险公司支付同业拆借利率（Libor）外加多年期的利差，以交换一定数量的或有风险承受能力（与规定的指数、赔偿金或参数事件相联系）。如果规定的事件发生且导致了损失，再保险公司就会向交出互换方提供补偿金，通过代位权获得求偿权。如果不是这样的话，则交易结束后保险公司的投资组合仍保持不变。例如，Mitsui Marie 和 Swiss Re 安排了一种再保险互换，Mitsui Marie 向 Swiss Re 支付 Libor +375 基本点，Swiss Re 接受 3 千万美元的基于参数触发的东京地震或有风险。图 9—11 描述了一般的巨灾再保险互换。

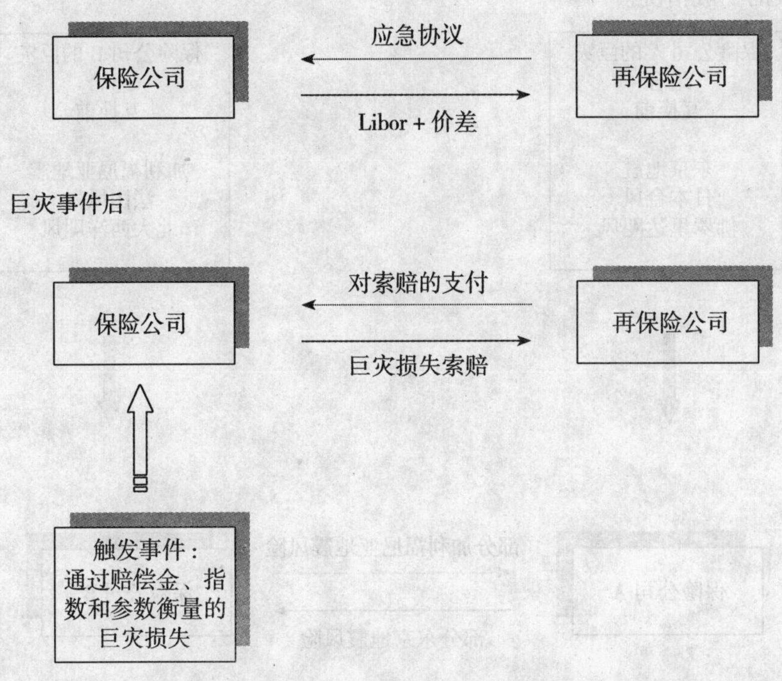

图 9—11　一般的巨灾再保险互换

9.4.2　纯巨灾互换

在有些情况下，再保险公司喜欢通过纯**巨灾互换**来改变投资组合，纯巨灾互换交易允许双方交换不相关的巨灾风险（双方签署标准的再保险协议，因而表现得更像是再保险风险的互换而不是真正的衍生金融产品）。由于被互换的风险之间不相关，所以参与交易的保险公司得到了更加分散化的投资组合。例如，一家承受了过多日本地震风险的日本再保险公司可以将一部分投资组合换成其他不相关风险的组合，诸如北大西洋飓风。因为控制不同类型巨灾风险的分析工作和风险参数通常是很相似的，已从事这一业务的保险公司无须对发生频率低但损失程度严重的风险的评估方法进行改变，这是一个相当大的优点。在一些实例中，互换可以涉及多风险交换，但各种风险之间仍不相关，如加利福尼亚地震风险互换摩纳哥地震风险、日本台风和欧洲风暴风险的组合。例如，Swiss Re 和 Tokio Marie 进行了一年期 4.5 亿美元的互换，Swiss Re 将部分加利福尼亚地震风险互换成为 Tokio Marie 的佛罗里达飓风和法国风暴风险；同时，Tokio Marie 将部分日本地震风险组合换成了 Swiss Re 的日本台风和龙卷风风险组合。这一系列交易的最终结果是两家保险公司的投资组合风险更加平衡（这一安排是在快速的和有成本效益的基础上进行的）。Tokio Marie 后来与 State Farm 保险公司进行了类似的交易，两家保险公司互换了部分参数触发的地震风险（例如，用新马德里地震风险互换日本的地震风险）。近年来，其他许多保险公司也进行了类似的纯巨灾互换。图 9—12 总结了东京和加利福尼亚巨灾互换的一般情况。

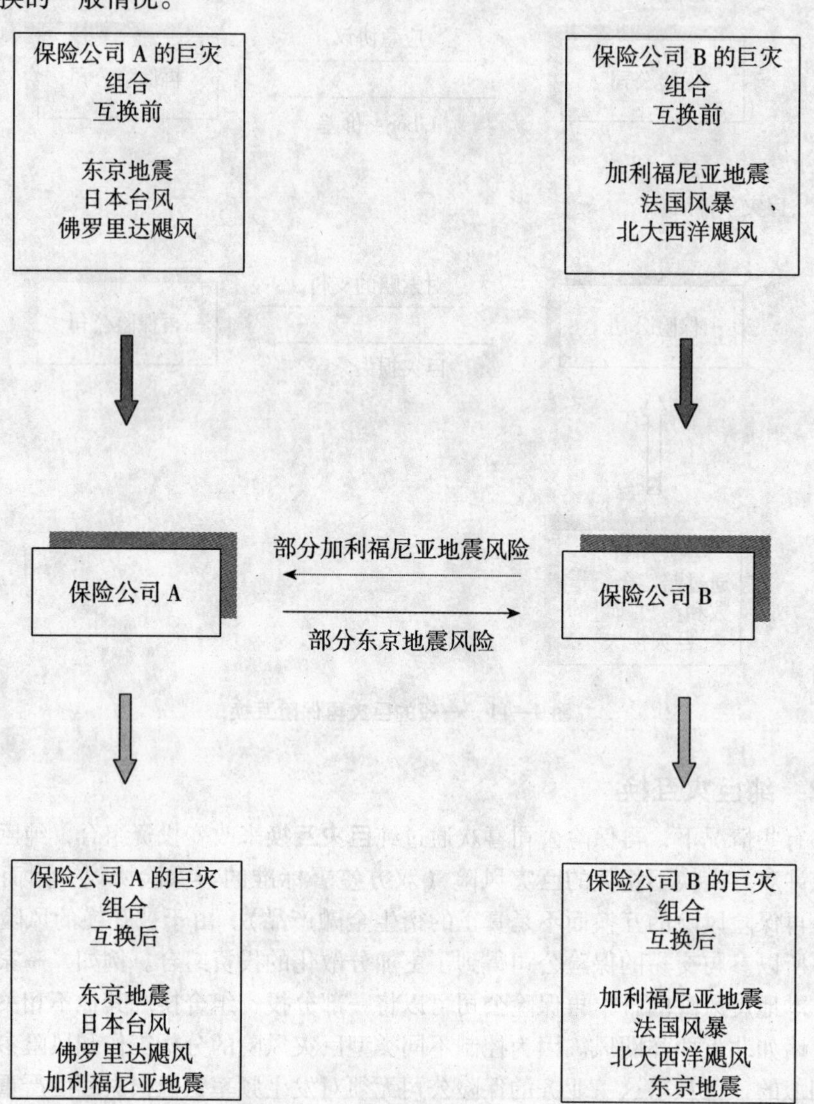

图 9—12　东京和加利福尼亚巨灾互换的一般情况

9.4.3　气温衍生产品

在 OTC 交易的**气温衍生产品**从概念上讲，类似于前面描述的 CME 合约，它是量身订制的以几种气温指数之一为参照的合约，其在交易前的两年就进行了尝试。

实际上，第一份 HDD 和 CDD 互换和期权是 1997 年在几家能源公司之间进行的。这一市场从那时起稳步发展，更多的能源公司进入，然后是银行和保险公司，再到专业的投资基金，他们开始对冲或投机美国气温指数。近年来，其他行业的参与者也加入到这一市场。然而，由于公司内部章程或监管限制的存在，一些公司型的最终用户选择用标准保险合约形式的气温保险，而不是 OTC 衍生产品。美国市场初步成功之后，欧洲市场变得活跃起来，特别是以欧洲主要城市的平均气温指数（不是 HDD 或 CDD）为标的的合约①的交易最为活跃。除日本和澳大利亚外，亚太地区在新千年的开始几年里交易的活跃程度还是非常有限的，部分原因是前面提到的数据问题。

随着更多的机构进入这一市场，一些标准的交易惯例已经形成，包括合约信用规模（每 HDD、CDD 或累计平均气温为 5 000 美元）、限额（200 万美元）、期限（11 月至来年 3 月和 5 月至 9 月）和标的城市（每一季节包含 10 ~ 12 个美国主要城市，4 ~ 6 个欧洲城市）。② 这一“标准”OTC 结构已形成了合理的流动性。有规律地出现于市场的 OTC 衍生产品主要是远期、互换、看涨和看跌期权和复合期权，诸如**双限期权**（collars，多头买权/空头卖权或多头卖权/空头买权的组合）、**跨式组合期权**（Straddles，执行价格和期限相同的看涨和看跌期权组合）和**勒束式组合期权**（Strangles，执行价格不同、期限相同的看涨和看跌期权组合）。尽管单个季节的衍生产品仍是主要的，但也开始安排每年都进行重置的多年期交易。另外，以每日最高温或最低温为标的的交易也开始出现，这对防范单日事件所造成的风险特别有用。非标准的气温合约——包括那些可选择气温指数、湿度和热度指数（气温指数加湿度指数）的合约——也能安排。这发生在当最终用户的某一部分收入或现金流对某一气温临界值特别敏感时（通常在农业中应用）。这些“非标准”（无论是期限、指数还是标的城市都非标准化）结构衍生产品的流动性远低于核心衍生产品的流动性，这些核心衍生产品是围绕单个季节的 HDD、CDD 和平均气温来构造的。

9.4.4 其他气候衍生产品

尽管气温互换和期权是 OTC 气候衍生产品的支柱，但是其他形式的防范气候风险衍生产品也可利用，包括基于降水量、湿度、大风和水流量的互换、远期和期权。由于每一衍生产品都代表一种特定的终端应用，所以交易量是非常有限的。不过，这些衍生产品的安排都是相当有规律的，以满足企业的风险管理需求。

降水量衍生产品是一种防范在规定的一段时间内某一地区基于液体或固体降落量的降雪或降雨的风险（固体降落量，包括冰雹或雪，通常转换成等值降雨量）

---

① 夏季和冬季气温的主要标的城市包括伦敦、巴黎、阿姆斯特丹和柏林。

② 例如，冬季 HDD 指数主要标的城市包括亚特兰大、波士顿、芝加哥、堪萨斯城、小石城、明尼阿波利斯、纽约、费城、匹兹堡和华盛顿特区；夏季 CDD 指数主要标的城市包括亚特兰大、芝加哥、辛辛那提、达拉斯、休斯敦、堪萨斯城、拉斯维加斯、纽约、菲尼克斯、萨克拉门托和图森。

的合约；美国的交易采用的是英制度量标准，而加拿大、欧洲和亚洲的交易则用公制度量标准。能源公司尽管是气温衍生产品的积极交易者，但不是降水量衍生产品市场的重要参与人，因为雨雪对公司经营的影响是很小的；降水量衍生产品的最终使用人是那些在给定季节里收入对降水量比较敏感的交易者。例如，农业生产者，对降水量就比较敏感，因为降水量过多（洪灾）或不足（干旱）都对庄稼不利。降水量过多或不足对冬季旅游业（如滑雪圣地）和运输业（如航空公司、机场）来说也是不利的。

水流量衍生产品是防范水道或地面的自然或调节的水流量风险的合约。这种衍生产品对高度依赖于水力发电的地区性电力生产企业非常有吸引力，诸如美国西部和斯堪的纳维亚地区。水流量是衡量江河发电或向水库供水以备未来发电能力的指数。这一指数对许多水文变量很敏感，包括降雪地区的降雪量和时间分布，以及使雪融化向溪流或河流供水的气温高低与时间分布等。如果这些变量中的任一个与正常水平偏离很大，水流量都会受到影响，进而影响发电能力。这当然会降低电力企业的收入。

风力衍生产品，最后一个非气温型气候衍生产品，是一种当风速超过或低于规定的水平就要提供经济补偿的合约。投资建设风场以获得风力电能的能源公司面临相当大的资本成本，它们通过风力发电所产生的变化不定的收入来获得回报。如果发电所在地的风力指数表明不能产生足够的电力，则公司会发生损失，难以收回投资；基于特定地区风力指数的衍生产品合约能提供向不利方向变化的保险。

非气温型气候衍生产品显然应定位于相对较小的市场。尽管已有交易发生（交易规模和频率都在增加），但与其他类型的风险转移和对冲安排相比非气温型气候衍生产品交易仍将保持不太大的交易规模。通过对这类产品的分析，我们要强调的主要观点是，ART 市场使那些被认为是非常特殊和涉及范围很小的风险管理产品也能够进行交易。

9.4.5 信用衍生产品

尽管 ART 相关型的衍生产品主要集中于传统的保险风险，如非巨灾气候风险和巨灾 P&C 风险，但是我们还要再次强调，从资产和负债管理的角度来看，保险公司和再保险公司也是信用市场的重要参与人，这至少部分是因为它们愿意承担与标准 P&C 业务不相关的风险。他们不仅通过担保债券、信用保险、CDO 信用互换和信用保证来提供特定的信用风险保险，还是包括资产负债表 CDO、合成 CDO、贷款和债券等信用产品的非常重要的投资人。不必感到奇怪的是，有些公司成了信用衍生产品、OTC 市场的信用远期违约互换、信用差价期权和总报酬互换的积极交易者。银行欢迎保险领域的参与人，因为他们提供了另一种资金来源或对冲风险的方法。当基本的信用衍生产品市场变得越来越具有流动性时，银行就可以既简单又有效地管理风险组合，这至少在一定程度上是由于保险公司或再保险公司作为重要的信用衍生产品交易人进入了市场。因而，尽管信用风险完全不是保险风险

（一般认为是标准金融风险），但是保险公司和再保险公司仍可是积极的参与人（通常通过资本市场专门的子市场和金融机构交易以遵守监管要求）。这些交叉市场投资机构之间越来越积极地在信用市场金融产品上做交易，证明市场正在进一步收敛。尽管对信用衍生产品进行全面分析超出了本书的范围，但在注释中我们还是对信用衍生产品市场的主要组成部分提供了一些补充的背景知识（部分材料是从 Banks（2004）改编过来的）。①

9.5　百慕大转换者和资本市场子公司

历史上，由于监管的限制，保险公司和再保险公司是不能和商业银行和投资银行对衍生产品和结构化产品进行全方位的交易的。对银行来说，它们热切地寻找更多的投资资本和风险能力供给者，特别是那些对信用、气候、巨灾和能源风险有兴趣也有一定专门知识的爱好者。然而，它们一般不能直接和保险公司或再保险公司进行交易，因为通常不批准它们承保初级保险或再保险。这一障碍导致了"转换者"公司的形成，许多"转换者"公司的所在地都在百慕大。一些银行（如 Goldman Sachs、Lehman Brothers 和 Deutsche Bank）发现建立**百慕大转换者**（**Bermuda transformers**）——第三类百慕大（Class 3）保险公司比较有利，这些

① 信用差幅期权（credit spread option）将诸如公司债券或贷款等有信用风险的工具与像高等级政府债券这种无风险参照物之间的差异进行比较。信用差幅卖权由认为发行人的信用质量将恶化的机构购买——公司债券信用与无风险参照物之间差异扩大表明信用恶化。信用差幅卖权的卖方认为发行人的信用质量将保持不变或提高，如果这一观点证明是正确的，则得到期权费收入（或者，卖出卖权以作为综合信用组合风险管理的一部分）。认为发行人的信用质量将提高的机构购买信用差幅买权。为了买卖信用期权，目标信用必须以有交易的债务证券作为参照；这种证券最好要有足够的流动性以便估计公允市价。信用差幅期权可以用现金或实物结算，以实物结算的多头信用差幅期权投资人，当期权被行权时，可以以先前确定的价格或差价来交付债券或贷款。期权可基于价格或差价（差价期权的最终支付必须要通过持续期因素根据价格对差价的敏感性进行调整，持续期反映了债券现金流的平均期限）。信用远期是一种单期限的双边合约，以发行人信用质量的提高或降低为标的，可采用价格或差价形式，包含最差的信用质量——违约这种情况。合约的购买方可以在到期日以远期规定的价格（或以相对无风险参照物的差价）购买标的债券，如果标的信用质量提高（例如，债券价格上升或信用差异减少），那么合约的买方实现利得而卖方则发生损失。如果机构认为发行人信用质量将恶化，则在远期到期日以规定的价格（或差价）卖出标的债券；如果标的债券信用恶化（例如，债券价格下降或者差价扩大），则卖方实现利得而买方遭受损失。极端的情况是对手违约；如果发生违约，则债券的价格（或差价）发生急剧下降；卖方得到的偿付将与破产时标的债券得到的价值有关。信用远期除了用来判断发行人信用质量的变化方向外，还可用来管理信用风险组合。信用远期（可用现金或实物结算）的期限可以是几个月到几年，可被构造成以目标债券的价格或差价为标的；以差价为标的的远期，应该进行持续期调整，以反映标的债券对基准参照物价格的敏感性。违约互换（default swap）——信用衍生产品市场最早的金融工具之一——是一种双边的、多年期的用来在双方之间转移信用风险的衍生产品。违约互换可用来对信用违约的可能性进行投机，或用对标的信用状况进行保险或对冲。在标准的违约互换下，账面上超额信用风险的一方向另一方支付每期费用（通常是固定的基本点加上一个名义数量），如果标的对手违约，则获得一次性总额偿付。违约偿付一般是基于公开交易的信用债务的标的违约前后价格差异。总收益互换（total turn swap，TRS）是一种用来复制和转移合约信用资产价格上升或下降的衍生产品。尽管实际上任何资产都可作为合约信用资产，但这一工具已经被广泛地应用在信用市场。标准的基于信用的 TRS 对一方（买方）提供信用保护，另一方（卖方）则是虚构的表外有风险债券（或完整的债券组合）。通过 TRS，买方转移了风险债券的经济利益和信用风险，也就是有效地购买了信用恶化和违约保险；与此相对照的是，卖方收到风险债券的经济利益，这象征着卖方虚拟地购买了这一金融工具。在标准 TRS 合约中，互换的买方向卖方支付反映了第三方参照债券利率水平的利息；作为交换，卖方向买方支付较少的利息现金流（通常基于 LIBOR）。另外，在交易到期日，当时债券的市价要与事先确定的初始价格进行比较；如果价格下降了（可能是信用恶化的象征），卖方向买方支付一笔反映价格下降的跌价；如果价格上升，买方向卖方支付一笔反映价格上升的溢价。卖方因而是虚拟的多头方，实际上并没有在资产负债表中"持有"证券——收到溢价和定期的利息，支付跌价。买方对冲了债券发行人违约的风险。例如，如果债券发行人违约，TRS 的买方则因在资产负债表中"持有"债券（或相关的信用风险）而发生损失，但会从卖方收到一次性总额偿付；如果债券发行人到期履约，TRS 的买方收到发行人对债券（或相关信用风险）的偿还，但要对 TRS 的卖方一次性支付溢价。大多数 TRS 期限是 6 到 24 个月，尽管也可协商更长的期限。尽管也发生中期支付（如基于 Libor 的债券利息），但主要的经济利益一般还是交易结束时的资本利得或损失。这些结构的变体也在市场中存在，包括第一违约互换（first-to-default swaps）、篮式互换（basket swaps）、篮式期权（basket options）等。

保险公司被授权可承保和购买保险或再保险。转换者可将保险或再保险合约转换成衍生产品，或相反地进行转换。由于百慕大转换者能买卖这两大类金融工具，能对每一边的负债进行匹配，交易过程对银行和保险公司都比较透明，所以每一方都能以最有效的方式承担或分散风险，尽管仍要遵守相应的规则和会计惯例（如，银行可对衍生产品风险进行做市，但保险公司却不可对保险风险做市；银行可在二级市场交易衍生产品，但保险公司受政策限制不能交易等）。图 9—13 描述了对信用风险进行转换的百慕大转换者。同样的技术可应用于气候风险和巨灾风险等的转换。

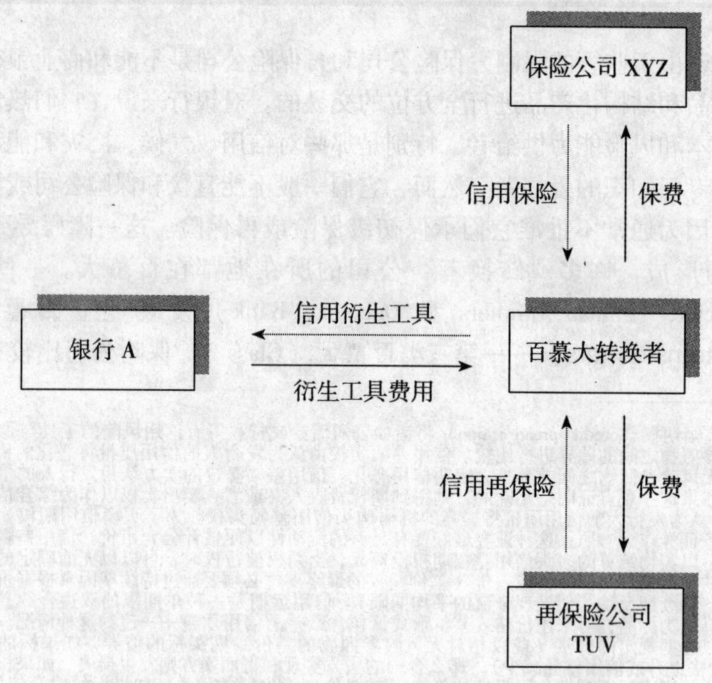

图 9—13 对信用风险进行转换的百慕大转换者

在实务中，转换者将衍生产品卖给银行并收取期权费。在补偿了费用和相关利润后，转换者向保险公司或再保险公司支付费用以寻求同一保险，也可安排相反的交易。需要注意的是，有些金融机构并不是在创设独立的第三类保险公司，而是宁愿通过分支机构或受保护的分支公司（见第 5 章的讨论）来买卖保险或再保险以支持衍生产品交易。这是接近转换渠道的一个快速而有效的方式。

许多大的保险公司（如 AIG 和 Swiss Re）建立了**资本市场子公司**——授权在金融市场直接与银行交易的专门机构。有些子公司也可承保和购买保险，因而采用的是多目的转换者的形式。其他的子公司不能在保险市场直接交易，因而必须和母公司建立一种机制以允许通过母公司来承保或承担风险。尽管特定的风险之间相互隔离（进行不同的会计处理），但是合并主体（即在持股公司的层次上）的投资组合风险看起来可进行完美匹配。母公司（保险公司）和资本市场子公司的运作机制如图 9—14 所示。

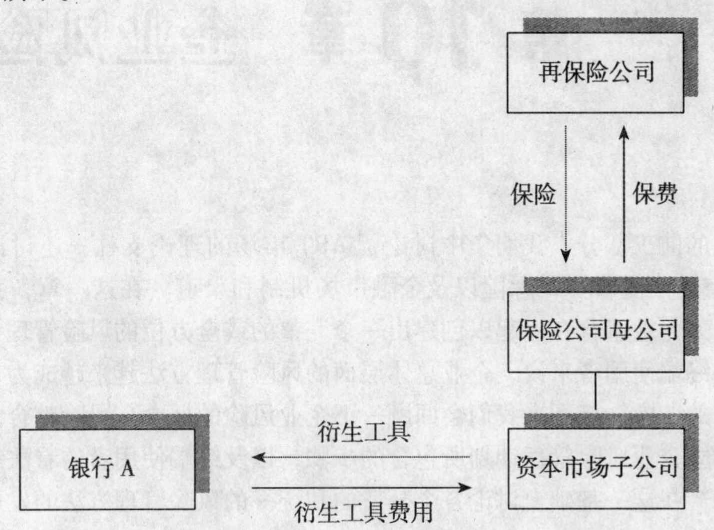

图 9—14　母公司（保险公司）和资本市场子公司的运作机制

转换者和资本市场子公司执行着重要的角色，因为它们在截然不同但有联系的市场之间架起了桥梁。只要监管和会计差异仍然存在，它们就将继续起作用。通过规则的协调或拓宽授权的业务范围来解决差异，这些方式的必要性已变得不太明显。例如，银行和保险公司对同一风险进行交易时使用的基本文档仍然存在契约上的差异。又例如，在信用衍生产品市场，银行是基于市场驱动的事件来交易，而保险公司则关注损失的验证；这是根本的差异，当要进行求偿或支付时差异会变得更加明显（如，违约事件发生后的信用违约互换或信用保险保单）。由于缺乏利用转换者来将信用衍生合约下的负债转换成保险公司业务范围的可保险损失，所以一些参与人要求保险公司通过衍生产品行业的法律文件（如，国际互换和衍生工具协会（ISDA）主要协议和量身订做的附件）来交易，这些法律文件对术语、条款和重要事件进行了标准化。实际上，一些保险公司已采用这一方法且在交易中利用 ISDA 的文件。

百慕大转换者和资本市场子公司是金融和保险行业一体化的重要发展阶段，因为它们允许不同行业（有不同的方法管理风险）的机构在需要时可分出或承担风险。通过监管制度的取消、会计处理和法律规范的一致化，两个行业的整合程度越来越深，对专门转换者和资本市场子公司的需要将变得不再迫切（必须提醒的是，这一过程将需要很多年）。事实上，对有些机构来说，组合银行保险平台的行动将是“最后的游戏”，因为金融产品和风险的融合能提供同样的功能，但是目前仍分开处理。

第10章 企业风险管理

在本书的前三部分，我们集中讨论了ART市场的理论支柱，还讨论了一系列构成ART市场“基石”的保险以及金融市场机制和渠道。在这一章，我们将讨论这些基石是如何被组合在一起以创建出一个完整的或全方位的风险管理计划的。的确，对许多终端使用者来说，企业总体层面的风险管理方法越来越成为首要的选择和一种现实的考虑。接下来我们会回顾一下企业风险的概念、风险整合的总体优点及缺点、建立企业风险管理计划所包含的步骤，以及终端使用者的看法和经验。在下一章我们会在这一基础上讨论各个分散的和统一的风险管理方法的发展动态，以及它们对21世纪的ART市场所可能造成的影响。

10.1 风险整合

10.1.1 企业风险管理的概念

企业风险管理（enterprise risk management，ERM）是将彼此各不相同的财务和经营风险结合到一个单一的、多年限的活动计划内的风险管理过程。这一概念已经引起了终端使用者和中介机构的注意，因为它比传统风险管理过程中所采用的交易法或增量法更有优势。ERM的关键不仅在于发展降低风险的风险管理计划，还在于它将风险起因、期限以及附加因素同步化及最优化，甚至可以发现能够承担增量风险的机会。许多调查都表明，在21世纪早期阶段，北美及欧洲的主要公司都采取或希望采取更为完整的风险管理方法（尽管只有一小部分采取了完整的风险管理计划）①。ERM的发展前景呈现出强劲的增长态势是因为终端使用者已经开始关注完整的风险管理计划所能带来的好处。

20世纪90年代及21世纪早期的发展趋势已经扩大了公司风险管理所覆盖的范围，不但包括以纯粹损失为特征的经营风险，还包括具有独特投机特性的财务风险，同时还有过去被认为是不可保的风险，比如产品责任、政治事件、恐怖主义、智力财产剽窃、产量变化等等。这与对资产、负债、表外或有事项的整体管理的发

① 比如，在KPMG对北美公司的一份调查中，81%的回复者表明他们使用一种更为完整的风险管理方法。如保证各部门间对于风险敞口的沟通和交流、对风险管理进行联合考虑并/或者将其转移到中心单位。然而，直到2001年，只有20%的公司考虑实施提出的ERM计划，且只有10%实际上已经完成（KPMG，2001）；很明显，要做的工作还很多。由经济学者联盟所做的一份调查（2001）指出，ART兴起的早期，欧洲53%的公司、北美34%的公司以及亚洲33%的公司在风险管理过程中采用了整体方法。在中后期阶段，被调查公司中的73%认为他们将实施一项企业风险管理计划。

展趋势也是一致的。公司已经发现不仅单独的资产、负债或或有资产具有内部依赖性，在它们之间也存在相互的依赖性。另外，他们也开始意识到在许多情况下将公司层面的风险资产整合起来的行为能以更具吸引力的回报揭示承担增量风险的机会。这是 ERM 与第 6 章提到的多风险起因产品一点很重要的区别，多风险起因产品是将关注的焦点放在一组可能发生的风险基础上，借此来消除风险并降低成本。ERM 可以降低并承担多种不同的风险，因而能为公司达到其所声明的风险管理目标提供一个更加灵活的平台。一般来说，ERM 不应当仅仅被视为一个降低或消除风险的平台，它还为风险提供了更广泛的管理方法：更为活跃地进行风险自留管理、对多种损失后融资工具进行整合、将投机风险嵌入公司经营战略、承担不同的风险敞口从而形成特定的组合效应等。当然，其活动必须与公司声明的风险管理理念和容忍程度一致。图 10—1 归纳了 ERM 风险覆盖域。

ERM 的中心部分就是将增量风险转移到所整合的风险中的一种风险管理。参考图 10—2，它是我们对第 6 章中一个图表的修改，列示了公司面临的多种风险以及为了对损失提供保护而进行的多种保险。每一种风险敞口都被分别地考虑和管理，最终的结果是获得一系列单独的保单、金融衍生工具，以及其他意在为风险提供保护的损失融资技术。正如我们前面所看到的，这对于公司事务的管理来说可能是一种十分缺乏效率的方法，带来了额外的成本、过度保险/过度避险，以及资本管理失误，而这一过程将使公司偏离价值最大化的目标。图 10—3 反映了基于单一平台整合所有风险所带来的结果；单一的保险工具不复存在，取而代之的项目消除了保险缺口，降低了成本，并提高了资本和管理效率。从根本上说，由个体风险构成的组合的净风险更低，而且也比将这些风险简单相加具有更小的波动性，这是对风险进行联合管理的一个关键原因。这种方法使得公司可以利用由每一新的风险资源带来的组合分散化效应，也将思路和行动从静态的、分割的风险报酬观上转移出来。它也使得当从风险报酬角度考虑，消除风险是合理时，风险可以被消除，这需要再一次从整个公司的资产组合角度出发对风险进行考虑。最终的目标是公司价值最大化。

ERM 平台不要求所有的风险都通过一个主保单的渠道来消除。尽管从定义上来说，这是高度定制化的且具有多种特性的平台的市场的一个方面。比如，一个项目下被保留的风险可以通过一个团体专属保险得到分化，或者通过流动资源为其建立基金；巨灾险可以建立在一个双触发事件的基础之上，并允许发行额外的权益，用权益期权来对投资组合的最低报酬进行保障等。正如第 3 章所提到的，这种“跨产品/渠道”的灵活性，是 ERM 框架中的一个优势。图 10—4 是这种方法的一个举例。

从分析性项目的设计以及风险容量的角度来说，世界范围内的监管放松和市场一体化使得中介机构在 ERM 的解决方案中更为容易地扮演了一个“一站式商店”的角色。每个部门都以自己的经验在分析和营销/生产的过程中扮演着自己的角色，这使得客户能够获得最好的解决方案，也使市场一体化趋势进一步加强。拥有百慕

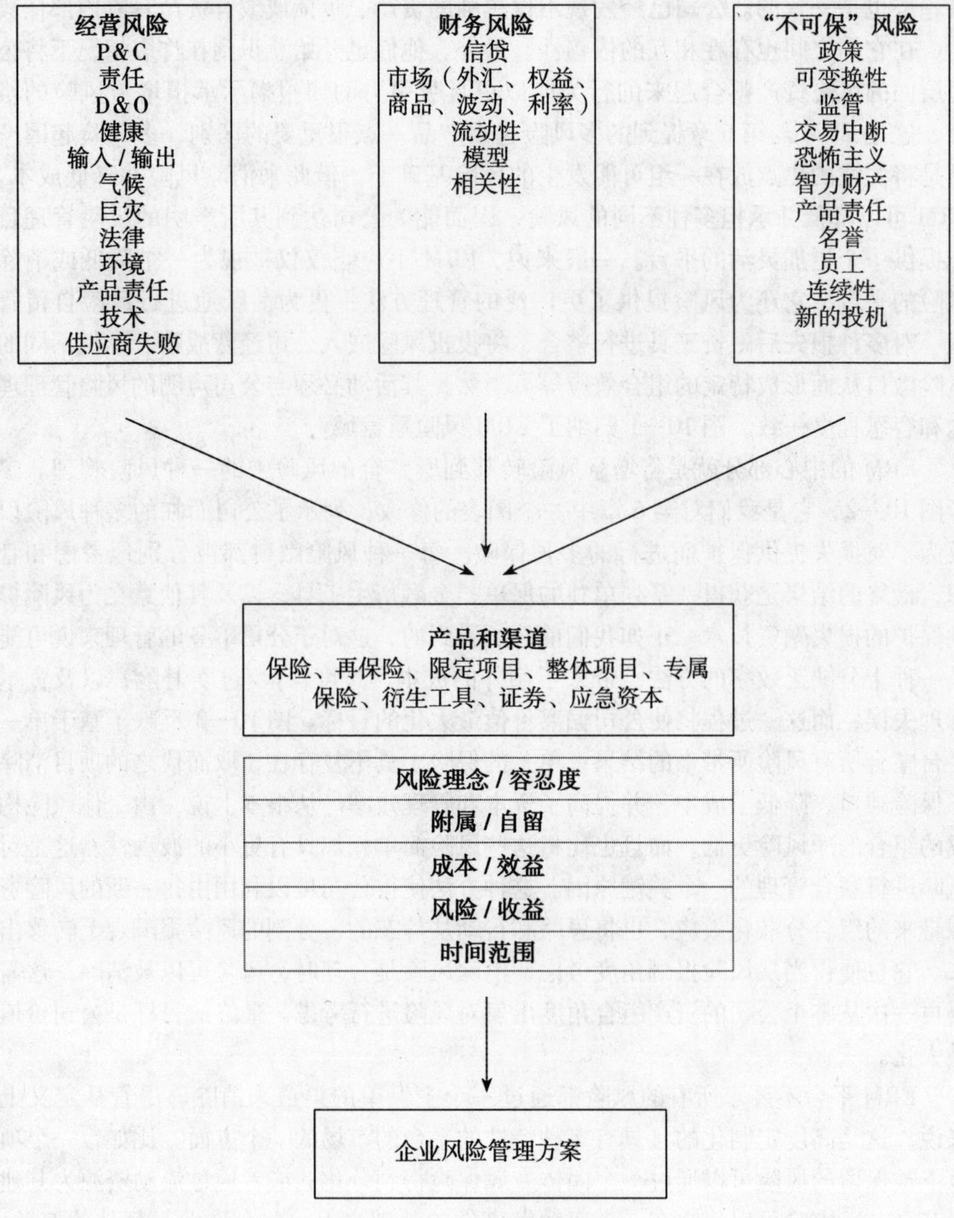

图 10—1 ERM 风险覆盖域

大转换者或保险子公司的全能银行、商业银行以及投资银行，能够提供全方位的保险和金融服务。同样地，具有参与资本市场活动能力的世界性保险公司也逐渐有能力提供诸如衍生金融工具和 ILS 等的保险服务项目（如果在 ERM 项目下这是一种经济的做法的话）。

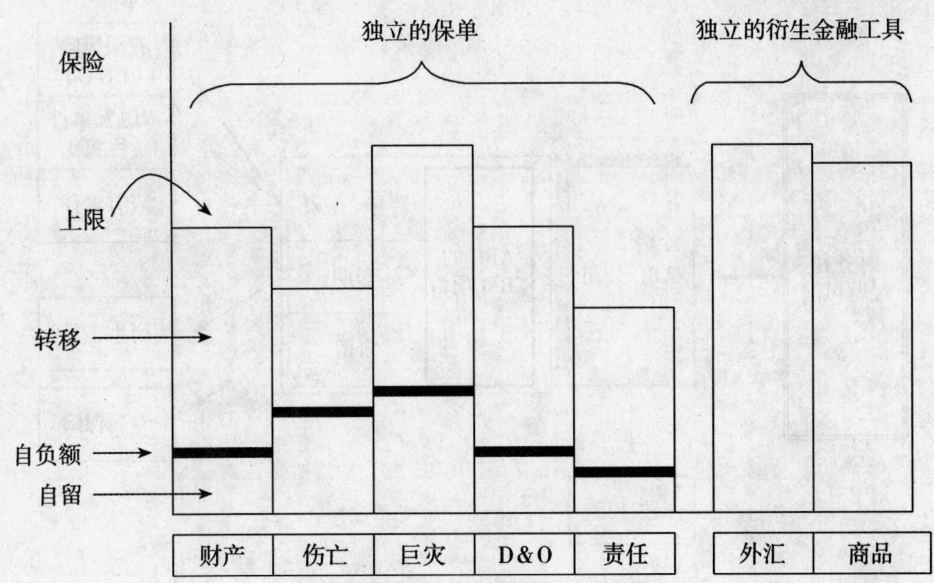

图10—2 为具体风险分别投保

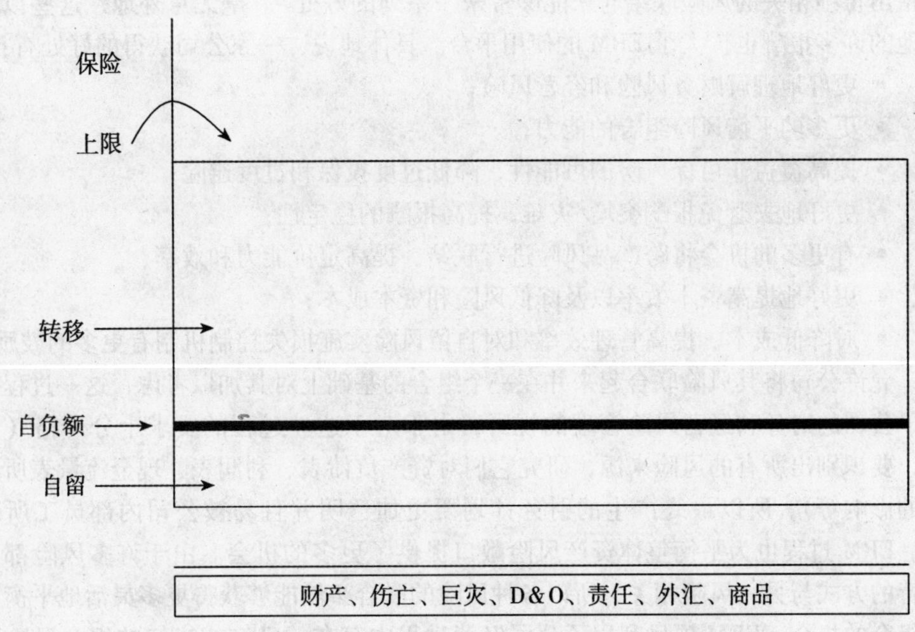

图10—3 企业风险管理对所有风险起因提供保险

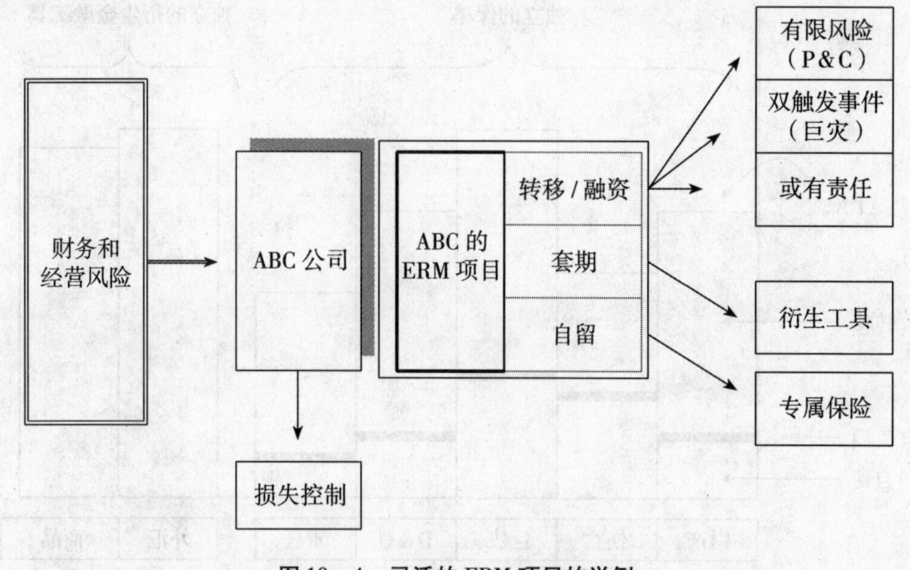

图 10—4 灵活的 ERM 项目的举例

10.1.2 成本与效益

在我们第 1 章对风险汇聚和分散化以及第 6 章对多风险起因产品的讨论中，我们指出将不相关的风险联结起来能够带来一系列的好处①。毫无意外地，这些以及其他的许多报酬也扩大了 ERM 的使用平台。具体地说，一家公司获得的好处有：

- 更好地理解财务风险和经营风险；
- 更多的平衡风险组合的能力；
- 提高覆盖非可保风险的可能性，降低过度投保和过度避险；
- 更好地去避免报酬突增/灾难，提高报酬的稳定性；
- 有更多的机会将跨产品风险进行联结，提高定价能力和效率；
- 更好地提高资本效率以及降低风险和资本成本；
- 对降低成本、提高管理效率和对自留风险实施损失控制机制有更多的鼓励。

允许公司将其风险联合起来并在一个组合的基础上对其加以考虑，这一过程拓展了公司的财务和经营风险管理的视野；由于对于这一过程的要求十分严格（比如，要识别出所有的风险来源，研究它们对资产负债表、利润表、现金流量表所造成的影响等），所以最终产生的财务计划要更加透明并且易被公司内部员工所理解。ERM 过程也为平衡整体资产风险敞口提供了更多的机会。由于许多风险都以独特的方式与另一风险相关，所以各种风险的联合必然能够获得更多灵活地平衡资产组合的机会。ERM 项目利用了公司经营过程中存在的已知或未知的组合风险效

① 许多理论上的收益与终端使用者期望从 ERM 项目中获得的实际收益是一致的。比如，一份在 2000 年进行的 Tillinghast 调查指出 100% 的调查参与者期望 ERM 项目能让他们更好地进行资本管理以及获得更稳定的收入，97% 期望改进资本回报率，81% 期望更好的对资产负债进行管理，80% 希望改进收入增长率，还有 57% 希望有更好的成本控制（Tillinghast-Towers Perrin，2000）。

应。另外，在本书的前面部分我们已经看到，当联合考虑多风险时，能够让曾经不可保的风险变为可保风险。相关性之间的相互作用以及联合概率的应用能够把单一风险发生损失的概率降低到一个可接受的水平。从更宽泛的角度来看，ERM 对于风险的联合也具有这种效果。最终，对于非可保风险的覆盖，意味着可以帮助避免灾难的发生。在一个联合的基础上进行风险管理在横向以及纵向上都降低了可能出现并导致报酬意外的“保险缺口”的发生几率。同样的技术也可以被用来降低过度保险、过度避险，以及其他的由于支付过度的财务佣金而造成公司资源浪费的情况的发生。确定的保险，特别是时间长达几年的保险，能够创造更加稳定的报酬并且已被实证检验证实能够对公司市场价值产生显著的正面影响。最终分配到总体的风险管理过程中的资本将会降低。当然，任何一个能够对非可保风险提供保险、消除保险缺口并带来报酬稳定性的产品都可以改进公司价值并降低资本成本。另外，将对资本以及风险的管理活动结合到一起，还能够创造额外的报酬。在大多数公司中，作为 CFO 主要职责的资本管理，主要关注优化资产负债表、杠杆水平以及流动性的方法，从而能够降低资本成本。这通常与风险管理是相独立的。风险管理考虑正确地利用资本资源为公司提供保护。这两者之间本应有更亲密的关系，ERM 项目能帮助加强这种关系。从理论上说，基于相关性和联合概率的合并工作必然会节省成本；为一个资产组合提供保险的成本要比为单个风险提供保险的加总要低得多。增加的防范风险的“竖井”方法（silo approach）其无效率性可以被降低或消除，特别是如果项目中所有（或重要的）部分都围绕着一个单一的保险提供者（保险以一个单一的保险提供者为核心也消除了与大量机构共享敏感的公司内部消息的必要性，尽管这样提高了潜在的信用集中问题）。从竞争性角度来说，一个可以以联合的方式全面识别风险并进行积极管理的公司，比那些没有敏锐地识别出自己的风险的公司更加有竞争力。

一个考虑 ERM 项目的公司必须决定是否存在可以实现的效益（或者只是理论上存在），以及是否会出现十分不利的条件，包括①：

- 实际成本降低过程中的一些不确定因素；
- 更大的结构和组织障碍；
- 更大的在总和的基础上计量风险的困难；
- 过于集中的交易对手导致信用风险的可能性增加。

比如，理论上认为为两个不相关风险提供保护会比分别为每一个体分别提供保护的成本要低，但是在供求关系因素驱动下的市场却有时无法实现这种成本的节约，这使得 ERM 的一个关键驱动因素不复存在。另外，公司在对他们的风险管理职能（以及基于个体经营单位的风险管理职能）进行整合的时候，也常常存在重

---

① 在许多情况下，设计 ERM 项目时包含的障碍是理论上的。比如，Tillinghast 调查指出接受调查者中有 50% 认为缺乏计量工具是一个重大障碍，有 47% 认为组织结构存在障碍，41% 认为过程中存在挑战。但是大多数参与者都对他们消除和转移“标准”风险的能力十分满意，这些风险包括与利率、信用水平、再投资、资产价值等相关的风险。有些参与者担心无法对智力投资、分销渠道以及信誉等进行有效的保护（Tillinghast-Towers Perrin，2000）。

大的组织障碍。那些通过一个核心财政部门拥有传统管理下财务风险、通过专门的保险单位拥有保险风险、通过个体经营单位拥有经营风险的公司，也许会发现将风险管理活动整合起来是十分困难的。不管是有用的还是无效的，一个项目都必须有风险基础设施和数据的支持，而这将会增加一次性的成本。的确，对于许多公司来说，整合过程中所花费的政治、财务以及技术上的成本可能超过了成本节约以及管理效率提高所带来的效益 。在一个总体的基础上计量不同的风险是一个十分复杂的过程，也会给公司带来数学上以及统计假设上的风险。在统一的基础上发展一个合适的计量模式是十分复杂的，这是因为个体风险因素可以以十分独特的方式呈现出来，并且它们之间的相关性也不稳定。量化风险以及接下来的总和工作可能会要求一系列建立在诸如敏感性分析、风险等价物风险敞口、现金流波动、公司增值分析、风险调整的资本回报率、内部及行业基准表现、风险价值、风险报酬等工具基础之上的度量，同时也必须做出怎样量化诸如商誉、智力财产以及信誉等无形资产的决策。这样量化过程就极具挑战性①。另外，能加入到项目中的中介机构的数量是十分有限的。可能十几个财务综合公司具有广泛的提供财务和保险服务的能力，它们中的大多数有良好的信用评级，终端使用者与这样的公司订立合同面临着集中信用风险。风险实质上从财务/保险/经营风险转化为信用风险，对一些公司来说，这有悖于标准的分散化选择。必须清楚地认识到，在一个公司能够考虑建立一个企业风险管理项目之前，必须小心地评价和分析其优缺点以及相关的成本和效益。

10.2 建立一个企业风险管理项目

现代公司考虑的问题不再是是否要对风险敞口进行保护，而是要保护什么风险以及通过什么样的方式来提供保护。的确，公司风险管理在保护资本以及加强股东价值方面的重要性已经被广泛地认可和接受。这意味着思维上的枷锁已经被打破，一些公司已经开始考虑一个更广泛的公司项目。当然，这并不意味着一个 ERM 项目对于所有的公司来说都是必要或明智的，而只是说有更多的公司在发展一个风险管理战略的时候开始通过这种项目来考虑相关的成本和效益。

10.2.1 战略及治理考虑

在设计一个 ERM 项目之前，一个公司必须在其风险理念及风险容忍度的基础上发展一个风险战略。公司必须要决定风险是如何与经营目标相联系的，包括财务目标（比如，杠杆比率、经济资本、破产可能性）、收入、市场份额、地理及行业分布，以及愿意为风险投入的财务资源有多少。公司不能凭空地发展或扩展一个

① 参与 EIU 调查的公司将此视为一个主要的挑战。例如，46% 的公司在经营风险的范围内整合风险，55% 在财务风险范围内，只有 15% 跨越了操作和财务风险。即使是对财务风险这一类别，在进行加总时也必须十分小心，因为在市场的极端情况下很容易出现错误。例如，被广泛应用的对市场风险组合进行加总的风险价值方法，很大程度上取决于一系列诸如相关性、波动性以及统计分布等统计假设，而这些中的某些，或是全部，在财务混乱阶段都会变得十分不稳定。

ERM 战略。采取的行动必须与公司经营目标的现实状况紧密相关。大多数公司将公司价值最大化作为目标。公司风险战略能够描述出为实现目标所遇到的阻碍，并且帮助在目标和障碍之间建立一条更强有力的纽带。同样，对于资源的关注也同样重要，因为它们是能够使公司运作的财务资产。必须有足够的经济资本为公司的财务和经营战略提供支持，并且要防止其降低到公司管理层所限定的界限，它为公司的风险容忍度划定了一个界限，或者说是确定了在特定情况下能够保留的最大损失。必须要强调的是，承担风险的活动，与其他生产活动不同，不是一个零损失游戏。一个公司总会定期遭受一些损失，因此必须接受损失并将其最小化。最后，经济资本作为容忍度的一个指标，必须在风险相关的基础上被分配到每一个业务单位；这使得能够持续评估经过风险调整的业绩，并帮助判断在承受的风险水平上，公司是否真地最大化了其收入（比如，在第 1 章里我们提到的组合有效边界）。如果 ERM 项目的实施带来了风险分散化的报酬，那么个体业务单位就应该通过更低的资本配置，在按比例分摊的基础上分享这部分报酬。

一旦一个风险战略被确定，并被董事会成员及管理层通过，公司就可以按照设定的计划开始实施 ERM 项目。公司可以在公司、行业或竞争因素（比如，一个项目将如何影响其在市场中的地位，会出现哪些竞争优势和劣势，行业中的其他公司将如何对待类似问题，对公司的经营会带来什么限制或灵活性，会出现哪些问题，应由谁来负责等）的基础上考虑 ERM 战略。一个公司必须从财务目标角度出发来权衡这一项目，这些目标包括资本贡献（单位的和总和的）、目标杠杆比率和流动性、信用评级敏感性、收入目标以及资产/负债组合等。通过发展一个战略，公司明确了其实际的风险容忍水平，这在公司治理中是一个十分关键的因素，也是与权益投资者建立联系的一条主要渠道。理论上的 ERM 战略必须与整体的业务目标一致，因此它也是公司战略的一个重要方面。的确，ERM 计划不仅为有效的管理风险提供了平台，而且还为最终提高公司获利能力提供了平台。这是风险管理开始从过去传统的只关注风险消除或风险中和的风险管理方法上转移的一个标志。最终的目标应该是消除解决问题时所遇到的障碍，让消除风险这一过程得到最优化，这取决于可利用的经过风险调整的相关回报率。

假设一个公司发展了一个与其战略相一致的 ERM 方法，并发现相关效益超过了潜在成本，那么它必须调整它的组织结构、经营以及经营中遇到的问题。一个基于 ERM 项目的公司不应该严格地在产品或地域的基础上管理业务。它必须有意愿在一个组合的基础上，从对风险敞口以最有效的工具进行管理的角度，对一个多年限水平上可以采用的损失控制、损失融资以及风险降低选择进行检查。风险管理职能的合并能够极大地帮助统一公司范围上的风险管理目标。组建一个单独的小组对所有方面的财务/经营风险（通过公司风险战略进行界定）负责，是一个明智的选择。整合过程必须扩大到业务单位。在许多公司，其业务单位都被赋予了为实现公司价值最大化而需达到的具体目标。当被区分考虑的时候，他们可能是采取着与这一目标相一致的行动，但若是从更广泛的角度来考虑可能就不一致了。比如，一个有着外汇风险的业务单位可能被建议对风险进行套期，但是如果另一个业务单位已经对该风险采取了相应的措施，那么这样做就会造成整个公司的过度避险；在这一例子中，公司价值没有得到最大化。业务单位间的合作是十分重要的，适当的活动整合是最终目标。公司治理要求一个综合小组以及业务管理者的职责被明确界定。各部分的职责和权力都必须透明，这样才能使公司的风险轮廓更加清晰。

ERM 项目通常是一个进化的过程。的确，一个没有以往风险管理经验的公司想要简单地设计一个综合平台是不太可能的。通常来说一个公司都是先对具体的财务风险和经营风险管理方面适应了之后，再以其获得的经验从更广泛的角度设计一个项目。比如，可能首先对风险分别进行管理，当新的风险出现时再对出现的风险进行管理。尽管这样并不是有效率的或有成本效益的，但是在动态的业务环境下，这就是公司风险管理的现状。一旦这一过程被很好地确立了，公司可能就会开始意识到，他们有机会从全盘角度出发来对待和管理风险。通过对资产负债表的资产部分所引发的所有风险进行考虑，公司可能进入风险管理的第二个阶段。公司随后可能会意识到基于资产的各风险之间的相关性，并采用有着资产分散化作用的特定风险管理技术。在最后一个阶段，公司可能对它所有的资产、负债、或有事项进行全盘考虑，分析各风险之间的内部依赖性，从而创造出可能最为有效的整体风险项目。

当然，ERM 可以以不同的形式实施，并很可能取决于被管理风险的结构、组织特点以及特质。比如，一些公司可能适合于由总部进行风险识别和协调，而由各地机构来实施。这种情形适用于公司规模很大，并在许多国家有分支机构和分公司的情况。当地的监管规则、习俗及准入情况能影响项目的特性，了解到这些知识可以使项目在当地获得最佳的运营效果。另一种情况是，一个公司可能更希望对风险进行集中识别、协调和实施。这种情形适用于当一个公司的经营主要集中于一个国家或市场，或者需要对分公司的风险管理操作进行严格控制的情况。关于这一问题不存在一个唯一正确的方法，但是通常一个 ERM 项目的风险识别和协调都是以一种综合的方式进行的，这样才能确保一致性，并利用能够获得的有利条件。许多公司都将首席风险官（chief risk officer，CRO）这一角色作为风险管理活动的焦点。一个 CRO 可能起到架起 CEO 与各主管、业务经理以及独立风险管理者之间沟通桥梁的作用——帮助风险战略在一个统一的基础上进行，了解过程中的哪些方面需要被集中，哪些方面可以被分散到各个业务单位等。

一个公司必须长期地对项目的影响进行监测。这包括考查以前确定的各指标（比如，收入、投资利润、净收入、权益回报率、经风险调整的权益回报率、现金流、杠杆比率、预期/非预期风险损失）的具体结果，也包括与外部事件及行业标准进行对比来考核公司风险管理业绩。一般来说，内部监控应该将整体保险的具体成本与分别保险的成本、由管理效率提高和要求赔偿的时间转变所带来的间接财务收益、组织整合收益、附加风险回报，以及由于使用资本的降低而直接节省的成本等进行比较。如果一个 ERM 项目是成功的，它就应该帮助公司达到更好的平衡资本管理的目的。如果公司的实际资本接近了要求资本（由监管要求、与风险水平相关的内部谨慎分析，以及业务所承受风险的性质/规模等因素来界定），那么公司就最小化了资本的使用以及资本成本。相反，如果能够监测发现公司的资本比必须的要多，那么公司就是过度投资（对于投资者来说是有害的，因为他们不可能获得他们期望的回报），资本就必须有所降低。如果监测发现公司的资本比必须的要少，那么公司就是投资不足，在财务危机时公司就可能发生额外成本。在此，联合考虑资本和风险是十分重要的。最终，监测使得条款在更新期间作出调整，比如，增加新的保险，改变履约价格、自负额、上限、应急资本条款等。监测结果也有可能表明整体项目不再有必要进行，或者对特定风险变量进行分别投保可能更为有利。

10.2.2 项目蓝图

整体风险项目通常由公司终端使用者和来自于保险公司或银行的专家合作开发；保险经纪人通常对这一过程提供协助，这在分析过程中是有必要的。尽管存在许多方法，但是我们在这一节只考虑一种ERM的规划蓝图。对其描述将具有一定的普遍性，这样它能够被广泛应用于公司、行业或各种风险。要注意到这种方法是将焦点集中在公司的战术行为，而不是通常由公司总经理和董事决定的战略行动上，这一点是很重要的。战略活动——包括兼并、并购、新产品/市场的扩展等——能够影响公司整个的风险敞口水平，它们必须在一个更长的时间水平上被保险（实际上，在这种情况下风险的改变是一种附属产品，而不是驱动因素）。因此，我们将注意力集中到战术层面上的操作（当然，可以覆盖多年的期间），以此对公司在勾画风险轮廓时所做的工作进行列示。

- *风险识别* 项目从识别所有对公司造成影响的风险开始。根据适当的公司治理，一个公司应该组建一个由专家所组成的能够正确识别所有风险来源的工作小组，包括财务风险和经营风险、纯粹风险和投机风险、可保风险和不可保风险。识别过程应该集中于原因、结果以及时间因素。传统的风险能够很快被识别，公司不能忽略“新”风险或那些随着时间而变化的风险（比如，与信誉、市场份额、信息、技术、战略、计算机犯罪、智力财产剽窃等相关的风险）。在这一评估阶段，公司对识别出的风险区分优先次序也同样重要。一个公司必然有几十种甚至上百种的风险，而并不是每一种都要给予同样水平的关注；有一些对于报酬水平的波动或者资产负债结构有着十分重大的影响，这类风险必须优先考虑。
- *风险分解* 每一个被识别的风险都要被隔离开来并对其进行分解，从而使其能够被分析和理解。在许多情况下这样做很简单，特别是当风险很明显的时候；但在有些情况下这样做却很难，可能一种风险是嵌入于其他风险之中的。
- *量化被分解的风险* 必须评估被分解的风险的经济影响，从而确定该风险对公司整个风险资产以及对现金流和资产负债表的影响。量化可以以多种方式进行，包括财务分析、模拟分析、保险精算技术、回归/因素分析、评分等，而且必须考虑损失可能发生的潜在时间。对外生财务风险的量化计量方式已经被建立起来，但是经营风险却不是如此。由于许多经营风险对于一个公司来说都是内生的而不是外生的，所以对其计量就很大程度上依赖于公司如何对其内部程序进行管理。因此一个公司可能尝试通过一个自己所拥有的，反映其在事件风险、业务执行风险等方面的相关经验的历史损失数据库来量化经营风险。除了这种方法，公司也可以使用因果分析模型（输入从业务经理那儿获得的数据），并试图模拟一种假定环境下的动态的因果关系。

- *风险描绘* 风险一旦被分解，就必须通过一个相关的程序进行分析，从而使得公司可以决定每一种风险是如何与其他风险（或所有风险）相互作用的。最后的结果通常是一个相互关联的揭示具体的每种风险是如何影响公司经营中的总体风险的风险关系图（比如，当一个特定事件发生时，总体风险是否被降低或被扩大），这是对内部依存关系的一个总结。
- *风险依存关系分析* 通过描绘出依存关系的信息，一个公司能够识别存在于其组合中的自然套期关系，并考虑利用多样化技术来降低总体的风险成本。这一过程最典型的是利用非相关和负相关风险产生出小风险组合（与我们对分散化以及风险汇聚的讨论是一致的）。分析阶段应该包括在市场萎缩情况下的“如果这样该如何”的情景测试，以及在组合中包括及排除的风险变量；这些活动能够帮助揭示在风险相关性发生改变及损失（或利得）上涨时动态组合中的弱点或可能的变化。公司对过去从未发生的低频率、高强度风险进行考虑是十分重要的。这是由于这些风险可能很新而且独特，其风险转移的成本可能超过了任何预期的报酬。因此，一个能够清晰地展示出在不同情况下成本和效益权衡是如何变化的模拟分析过程，同样是这一阶段中非常重要的一个组成部分。
- *设计一个整体项目* 此过程的最终目标是要建立起一个比分别管理具有更低的风险成本的项目。如果做不到这一点，那么通过整体项目就不可能使公司的价值得到提高。假设这种节约是可以实现的，那么公司通过与经纪人或具体实施的咨询者合作而将过程最终定案，比如，建立一个专属保险来保留一定数量的核心经营风险，设计一份为P&C、利率、信用及环境责任风险提供特定上限水平保险的整体保单，利用衍生工具合同对外汇风险进行完全套期，建立一个应急资本基金从而为损失发生后的融资提供保障等。ERM平台十分灵活，以至于设计一个项目的时候很少存在限制。这是实务中分析和协商过程的“顶峰”。
- *项目的实施* 项目一旦被发展起来，就要在公司的整个经营结构内被实施；这也许包括对风险管理、业务单位职能、信息流、职责以及权力范围的重组。这也要求技术基础的加强。成功地实施是十分关键的；如果没有被认真小心地实施，最好的ERM项目在实务中也可能会失败。
- *对结果的监测* ERM过程在其已经被实施以后仍然没有结束。风险管理是动态的，并受到内部和外部事件的影响。这意味着对ERM项目实施的检测也必须是动态的。好的公司治理要求通过适当的工具和经常性的审计来衡量项目的功效。如果有必要的话，一个公司必须做好准备，从而在缺陷被发现、新的风险加入进来、市场变量转变、公司经营战略转变等情况发生时对项目进行调整。

图10—5总结了一项ERM计划的开发过程。

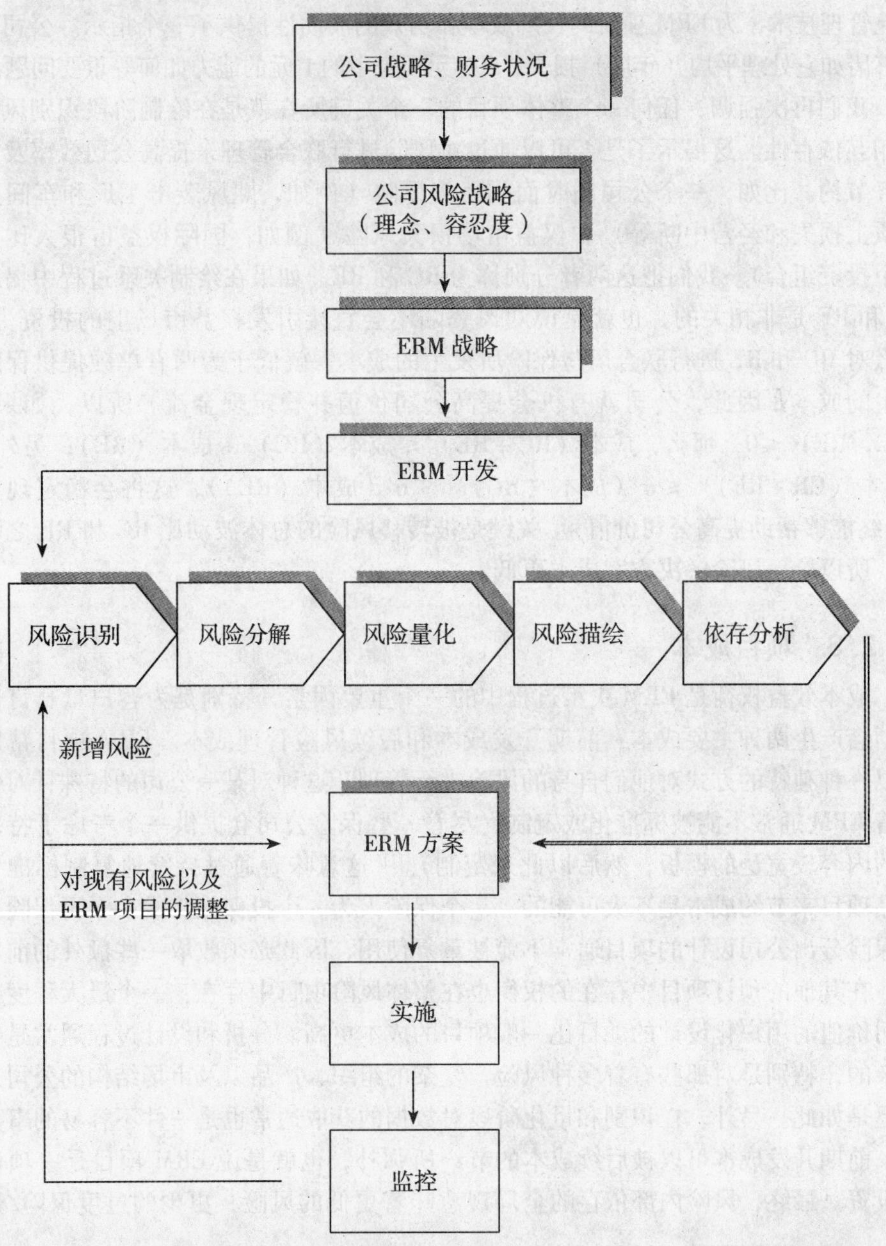

图10—5　一项ERM计划的开发

公司风险和经营的特质以及为深入分析这一过程而投入的时间和资源，将能够显示出这一平台的复杂性和精密性。比如，一些公司不是采用深层次的模拟法，而是采用相对直接的打分法“量化”风险并对其进行排序。然后这些结果将被融入多种合并当中，用以决定相关的战略和成本节约。再比如，一个公司可以决定某一特定年度由全部风险所导致的公司整体范围内的损失超过某一特定值的概率，以及在每一个平均年份的损失都是多少。在一个较长的时间区间内应用着不同的成本和覆盖水平的风险管理技术，为 ERM 项目的长期成本和功效的波动性提供了一个指示。公司可以回答诸如它处理平均（年度）损失，100 元损失中的 1 元的能力如何等重要问题。

我们再次强调，任何一个整体项目的一个关键所在就是在绘制阶段识别风险间的相互依存性。这揭示了是否可以通过对风险进行联合管理来提高公司效率及实现财务节约。比如，一个公司同时面临巨灾风险（例如，飓风袭击工厂和车间造成物质上损失和经营中断等）和权益市场损失风险（例如，国际权益占很大比重的一个投资组合）。我们把这两者分别称为 RC 和 RE。如果在绘制关系过程中揭示出 RC 和 RE 是非相关的，也就是说飓风登陆不会直接引发权益市场上的投资失败，那么对 RC 和 RE 进行联合风险保险所发生的成本，就低于为两者单独提供保险所发生的成本。因此，公司就有机会提高公司价值并稳定现金流。所以，如果 cov（RC，RE）≤0，那么，成本（RC + RE）≤成本（RC）+ 成本（RE）；另外，σ（成本（CR + RE））≤σ（成本（RC））+σ（成本（RE）），这将会稳定现金流（最终能够帮助提高公司价值）。关键是被转移风险的总体波动比 RC 和 RE 之和要低，所以这一风险解决方案成本更低。

10.2.3 项目成本

成本效益权衡是 ERM 决策过程中的一个重要因素，特别是为客户量身订做的计划会产生两种主要成本：前期开发成本和后续风险管理成本。ERM 项目帮助公司以一种独特的方式对他们自身的风险进行管理，这种对某一公司的特殊针对性意味着 ERM 通常不能被标准化或定制（尽管一些保险公司会提供一个考虑了特殊风险的内容较宽泛的模板，然后以此来定制）。[①] 这意味着通过持续地复制标准化的产品项目来节约成本是不大可能的。一个保险人为一个投保人，或一个再保险人为再保险分出公司设计的项目通常不能被重复使用，因此必须收取一些额外的前期成本。在其他的预订项目中存在的权衡也在整体风险项目中存在：一个最大程度提高公司价值的用户化设计的项目比一般项目的成本更高。分析和设计过程通常是十分复杂的，特别是对那些有着多种风险，复杂的组织、产品以及市场结构的公司来说就更是如此。另外，在识别和量化阶段对数据的获取通常也是一件不容易的事。

前期开发成本可以被后续成本的节约所弥补，也就是说 ERM 项目是一项值得的投资。最终，风险内部依存的全局观意味着更低的风险、更少的过度保险/过度

① 比如，AIG 的 COIN 项目为 P&C、员工赔偿计划、一般/汽车/产品责任、环境责任、外汇以及主要商品提供保险。进一步的精确化，包括数量、自留额、自负额、到期日、证明人等，而后需要对其进行修改以满足客户的精确需要，这意味着同样必须进行识别、分析、找到相互依存关系等工作。

避险，以及更低的资本投入。这些最终导致更低的资本成本以及管理和交易费用的节约，从而抵消了较高的开发成本，当然这是建立在一个多年框架的基础上（这也是公司选择的ERM项目必须保持许多年的一个关键原因，抛弃项目意味着前期的开发成本得不到补偿）。正如前面提到的，另一个好处源自于成本的稳定性。通过一个稳定现金流和报酬的项目，一个公司降低了现金流的不确定性并帮助提高了公司价值。先前通过将各单位分散的方法来管理风险的公司（比如，一个财务单位来管理财务风险，一个保险单位来管理保险风险，一个业务单位来管理经营风险）可以通过合并有着重复人员岗位和技术的职能来降低成本。我们在Iscor案例的学习中来讨论这种方法。

案例研究

Iscor的组织变化

ERM过程一个附带的好处就是可以对公司风险管理职能进行结构上的整合。北美资源公司Iscor就是利用ERM整合风险管理职能和组织结构的一个很好的例子。在20世纪90年代后期，Iscor的执行官们认为公司的风险活动过于分散和不正式，以至于不能为风险敞口提供适当的保险和保护。因此，公司调研了发展一个整合项目的可能性，此整合项目不仅能整合风险，还能为风险决策过程附加结构和正式的职责。其目的不是消除特定单位或执行经理的责任，而是将交流和指挥的链条变得更加正式化。Iscor的高级经理感觉到实现这一目标的最好方法就是通过一个新的ERM项目。

经过了几个月的风险分析、风险识别、为公司的保险和产品风险寻找最好的保险机会等工作，实施小组为风险经营开发了一个新的组织结构。具体地说，将所有风险控制的责任委派给一个执行风险委员会（executive risk committee，ERC）。委员会由CFO担任主席，每季度举行一次会议来对以下问题进行讨论：

- 决定Iscor的风险目标和战略；
- 风险活动的协调；
- 评价敞口并进行报告；
- 保证政策的执行；
- 改进保险/自留/套期的限定和更新工作。

每一年，ERC的工作焦点都集中在对公司整体风险容忍度以及风险资本在各业务上的配置进行调整。风险容忍度的发展变化建立在以重要性加权的公司关键财务指标的基础之上。

从一个特定的经营角度来看，ERC由40多个委员组成（包括经理、业务单位和部门），分别代表相应的职责，包括识别风险、对识别出的风险进行优先次序排序、实施与ERC风险目标和战略相一致的解决方案（在ERC设定的财务限制以内），以及评估实施效果。这些委员每季度进行正式会面（有必要的话进行非正式会面）来集中讨论以下工作：

- 风险识别、评估和排序；
- 评估对每一业务单位和部门的风险造成影响的风险的频率和强度；
- 为了进行跨单位的比较而建立风险评级制度；
- 考查每季度的损失经验，与期望值相比较；
- 设计并实施与风险排序表相一致的风险控制制度；
- 设计并跟踪风险标准；
- 为 ERC 和执行经理准备风险管理报告。

在评估以及标准化阶段，出于效率考虑是由第三方来完成的。Iscor 通过合并风险管理结构这一整合项目所要达到的最终目标就是降低评估的最大风险。图 10—6 对公司风险控制过程的构建进行了总结。当然，这只是众多整合方法中的一种，但是它展示了一个公司可以如何利用一个整体风险管理计划来对其风险管理活动进行整合。

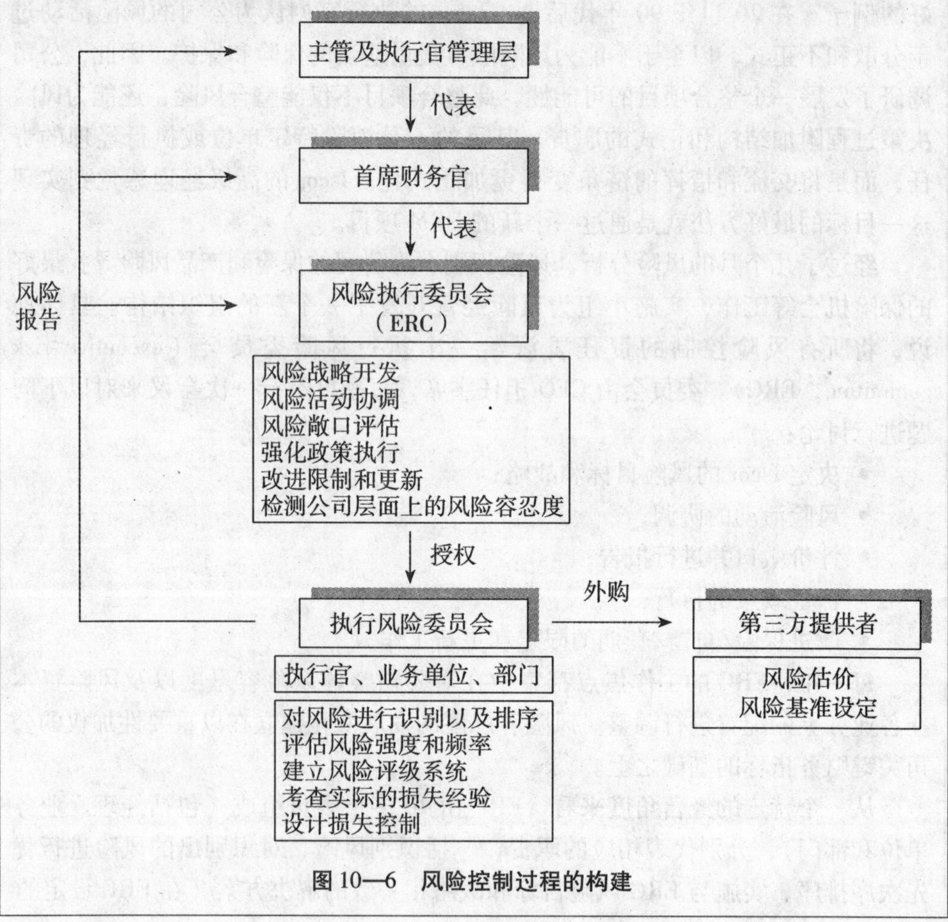

图 10—6　风险控制过程的构建

10.3 终端使用者需求

正如我们已经提到的，ERM过程的一个最重要的优点就是让终端使用者能够在一个保险庇护下考虑分散的风险并对其进行联合管理。来自不同行业的终端使用者有着独特的需要保护（或利用）的风险敞口，因此用户化是十分关键的。但是，由于为标准的财务和经营风险提供保险的市场已经被很好的建立（比如，在大多数的市场周期都可使用），所以对广泛的不可保风险能够进行处理就是一个极大的进步。例如，一个公司现在可以将P&C风险、信用风险、与产量相关的市场风险、政策风险①或新型投机风险②等结合起来。而这种结合在几年前是不可能的。

在行业调查以及实际公司经验的基础上，公司终端使用者对ERM项目的需求是强劲且不断增长的。许多公司都对其进行开发并实施了项目，似乎也的确从中获得了收益。一些公司仍然在试验的基础上对此问题加以考虑。实际上，对于相信ERM能够带来效益的终端使用者来说，一个符合逻辑的方法包括在具体的部门和单位实施试验性的项目（比如，在将项目应用于整个公司之前，先进行一个有明确目标的试验）。这种方式不仅成本更低而且更有效，它还揭示了在每一阶段可能出现的缺陷（比如，组织障碍、计量/总和问题等）。这种方法特别适用于那些缺少集中管理风险职能的公司。

那些拥有对整体财务风险和经营风险进行管理的综合风险管理部门的公司可以直接进行更广泛的测试。实际上，像Danone、戴尔电脑、United Grain Grower、Honeywell、Mobil Oil这类公司已经开始使用这类方法。比如，Honeywell（在下面的案例中我们会接触到）曾是ERM的先驱者，它在1997年引入了联合风险管理项目。温尼伯湖的United Grain Growers是另一个采用者，在20世纪90年代后期，它与经纪人Wills合作，对影响其业务多达几十种的财务及经营风险进行了识别、分析和管理。最终对选择出的几个最重要的风险（比如，信用、气候、环境、存货以及价格和产量）提出了多种解决方案（包括那些涉及单独的气候衍生工具和纵向保险的方案），并与瑞士再保险签订了三年的整体项目（综合覆盖了信用、气候、存货、粮食以及标准R&C风险）。

案例研究

Honeywell的整体项目

Honeywell是一个发展和制造航空电子设备和加热/空调系统调节器的国际性公司，在1997年7月，公司的董事会决定允许执行经理们进行一个ERM项

① 政策风险的覆盖范围是很大的，可以包括国家没收或征用、资格取消、禁运、强迫放弃、合同取消（单方终止、表现不佳）、战争、差别待遇、外汇不可兑换、汇回或资本控制等。

② 可能包括由于没有获得风险投资资格或未获得政府/监管批准所产生的损失。

目，这在公司历史上是从未有过的。Honeywell 的 ERM 项目是在两年多的精密分析工作和公司内部重组的基础上产生的，并将以更高的成本效益来管理公司风险作为目标。分析工作以及项目组建是由 Honeywell 新成立的综合财务工作组、保险经纪人 Marsh、会计事务所 Deloitte 和 Touche 以及保险公司 AIG（也提供相关保险）来完成的。

在 Honeywell 开始为项目起草计划的时候，这一公司有 50 000 名员工，分布于 95 个国家，在不同的国家发生成本和创造效益。公司一贯的风险管理方法都是十分分散的，职责分布在不同的组织，ERM 项目实施前 Honeywell 的风险管理职能如表 10—1 所示。实际上，公司实施 ERM 计划的第二个主要目标就是希望将风险职能进行整合，从而减少重复并消除沟通问题。

表 10—1　　ERM 项目实施前 Honeywell 的风险管理职能

风险/风险起因	负责单位
P&C/保险风险	财务/保险风险管理组
外汇	财务/保险风险管理组
利率	财务/保险风险管理组、资本市场组
信用	财务/保险风险管理组、资本市场组
经营	业务单位
环境	健康、安全及环境单位
技术	技术部门
法律	法律顾问办公室
监管	公司治理事务办公室

ERM 项目前的风险战略

财务组有两个单位对保险和财务风险负责。传统的保险风险（P&C、责任、环境）每年被分别投保（每一份保单侧重一种风险）。每份保单都有自己的自负额，规模达到 600 万美元，每一种损失都被分别自留，意味着每一损失发生后产生新的自负额。公司大多数的风险管理者将注意力集中到外汇风险。由于 Honeywell 在多个国家经营，所以它面临着外汇交易风险和交易损失。由个体公司所产生的外汇现货或期货风险可以通过外汇现货或期货套期来进行管理。当离岸分公司将收益汇回母公司，兑换为本国货币（在这一例子中，指美元）时也产生合并报表的交易风险。公司传统的对这一风险进行管理的方法是对离岸公司的未来收益进行估计，然后利用实值外汇期权对此收益中的一部分进行套期。实际上，其计划的核心就是为来自 20 个国家的公司的 85% 的收入提供柜台交易的一揽子期权。以每一业务单位提供的未来 3 年的预测数据为基础，财务风险管理小组定期地通过一揽子期权为下年预期收入的 90% 进行套期。比如，占收入的40%的设在英国、德国和加拿大的公司，在一揽子期权中具有着类似的权重。在20世纪90年代的早期至中期，Honeywell每年平均为外汇期权支付500万美元。

ERM 战略

为了更有效率地对风险进行管理，降低成本，以及对整个的风险管理单位进行重组，Honeywell的高级风险和财务职员开始集中分析收益的波动性和风险成本（其定义与我们第2章提到的相同，例如，自留损失成本加上费用加上保费加上期权费），可以通过将个体保险风险合并到单一平台上来达到初始阶段重点强调的节约成本的目的。实际上，这也是Honeywell公司从一揽子期权上获得的经验，包含20个国家的打包期权可以获得一个更有利的定价。公司也对其风险自留方法进行了考查，过去公司传统的方法是利用历史损失记录，对每一种风险未来一年的预期损失进行估计。通过模拟技术对具有不同的自负额和上限情况下的预期损失和扣除保费后的净损失进行估计，公司确定了广泛的选择方案。（Honeywell的管理者倾向于将损失自留，所以公司面临的损失超过自留额的概率为45%。）下一步就是判断在一个多年水平（而不是过去使用的一年）上将保险风险和外汇交易风险进行联合所产生的影响。公司构建了一个合计资产风险和参数（比如 μ 和 σ）的概率分布，假设外汇风险与保险风险间不存在相关性。在过程的初始阶段，Marsh帮助公司计量外汇交易和保险风险，而Honeywell的管理者通过联合会议和交流开始对风险职能进行合并，并开始进行全面的跨职能的重组。

在一年多的工作之后，小组研发了一个新的“整体风险管理”项目代替了以往分散管理的办法。Honeywell的风险管理小组将其视为未来将会逐渐发展的ERM项目的基础，ERM项目将会包含商品价格、气候等多种风险，根据需要，包含的风险会逐步增多。最终的ERM项目包括：

- 通过与AIG签订的一份主保单，对保险风险和外汇交易风险进行多年的覆盖；
- 每年的自负额为3 000万美元（大约相当于资产的预期损失）；
- 主保单下特别对一般责任、全球性产品责任、全球性财产、业务中断、全球忠诚度、全球雇员犯罪、D&O、全球政策风险、全球海运、美国汽车责任险、美国员工赔偿计划以及外汇交易提供特别保险；
- 根据外汇贡献确定的权重所确定的具体的履约价格对外汇交易打包，每年再根据对超过月即期汇率的加权平均值对履约价格进行重新设定；
- 在两年半的时间内将最大赔付额限定在1亿美元的范围内；
- 每年对选定的保险超额投保2亿美元。

通过风险合并，每年大约能够节约15%～20%的成本。具体地说，公司的风险成本由项目前的 3 870 万美元降低到项目实施后的 3 460 万美元。表 10—2 对此进行了总结。

表 10—2 **Honeywell 的风险成本**

	ERM 项目实施之前（百万美元）	ERM 项目实施过程中（百万美元）
期望保留的损失	27.5	26.1
合计保费（保险和外汇）	11.2	8.5
总的风险成本	38.7	34.6

Honeywell 将 ERM 项目保留了许多年，并相信该项目能够带来要求的成本节约和效率；将分散的风险管理职能整合到一个单一的核心小组是 ERM 计划产生的一个有利结果。然而在 1999 年，Honeywell 被反收购公司 Allied Signal 收购，Allied Signal 终止了之前的 ERM 项目，因为它想利用自己的框架对风险进行管理。然而，由 Honeywell、Marsh 和 AIG 所做的工作，以及公司希望公开讨论这方面问题的意愿无疑有助于其他公司开展类似的项目。

正如所提到的，终端使用公司必须长期对 ERM 项目实施过程进行监控，以保证其带来要求的保险利益、成本节约和效率；如果不是这样，就需要进行调整。在更多的极端情况下，整个项目可能都要被放弃，当公司不再获得希望得到的成本节约、风险成为不可保风险、供应方削减数额或公司正在进行根本性的变革时，这种情况就可能会发生。实际上，前期的 ERM 使用者在公司重组时就要放弃他们的项目（比如，被其他公司收购或兼并）①。当然，也有一些由于获得了财务和效率上的好处而继续使用 ERM 项目（Union Carbide、Mead、Sun Microsystems 以及其他重复更新他们 ERM 项目的公司）。再次强调，对业绩的监测是 ERM 过程中的一个十分重要的方面；整体的风险管理并不结束于项目被设计出来之时，事实上这时工作才刚刚开始。

① 除了 Honeywell 在被 Allied Signal 并购后放弃了 ERM 项目，Mobil Oil 在与 Exxon 合并后也放弃了它的项目。

第11章 发展前景

在本书中，我们从一般层面上讨论了 ART 市场，主要集中于用来管理传统的财务和经营风险的具体机制，以及以前被认为是不能予以保险的“新”风险。本章考虑市场的发展前景。我们特别关注未来发展的驱动因素，诸如公司需要具有成本效益的风险解决方法、提高分散风险能力的渠道和应付变化的监管环境的方案。本章还探讨了延缓或阻碍发展的障碍，如组织的复杂性、教育困境、定价的挑战、能力与供给以及合约问题；然后总结在第Ⅱ和第Ⅲ部分分析过的单个产品和渠道的前景，以及不同类型的最终使用者怎样影响需求。本章以对未来市场一体化的看法作为结束。

11.1 发展的驱动因素

ART 市场未来几年发展的驱动因素，与在新千年伊始促使其被开发的许多因素是一样的。如我们在第 2 章分析过的，这些因素主要集中在能帮助企业创设金融工具交易渠道和整体解决方案，即以下几点：

- 最大化企业价值；
- 应付市场周期；
- 获得新的风险承受能力；
- 分散风险；
- 应付管制和管制放松。

我们要再次强调的是，在 20 世纪 60 年代至新千年开始的时间里导致 ART 市场开发和扩张的所有因素，对未来的发展仍将起重要作用。不过，未来几年发展的首要驱动因素可能来自于对提高风险承受能力的强大需求。其他国家的企业逐渐加入到工业化的主流之中，它们的风险管理能力越来越强，与以前相比，它们要求进行更多的风险转移。对于那些已处在工业化国家之中但对企业风险管理仍未采取积极态度的企业也是如此。

巨灾的发生也促进了需求。尽管近几十年来，导致损害的巨灾事件有规律地发生，但是“特大”巨灾即损失达 500 亿至 1 000 亿美元的飓风或地震却很幸运地没有发生（直接和间接损失超过 300 亿 ~ 500 亿美元的“9·11”是与这种情景最接近的事件）。不过，如果这种灾难最终发生，可利用的风险能力将处于承受极限，将要求从多种渠道和金融工具中调集抗风险能力。逐渐增加的对管理风险敞口的需要正在变成“主流”的一部分。例如，与技术（技术交易中断、电脑犯罪）、知识产权（版权侵犯、欺诈）等有关的风险，在未来的风险管理市场将扮演重要的角色，将吸收一定数量的可利用风险能力。在任一时点，需求意愿的合力都将使诸如完全保险等传统的风险解决方法显得不充分。回到供给和需求分析，我们知道超额需求将使价格上升，这意味着应当扩展能以经济上可行的价格来补充风险能力不足的替代机制。

事实上，由于进入障碍的减少（例如，快速调动资本的能力和建立再保险公司），先前以保险为主的市场周期已改变，我们在前面所分析的可利用的风险转移替代物正逐渐增加。应该明白的是，对防范非巨灾和巨灾事件风险能力的未来需求仍将不得不通过传统的保险和金融风险管理工具以及目前已开发和还未开发的 ART 市场机制来满足。

11.2 发展的障碍

尽管未来发展的驱动力很强，但并不是没有挑战。事实上，如果要出现真正有效的风险转移工具和融资方式，这一领域还有相当大的障碍要克服。影响中介机构和最终用户发展的最重要的障碍包括：

- 组织的复杂性
- 教育困境
- 定价的挑战
- 能力/供给问题
- 合约差异

我们在本书好几处都提到，当公司对风险管理功能进行整合时，有更多的节约成本和提高效率的机会。创造合乎逻辑的风险管理方法要求一定程度的内部一致性。实际上，任何“井底之蛙”式的运作框架和增量风险自留决策都不能产生最优或全面的解决方法，如那些通过 ART 市场的方法。但是，重组风险功能是一项复杂的工作。在很多情况下，要废除公司多年的习惯做法是困难的。由于观念模式改变的困难，与重组相关的成本从策略上和财务上都不可接受，维持现状是一个省事的解决方法。如果阻止整合风险管理功能和程序的内部障碍不能克服，那么转而求助有效 ART 市场方法的行动也会较慢。由于宣传教育的难度所导致的障碍与市场本身有关。无论是一般性的风险管理领域，还是较具体的 ART 市场，都需要了解公司层面的风险（识别、分解、相依关系、定量化），以及需要掌握能用来处理公司层面风险的金融工具、渠道和解决方法等方面的知识。对公司层面的最终用户进行这两方面的宣传教育是一项困难的任务，通常都落在了保险经纪人、银行业的专家、金融咨询人员等人的身上。这还是一个持续不断的过程，因为最终用户必须了解不断变化的规则、市场条件、定价问题和解决方法的最新情况。因此，教育的时间和费用问题会延缓基于 ART 的风险管理的发展和活跃程度（例如，一项 ERM 计划可能要 2~3 年的时间进行调查、分析、讨论和开发，ILS 的分析和发行需要

6～12个月等)。

定价面临的挑战是另一个障碍，至少表现在两个方面：绝对水平和复杂性。我们已经表明，基于ART的解决方案通常具有成本优势，这使公司风险管理人参与交易有了经济上的理由。然而，在有些情况下，绝对定价优势并不明显。受所要防范的风险类型和具体市场周期的影响，最终的委托人也许不能实现成本节约的愿望，因而转向传统的风险管理方法，包括增量风险自留或保险；这会导致外加的管理成本和行政无效率。定价的复杂性是另一挑战。尽管现在业界对很多类型的经营和金融风险的运行行为有了较深入的了解（通过标准的精算统计或金融数学），但对于复杂的、多维度的风险以及通常具有独特性质的新的不可保的风险则并不是如此。恐怖袭击风险即是一例，“9·11”事件之前，对此类风险的评估程序在很大程度上依赖于传统的保险技术。“9·11”事件之后，对评估和定价此类风险的新方法进行了探索，但并没有一个完全满意的方法（有些方法尝试用巨灾模型来进行估价)。尽管正在开发新的定价技术，并测试其应用于新的独特风险框架的有效性，但进展必然是缓慢的。

能力和供给问题是风险管理市场永恒的话题。尽管对风险能力的需求是ART市场发展的重要驱动力，但供给瓶颈或供给减少也能抑制ART市场的发展，诸如监管行动、巨灾损失的降临、供给者较差的承保或财务业绩以及更优的替代投资机会等。ART市场的主要功能之一当然是提供传统机制所不能供给的附加风险能力。然而，由于ART市场上很多参与人也进行传统的保险和金融交易，这就存在同时影响传统市场和ART市场的不利情况。管制、法律和会计障碍也对提供能力有所抑制。

最后，我们应注意到参与人之间的合约差异阻止至少是延缓了市场发展。由于ART市场在不同市场之间架起了桥梁，这就存在许多独特的会计规则和法律与管制要求，有时候互不相同的要求将导致额外的成本和降低市场活跃程度。例如，我们提到过互换和保险之间在文件、违约定义和可保险事件等方面存在差异。尽管这些差异有助于促进套利活动，带来增长机会，但也会延缓风险管理进程（甚至阻止了参与行为)。一般来讲，即使ART风险融资方案和OTC衍生产品通常可用来产生相似的风险管理方案，但它们被监管的体制不一样，因而会产生另外的障碍。

在ART市场，显然有许多力量在同时起作用，有的促进市场发展，有的则阻碍市场发展，如图11—1所示。不过最终我们相信，逐渐增加的企业动态风险管理程序、管制的放松和最终使用人精明程度的提高，这些综合因素将导致对一般风险管理方案，特别是ART市场解决方案的更大需求。通过任何可能的方式获得或提供风险能力，以便使所有参与人受益，将是未来首要的驱动力。

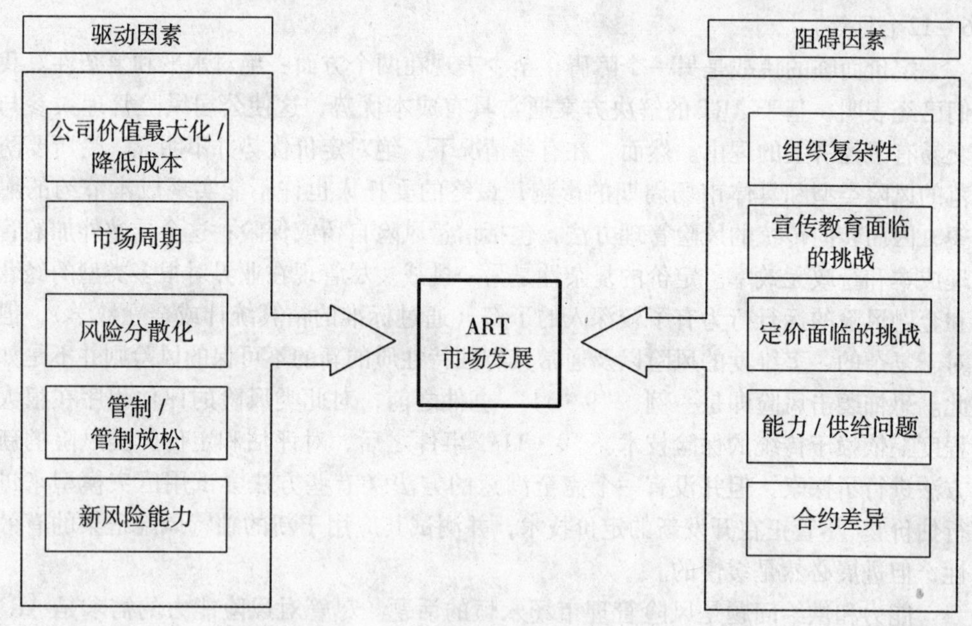

图 11—1 ART 市场的驱动和阻碍因素

11.3 市场分割

比较详细地考虑了 ART 市场的发展前景后，我们按照金融工具、渠道和解决方案三方面来进行讨论，包括有限结构、附属保险、多风险产品、资本市场发行的工具、衍生产品和企业风险管理（ERM）计划。

11.3.1 有限结构

有限结构——如赔款责任转移合约、回溯累积合约、追溯总额累积合约、财务再保险——是企业风险管理的重要组成部分，未来仍将如此。过去 20 年里，结构化的特点和普遍的改进，包括融资与风险转移最优水平的确定，通过更大比率的风险自留来降低成本，通过经验估计来分享收益，稳定现金流和延长融资或风险转移的期限，都是能够吸引潜在参与人的明显益处。实际上，我们已经发现，很多公司宁愿对部分风险进行融资而不是采用转移的方法，风险管理的任一全面的方法必须含有允许进行有效融资的选择权。

尽管有些部门认为有限结构的发展将受到会计规则变化和公司积极地“平滑”现金流和盈余这一负面做法的抑制，但这种担心似乎是错误的——尽管新千年开始的几年里出现大量企业丑闻（有些涉及会计欺诈、不当盈余操纵等），但并没有产生不利影响，也没有出现偏离有限结构政策的趋势，这主要是因为这些金融工具本身被看作是应付现金流波动的合法方法，并能增加企业经营运作的确定性，而不是伪造企业财务业绩的工具。

有限结构的发展前景必然是美好的，在企业部门（作为有限保险）和保险行业（作为有限再保险）皆是如此。

11.3.2 附属保险公司

附属保险公司市场的增长已持续了40多年的时间，这充分表明这一工具已成为ART市场和企业风险管理中被认可的重要手段。另外，所有的迹象都显示这一扩展过程将持续；在企业风险管理领域，越来越突出的特征是企业转向更多的自保险和风险自留。很多新的离岸中心通过了允许建立地方性或区域性附属保险公司的法规这一事实，暗示了这一工具在未来有更大的增长（特别是新兴市场国家的公司开始积极参与到风险管理进程中来）。在附属保险公司的一般形式中，蜂巢式附属保险公司（PCC）和租赁式附属保险公司（RAC）被认为是最有发展前途的。很多公司表示，它们愿意对能够拥有全部所有权、没有成本或管理负担的金融工具付费。另外，那些经常通过离岸中心进行的证券化和基于衍生产品的交易活动将继续快速增长，这意味着PCC和RAC仍是有吸引力的可选择方法。税收问题明朗化可能会进一步促进增长。尽管有些国家在可适用的税收处理上做了大量工作，但是一些“灰色地带”仍然存在（特别是对纯附属保险公司）；税收问题的更加明朗化无疑是有益的，可能会使其的应用性增强。

附属保险公司的发展前景特别是PCC和RAC，是非常诱人的；传统离岸中心（如百慕大、格恩西岛）以外地方的附属保险公司似乎也是很有前途的。

11.3.3 多风险产品

对多风险产品前景的分析，包括多险种和多触发条件的金融工具，可以按照行业层次来分析。已在市场中存在几十年的综合多险种合约，有可能在未来继续扩张，但也许只是渐近的发展。事实上，尽管它们是管理类似风险（如：P&C或责任险）组合的一种被认可的机制，但对ERM计划可能不再适用；ERM计划中包含的是不同的风险，要使用最有效的手段和工具。综合政策从范围上讲是非常有限的，寻求对企业风险组合进行管理（和花费时间、金钱进行风险组合管理）的公司也许会发现使用ERM计划更有利。

相反，多触发条件合约的特征是最终使用者需求更强烈。在市场上，对这类合约的定价相对有效，已安排过很多交易（特别是在能源行业）。基于多种应急结构来防范风险所具有的好处已得到广泛认可，保险经纪人和金融中介机构积极营销此类工具。当然，还有更多的工作要做，以使其扩展到能源行业之外。

因此，多险种产品的增长前景一般，但多触发条件产品的发展前景看来很美好。

11.3.4 资本市场发行

前面提到，保险证券化，特别是在巨灾风险领域，显示出强劲的发展势头。过去几年里，资本市场成功发行大量的金融工具，这表明发行人和投资者对这些工具所提供的降低风险功能和投资机会较满意，认识到采用另一机制来管理风险敞口和投资组合风险所具有的价值。准备吸收所有供给的热诚的 ILS 投资人核心群体的存在更进一步支持了这种看法。未来进一步的增长动力也来源于第三方卖主在风险分析能力方面的持续提高（对发行人、投资人和寻求了解风险和收益权益情境的评级机构是很关键的）。

尽管从中期来看，交易的主体仍集中在传统的巨灾风险领域，但并没有特定的障碍会抑制非巨灾风险领域交易的增长。随着公司型最终用户寻求用可替代的机制来防范风险，以及投资人试图发现新的与已有投资风险不相关的高报酬投资机会，气候债券、残值证券化和交易信用证券化似乎也会进一步发展。非巨灾证券化看来不可能挑战巨灾 ILS 市场的主导地位，但未来其在市场上的发行似乎更重要，也更稳定。不过这需要经纪人、金融中介和涉及提供宣传教育和分析工作的第三方专家共同付出相当大的努力。也没有特别的理由来说明为什么公司发行人不能直接进入这一市场。尽管从 20 世纪 90 年代开始的绝大多数交易都是由保险公司发行的（作为再保险保障的替代），但是近年来也有一些新的发行是由公司直接进行的，未来会预期出现更多这种发行。

一般来说，ILS 市场金融产品开始出现的特征是更低等级和多层风险、更高比例的权益（为了符合 SPE 的非合并原则）和更长期限。也有可能出现更多的单档次多风险交易（如前面提到的，可能估值较复杂，需要提供更多的宣传教育），以及会持续出现从赔偿金触发转到指数和参数触发的情况。

在中期，巨灾 ILS 的增长趋势是强劲的，非巨灾 ILS 发行将扩展，但在未来几年内仍将维持适中的发展速度。

11. 3. 5　应急资本

像保险一样，应急资本能消除资金提供的不确定性，避免公司陷入财务困境。尽管应急资本能在事前提供更大程度的确定性，但仍会受到结构限制的阻碍，包括资金减少或发行的时间安排和条件，以及所假设的资本提供者信用风险的大小。这些因素与潜在成本，使应急资本这一金融工具不能吸引大量的潜在最终使用人。尽管应急信贷限额和应急盈余票据似乎吸引了一些稳定的使用者，但在过去几年里，这类工具的实际使用量一般。资金减少和发行的灵活性，以及大量中介之间的信用风险辛迪加有助于促进这一市场的发展。从中期来看，应急资本结构从整体上仍可能保持适度发展。

11. 3. 6　保险衍生产品

对保险衍生产品的一般分类可以按照以下两个维度进行：交易所交易对场外交易和非巨灾风险对巨灾风险。最成功的市场是 OTC 和交易所交易的非巨灾气候市场。由于衍生产品市场的运作在一定程度上是“自我实现的循环”（即流动性创造出更多的流动性），所以非巨灾气候市场在未来几年有可能持续增长。大量的意识到需要像对待其他经营风险一样积极管理气候风险的最终用户开始利用这些工具为自身提供利益。随着更多的参与人进入市场，交易量增加，价差减小，成本优势变得更加明显。全球范围内可交易的气温数据变得更容易得到，交易所和场外交易合约中使用更多的标的城市，这些事实证明这一市场正在引起更多参与人的兴趣。另外，这一领域的一个特征是最终用户处于双边市场，这对市场可持续发展非常重要。

保险衍生产品"频谱"的另一端——OTC和交易所交易的巨灾合约面临着更大的挑战。巨灾衍生产品并没有得到交易者的青睐，试图使交易活跃的努力也没有成功。合约和计划的交易由于许多原因而被放弃，例如，合约构建的困难（包括创立没有超额基本风险的指数）、交易成本高和不均衡的市场参与力量。交易所交易的巨灾合约没有吸引最终使用人参与的有吸引力的财务上的理由，实际上，通过保险、再保险、ILS_S和应急资本，已经可以非常有效地防范风险，在未来似乎不大可能再引入保险衍生产品。在OTC巨灾市场，这一类工具的发展前景比较乐观，尽管这一市场主要是对保险公司为了重新平衡组合而希望进行交易的风险进行匹配。这类业务不能完全和标准的OTC金融衍生市场的业务相比，因为标准的OTC金融衍生市场的双边业务需通过中介进行且是投机和对冲的平衡。非巨灾和巨灾衍生产品市场是"分析"密集型的，这意味着分析、数据收集和技术的进步会影响未来的增长。这一市场还依赖经纪人和金融中介的积极参与，它们必须向潜在最终用户提供有关保险衍生产品优点和增长前景的知识。

保险衍生产品的增长前景是混杂的：非巨灾气候衍生产品市场前途光明，交易量将上升，标的城市数量将增加，流动性将提高；而以巨灾风险为基础的尝试在一段时间内仍将难以取得发展，不大可能为管理巨灾风险提供一种可行的选择工具。

11.3.7 企业风险管理

从20世纪90年代后期开始，ERM活动以相对稳定的速度发展。这一"积极"的（尽管是交易性的和增量式的）企业风险管理方法，在企业间、行业间和国家间越来越普及，反映了21世纪企业和金融界的实际要求，即谨慎的行为和监管促使企业需要风险管理，似乎绝大多数企业，当然是工业化国家的企业，都会进行某种形式的风险控制。正如我们前面提到的，这是迈向更积极的ERM活动的重要步骤。一旦公司首席执行官和董事长认识到需要进行积极的风险管理，确定了风险战略和风险可承受水平，从公司整体来考虑风险就是较自然的事情了。

有复杂风险特征的公司开始以一种综合的方式来管理风险，但发展趋势十分不同。不同的调查研究似乎表明，在北美、欧洲和亚洲，许多企业经理们都接受综合风险管理的观点，但绝大多数仍处在理论和概念层次上，而非实际应用阶段。很多企业认为ERM是合理的，可能非常有用，但仍未采取步骤来实施。实际上，不难理解他们的担忧。ERM实施前的步骤是复杂的和严格的，需要投入、谋略和进行分析，甚至是改变结构。这会使有些公司望而却步（潜在收益不存在），所以ERM

仍停留在概念思考水平。

这种状况仍将维持几年，尽管未来增长受到保险经纪人和其他企业风险管理顾问（能提供工具和专门知识以帮助企业通过规定阶段的团队）积极参与的促进。(尽管有些经纪人已经提供了类似的服务，且近年来业务量有所上升，这一领域仍有许多工作要做。）对企业要进行更多关于 ERM 的宣传教育，要帮助企业识别和分解风险、量化可选择的解决方案和创设切合实际的、具有灵活性的平台，还需要在重构内部风险管理功能方面提供具体帮助。

从中期来看，ERM 的增长前景一定很美好，因为对很多潜在最终用户来说，显然存在着成本效益和经营效率。不过，在可预见的将来，增长将主要以那些有复杂风险组合的较大公司为中心。

表 11—1 总结了在中期（3 ~ 7 年）的时间跨度内主要 ART 机制和解决方案的前景。

如我们前面提到的，这些工具、渠道和解决方案中任一种的使用都依赖于最终用户的具体目标，以及所具有的优缺点和成本效益关系。根据前面章节的分析，我们在表 11—2 总结了主要 ART 机制的不同特征，包括每一机制在以下几方面的能力：降低道德风险、提高可保险的水平、用风险融资替代风险转移、降低对硬市场或软市场周期的依赖性。

表 11—1　**中期主要 ART 机制和解决方案的发展前景**

ART 机制和解决方案	中期发展势头
有限风险保单	强
附属保险公司	强，特别是蜂巢式和租赁式附属保险公司
多风险产品	多风险保单发展势头一般，多触发结构产品发展势头强
资本市场工具	巨灾 ILS 发展势头强，非巨灾 ILS 发展势头一般
应急资本	较强
保险型衍生工具	交易所交易的衍生工具/OTC 气候衍生工具发展势头强，其他的衍生工具发展势头则从弱到中等排列
企业风险管理	强（特别对大公司而言）

表 11—2　**主要 ART 机制特征总结**

	降低道德风险能力	扩展可保险能力	用融资替代转移能力	降低对保险周期依赖的能力
附属保险公司	有	有	有	有一些
有限风险项目	有	有	有	有
多风险保单	有	有	没有	有
多触发结构	有	有	没有	有
应急资本	有	有	有	有一些
资本市场工具	有	有	有	有一些
保险型衍生工具	有	有	有	有

11.4 最终用户的特征

在中期内，ART市场的增长将受到寻求用金融工具和方案来管理风险敞口的工业和金融企业需求的驱动。很显然，每一企业的风险管理要求或目标都不一样，所以需求也不同。因此，我们可将最终用户分为概括性的三个组别：初级、中级和高级，并考虑在中期内每一类对ART需求的影响。

- 初级　这类公司的风险管理经理只要求最基本的风险保险。他们只关注简单的风险管理工具，需要（或希望）具有最少复杂性的风险管理策略。尽管他们认识到需要识别和管理风险，但宁愿尽可能地采用最基本的方式。这一组别可能包括小或中等市值的公司，它们受其经营范围和资产负债表规模所限；它们的风险敞口可能较小，且能较好地预测。它们的主要目标是防止陷入财务困境，更倾向于能允许更大程度风险自留的机制，包括更高扣除额的保单和附属保险（或PCC和RAC下的子公司方式），以及能对巨灾风险能提供超层保护的工具。
- 中级　这类公司的风险管理经理一般是中等规模和大公司的风险管理者，这些公司暴露在范围更广的风险之中，因而要求创新程度更高的解决方法。这些公司的风险管理经理几乎都是积极的风险管理者，对更综合性的风险管理方法感兴趣——但更关注于转移风险而较少采用融资方式来对冲风险。他们的主要目标是避免公司陷入财务困境和降低风险成本。因而他们使用附属保险或子公司方式、多风险保单、基本有限结构（例如，支付损失回溯保单）和金融衍生工具，也可能采用超层保险。另外，由于它们的经营规模比初级组别的大，所以保险需求的绝对美元金额也相应地较高。
- 高级　这类公司的风险管理显然是三个组别中最复杂的（实际上也许比许多提供者都更复杂，即它们的解决方案可能由少数处于重要地位的中介机构中的一个来安排和实施）。这一组别里一般包括中等或较大规模的跨国公司，它们积极地进行风险管理已有许多年；它们当然暴露在大量风险之中，对通过风险自留、转移和融资相结合的方式来管理盈余和现金流更感兴趣。它们将最广泛地利用ART工具和解决方案，包括附属保险、有限结构、金融衍生产品、多触发条件产品、应急资本结构和ILS。它们也会通过综合的ERM平台来整合和协调风险管理程序的各个方面。从它们的规模看，其对风险保险的需求金额可能是相当大的。

在以上三种情况下，企业可能更多地是关注损失控制和损失预防。许多企业发现，实施所有可能的预防措施以最小化危害是明智的；在许多情况下先期的投资可以容易地用NPV框架来评价。此外，如我们所提到的，在所有三种情况下，可能都适合采用风险自留和附属保险形式。现在，我们都知道，对于经常发生的小的风险，通过风险自留方式进行管理会更有成本效益。最终用户在选择中介机构和交易对手时也很有希望不再面临“唯一的选择”。对许多最终用户来说，财务关系显然是关键的，但成本效益、费用和通过多个提供者来对信用风险分散化的好处同样重要。那些能够提供创新性的和有竞争力的解决方案的机构，无论是来自于保险业，还是银行业，都有希望是最成功的。

三个组别中每一组的需要是有差别的，且仍将如此，但对一般风险管理市场，特别对 ART 市场的增长都是重要的。例如，因为小公司更喜欢简单的解决方案，要求较小美元金额的保险水平，但这并不意味着不将它们看作是市场整体的一部分，不将其作为市场需求的重要组成部分。不可否认，随着小公司规模的不断扩充和日益复杂，它们会变成较大、较复杂的公司，从而就会需要 ART 市场解决方案。

11.5 未来一体化趋势

ART 市场的存在，部分是因为我们在本书开始部分提到的一体化力量。在探索为最终用户创造最好的风险解决方案，为投资人提供有吸引力的可选择投资机会的过程中，不同行业的中介机构尽其所能创造新产品和新机制。它们以自己独特的方式提供解决方案，使一度截然不同的市场之间的差异变小，使不同风险和不同解决方案之间变得更容易替代，即 XOL 层对 ILS、完全保险对应急资本工具、SPE 对 PCC 子公司等。当一体化达到最后状态时，最终用户对风险能力提供者和中介机构的性质不再关心，或者，实际上对风险解决方案的来源不再关心。最终，委托人只需能够与经纪人或中介机构签订合约，以及要求一个风险解决方案来满足实现公司战略的需要。最终用户主要关心的是以下两个方面：①解决方案在实现风险策略方面是有效的；②使用的是最有效率的和具有成本效益的解决方法。除了这些因素外，公司应该对风险解决方案的性质或提供者的特征（除可能的信用风险发行之外）不再关心。

在未来几年中，如果遍及行业和国家间的放松管制趋势继续发展，则不容置疑的是，一体化活动将深化。尽管监管上的障碍依然存在，但是目前大多数金融领域和保险市场的管制放松已是不争的事实。实际上，管制放松——我们认为就是允许机构直接或间接地进入其他行业——已经进行得非常充分，且得到了政府和各行业的支持，来自保险、银行和证券业的机构实际上已经互相进入彼此的业务领域。它们都可以提供传统业务边界以外的金融产品，或者通过子公司来这样做。基于管制放松的一体化当然并不意味着中介机构应该是金融巨人——基于“银行保险一体化”或“金融超市”模式的巨人。这当然是一种可行的结构，但并不是唯一的。对于避免采用一般化的方法而喜欢更具目标性的实施措施的银行、保险和专业机构来说，一体化机会是均等存在的。因而，金融领域的资本市场工具积极发行人的投资银行可以用同样的技术、定价方法和营销渠道来发行 ILS；或者一家积极地向很多行业提供短期信用和长期贷款的银行，可以提供只有发生可保损失时才能得到的应急信贷限额；或者对单一债务人的信用风险提供保险的经营单一险种业务的保险公司，可以通过类似金融风险衍生产品的保险契约来向银行提供一揽子信用保险。在这些例子中，一体化力量都在起作用，但仍限定在机构的专业知识和组织结构之内。

不像对管制放松那样，政府、监管机构和行业对规则协调的贡献还不太明显。因而，可能允许一家机构进入新的市场（管制放松），但仍按照该机构或该行业的特定条款进行交易（协调）。对规则和监管进行协调，以便不同行业的机构可以面临同样的财务、经营和法律要求，这在各行业和国家发展的程度并不高。尽管监管当局和行业集团致力于促进某种程度的一致性，但在会计处理、资本、筹资、收入确认、法律文件等方面仍存在相当大的行业差异。实际上，完全的协调化反而会消除有助于 ART 市场扩张的增长动力。为不同机构的参与和产生利润提供机会的税收调整和会计套利的存在，仍是规则差异（即缺乏协调）的结果。例如，由于资本管理规则的不同，银行和保险公司采用不同的方法来对信用风险定价；缺乏标准的定价方法，表示存在银行向保险公司购买信用保险的机会——双方都能参与，但遵循不同规则。如果银行和保险公司的资本管理和信用风险的会计处理是一样的，并且双方选择相似的方式来定价风险，作为市场驱动力的套利激励就不会存在。完全同等的"竞赛场地"消除了参与的动力，实际上阻碍了发展。

当然，管制放松和协调是相互关联的。更高程度的管制放松必然会导致更高程度的协调，监管者必须清楚这一点。在完全放松管制的市场上，对本质上提供同样功能的机构实行不同的规则和监管会导致无效率。当管制放松和协调比较彻底的时候，套利机会就不存在，产品、服务和风险能力是在完全竞争的基础上提供的（例如，最低成本和最佳服务将赢得业务）。当管制放松和协调的最后阶段到达时，最终用户不再关心服务提供者的性质，采用任一机构提供的有限保险契约、ERM 计划、保险衍生产品或 ILS 都可以。当然，竞争优势仍将起作用，传统的专业知识继续在市场中占重要地位。因而，投资银行仍是发行 ILS 的最佳机构，保险公司仍最适宜承保有限风险保险契约等。不过，完全一体化会使任一有资格的机构提供的金融和风险服务都是有效率的。

在结束本书之时，还有一点要强调，ART 市场是动态的和富有灵活性的，能够以有助于控制风险和最大化价值的方式提供风险解决方案。尽管如此，它仍是一个持续变化的市场，将会不断地修正和提高，这表明 21 世纪的 ART 市场将继续改进以反映新的要求以及全球金融和经济系统的实际情况。

术语表

因为 ART 市场有比较多的技术语言和专业术语，本书特编制下列词汇表，以飨读者。

回溯累积合约（Adverse development cover） 分保人转换已发生损失及已发生但未报告损失时的一种限额保险合同。通过这种保单，分保人为转移超过已建立准备金的损失支付保费，获得超过那部分准备金水平的现有负债的融资。

逆向选择（Adverse selection） 由信息不对称导致的风险错误定价。当一个保险提供者无法清楚地辨别不同类型的风险时这种情况就会发生，并导致在一个既定价格下提供过少或过多的风险覆盖。

专属保险代理公司（Agency captive） 由一个或更多的保险代理机构所拥有的，为大量的第三方客户承保的专属保险公司。

累积超额再保险（Aggregate excess of loss） 一份为初级保险人多个保单上出现的大量小额损失（发生在同一年的）提供保险的再保险协议。

新型风险转移（Alternative risk transfer，ART） 为达到特定的风险管理目的，而将风险敞口在保险和资本市场间进行转移的一种产品、渠道或解决方案。

新型风险转移（ART）市场（Alternative risk transfer market） 提供创新型保险及资本市场解决方案的联合风险管理市场。

连接法（Attachment method） 在一个新的主合约下将众多单一保单（比如，对 P&C、一般责任等分别进行保险）联合起来的过程。

起赔点（Attachment point） 在一个保单下，保险人或再保险人责任生效的水平；保险责任范围是从起赔点至保单上限。

资产负债表债务抵押债券（Balance sheet collateralized debt obligation） 一种基于投资或贷款资产（这些资产已出售给中介进行资产等级分类）的债务抵押债券。

基差风险（Basis risk） 由于引发损失的风险敞口与补偿支付不完全匹配，或者由于标的风险敞口与套期不完全匹配而引发损失的风险。

百慕大转换者（Bermuda transformer） 第三类百慕大（Class3）保险公司，被授权承保和购买保险或再保险。通常被银行用来将衍生金融工具转换成保险或再保险合约。

资本市场子公司（Capital market subsidiary） 由保险和再保险公司拥有的专门子公司，授权在衍生金融市场直接与银行交易。

专属保险公司（Captive） 一种为公司自己的保险/再保险、风险融资或风险转移战略提供便利的渠道；专属保险公司通常以注册的保险或再保险公司的形式存在，可以被单一或多个所有者（或发起人）所控制。

巨灾债券（Catastrophe bonds） 一种对地震、飓风和风暴等巨灾风险进行证券化的可流通金融工具。

巨灾每次超额再保险（Catastrophe per occurrence excess of loss） 为初始保险人来自于累积巨灾事件的损失提供保险的再保险协议，这种协议通常有增量的扣除额和共同保险。

巨灾再保险互换（Catastrophe reinsurance swap） 一种合成的金融交易，双方基于巨灾损失导致的或有支付交换承诺费。

分保人（Cedant） 将风险转移或传递给另一方的主体，也就是被保护人或受益人。

中心极限定理（Central Limit Theorem） 当样本量很大时，平均结果的分布接近于正态分布的概率论规则。

挤兑损失（Clash loss） 由于多种索赔同时发生（比如，P&C、经营中断、寿险以及健康险）而使多个保险品种受到影响的情况。

共同保险（Coinsurance） 被投保人和保险人"共同分担"的部分。

双限期权（Collar） 一种衍生策略，包含多头买权/空头卖权或多头卖权/空头买权的组合，以较便宜的价格（从空头方取得期权费）提供向上或向下的保护/敞口（通过处于多头地位）。

抵押债务债券（CDO） 将信用敏感工具（比如贷款和债券）重新打包成具有多种风险和回报特征的资产的一种证券化结构；通过创造 CDO，银行将其信贷资产的违约风险转移给了投资者。

综合赔付率（Combined ratio） 支付的损失、损失调整成本以及承保成本与保费的比率；如果这一比率大于 100%，那么保险业务就是无利可图的，如果小于 100%，则是获利项目。

商业综合责任保单（Commercial general liability policy） 被公司用以同时为多种责任产生的风险敞口提供保险的多起因保单，比如为那些由承诺、产品、合同、或有事件、环境破坏、董事及内部管理者违背信托责任等引起的损失提供保险。

商业庇护保单（Commercial umbrella policy） 为大额的风险敞口（比如，大大超过可以通过标准的 P&C 保单或者商业一般责任保单获得补偿的那部分损失）提供保险的保单；庇护保单覆盖的可保风险范围十分广泛（比如，是多风险起因产品），但它只是对超额层次损失提供了保险的便利，而并没有对第一层次损失进行保险。

承诺资本（Committed capital facility） 损失前安排的专项资本且通常在两个触发事件都发生的情况下才可使用（也就是导致损失的事件发生和缺少更便宜的筹资选择）。

应急贷款（Contingency loan） 在发生损失前安排的，当一个或多个触发事件发生时可实施的一种银行信贷额度。不像传统的信贷额度，应急贷款只能用于保险所规定事件造成的损失。

应急资本（Contingent capital）一种合同型的筹资工具，公司在导致损失的事件发生后可以利用它。

应急负债（Contingent debt）损失后负债筹资，被一个或多个特定的事件触发，包括承诺资本、应急盈余票据、应急贷款和担保。

应急权益（Contingent equity）损失后权益筹资，被一个或多个特定的事件触发，包括损失权益卖权和保护权益卖权。

应急盈余票据（Contingent surplus notes）损失前安排的应急证券融资，（如果规定的导致损失的事件发生）是保险公司和再保险公司通过信托对外部投资人发行的一种证券。

一体化（Convergence）业务活动的跨部门融合；保险公司和金融机构通过创造承担以及转移多种保险和财务风险的机制，而相互参与到对方的市场中。

风险成本（Cost of risk）为管理风险而付出的间接的或直接的成本，典型的是由自留风险、损失控制活动、损失融资活动以及风险降低活动所引起的直接或间接损失而带来的预期成本构成。

信用风险（Credit risk）由于交易对手无法履行合约义务而造成损失的风险。

保险声明（Declarations）保单中包含的特别保险合同条款及证明条款。

免赔额（Deductible）在保险人进行支付之前，由承保人负担的“第一损失”额；免赔额也可以被视为一种自留风险。

衍生工具（Derivatives）包括远期、期货、期权及互换在内的，价值由利率、汇率等市场指数所决定的金融合约；衍生工具可以被用于套期或投机。

可分散风险（Diversifiable risk）公司特有的风险，可以通过持有包括众多责任/风险敞口的资产组合而得以降低，也被称为特殊风险。

分散化（Diversification）对风险敞口的分散，通常通过不相关的风险敞口的结合来降低风险。

双触发保单（Dual trigger）在支付前要求两个事件都发生的合同。

有效边界（Efficient frontier）由在一个既定风险水平上能够提供最大可能报酬的组合所组成的边界。

企业风险管理（Enterprise risk management）将彼此各不相同的风险、时间水平以及工具整合到一个单一的、多年限的活动计划内的风险管理过程。

企业价值（Enterprise value）企业预期未来净现金流量以适当的折现率（比如，无风险利率加上相应的风险溢价）折现后所得出的现值的总和。

超额赔款再保险（Excess of loss agreement）一种再保险协议，再保险人在特定的横向或纵向层面上承担风险和回报；根据损失的规模以及原保险的顺序和水平，再保险人可能面临也可能不面临损失事件的分保和损失分担。

交易所交易的巨灾保险衍生金融工具（Exchange-traded catastrophe

insurance derivative）通过正式的交易所交易上市的期货和期权合约，以许多巨灾指数为参照，在早期，芝加哥期货交易所和百慕大商品交易所引入了巨灾期货和期权，由于不能够吸引参与人，最终失败了。

交易所交易的气温衍生金融工具（Exchange-traded temperature derivative）以特定城市的气温指数为参照的上市期货和期权合约，可在芝加哥商品交易所和伦敦国际金融期货交易所见到这种衍生金融工具。

交易所交易的衍生金融工具（Exchange-traded derivative）标准化的衍生合约，通过授权的交易所及其清算所交易，有保证金要求，受清算规则约束，期货、期权和期货期权是主要的交易所交易的衍生金融工具。

预期损失（Expected loss）损失分布函数的预期价值。

预期效用（Expected utility）由特定活动产生的效用（被定义为由收入或财富带来的满足程度）的加权平均值。

期望值（Expected value）给定发生概率情况下所能获得的价值。期望值（EV）是发生的概率与事件结果的乘积；用风险管理术语来说，就是频率（概率）乘以强度（结果），或者 EV = （概率 × 结果） + （1 − 概率） × 结果。

经验费率保单（Experience rated policy）保险人收取的保费与投保人的过去损失经验直接相关的损失敏感型合同：过去损失越大，保费就越高。

经验费率法（Experience rating）根据过去的损失经验对保费率进行调整的方法。

临时再保险（Facultative reinsurance）再保险人具体地分析每一风险并决定是否承保的再保险合同，这一安排通常被用于巨大的或独特的风险。

公平保费（Fair premium）补偿了预期的索赔、经营及管理成本，为风险资本的提供者提供了公平回报的保费水平，也被称为毛率。

财务困境（Financial distress）财务出现弱势的情况，可能包括较高的资本成本、不利的供应商条款、较低的流动性以及关键员工的离职。

财务担保（Financial guarantee）与应急融资功能相似的一种转移风险机制，当突破触发指标时，被担保人可从担保人那里获得资金。

财务风险（Financial risk）由公司的财务活动引发损失的风险，包括信用风险、市场风险以及流动性风险。

限额比率再保险（Finite quota share）当索赔或支出发生时，再保险人同意按固定比例或可变比例代表代出单保险公司支付其中的一部分；分保佣金及来自于准备金的收益基本上可以满足索赔要求，但是如果不足以补偿的话，那么再保险人在整个合同存续期间都要为不足部分融资并对保险人进行补偿。

限额再保险（Finite reinsurance）再保险人只转移了保险人限额风险的再保险合同。保险人向一个经验账户支付保费（前期或整个存续期），一旦损失超过基金数额，再保险人就要进行支付（有事先约定好的最大限额）。限额再保险可以以扩散损失、财务比率分担、损失组合转移、回遡累积合约、超额损失融资以及累积止损等形式存在，也被称为财务再保险。

限额风险计划（Finite risk program） 通常被用以融资而不是转移的最小风险转移合同，他们可以被构造成限额回溯项目（包括损失组合转移、逆向累积及回溯累积损失保险）以及限额预期项目。

固定触发（Fixed trigger） 保险合同中的“触发”是简单地判断事件是否发生的一个界标；固定触发不影响合同的价值，只是简单地表明是否应该根据合同进行支付。

意外事件（Fortuitous event） 指任何无法预测的、无法预期的或意外事件。

远期（Forwards） 客户化的场外合约，根据这个合约，参与者可以按照预先确定的远期价格买入或卖出某项基础资产。

全额保险（Full insurance） 为了获得较高的风险溢价，而为风险敞口提供全额补偿的保险合同；它可以被视为一个最大化的风险转移合同，具有免赔额低、保额上限大、限额（或没有）共同支付或共同保险额，以及限额不保项目等特征。

期货（Futures） 标准化的场内合约，根据这个合约，参与者可以按照预先确定的远期价格买入或卖出某项基础资产。

团体专属保险公司（Group captive） 被许多公司所拥有并为所有这些公司提供保险服务的保险者，也被视为联合专属保险公司或多母公司专属保险公司。

硬市场（Hard market） 保险人降低他们愿意承保的额度，导致保险供给收缩、保费提高的保险市场周期。

风险因素（Hazard） 产生或提高风险起因的事件。

套期保值（Hedging） 与在标准的保险合同框架下不可保风险相联系的有关过程，这一过程通常不是降低，而是转移了风险敞口。

水平分层（Horizontal layering） 不同的再保险人对同一层面的损失按比例分配的超额损失合约。

已发生损失回溯保单（Incurred loss retrospective policy） 投保人根据保险人对损失的最佳估计（比如，实际损失加上一个预计的未来损失）支付增量保费的损失敏感型保险合同。

损害补偿合同（Indemnity contract） 覆盖投保人保留的实际损失的保险合同。

赔偿金触发（Indemnity trigger） 保险连接型证券的一种触发机制，事先商定某一业务的实际损失超过一定金额后，保险公司中止利息和/或本金的支付。

指数触发（Index trigger） 保险连接型证券的一种触发机制，商定某一第三方指数达到临界值时，中止利息和/或本金的支付。

可保利益（Insurable interest） 表明因规定的损失事件发生而使投保人遭受经济损失的证据，是一个有效保险合同的基本组成部分。

保险合同（Insurance contract） 两方（保险人充当保护提供者的角色，而投保人是保护的购买者）达成的以事先支付的保费换取事后索赔的协议；一旦协议达成，就无法再对索赔数额加以调整。

保险联结型证券（Insurance-linked securities） 为了转移风险敞口和创造附加的风险承受能力而发行的与保险风险相关的证券。保险或再保险公司通过 SPE 再保险人发行证券，根据规定的保险事件的损失来支付利息和/或本金。如果损失超过以前规定的临界点，那么保险或再保险公司将不对投资人支付利息；如果发行的是不对本金进行全额或部分保护的证券，那么本金的支付也会推迟或取消。

投资信贷项目（Investment credit program） 一个包含融资和转移的具有税收好处的损失敏感型保险项目。

大额免赔额保单（Large deductible policy） 一种损失敏感型保单，这种保单的免赔额通常比固定保费保单、全额保险合同所承担的免赔额要大；投保人保留了很大数量的风险，并因此要为这部分风险融资，但向保险人支付的保费较少。

大额承保能力（Large line capacity） 在一份保单中承保大量损失敞口的能力。

大数定律（Law of Large Numbers） 一个统计学定律，这一定律表明当参与者的数量十分巨大时，平均产出接近期望价值。

寿险购置成本证券化（Life acquisition cost securitization） 一种保险连结型证券，即允许向资本市场转移承保寿险保单前期成本风险的一种机制。

损失控制（Loss control） 公司采取必要的预防措施以降低特定风险所带来的威胁的一种风险管理技术（也被称为损失预防）。

损失权益卖权（Loss equity put） 一种应急资本结构，当事先确定的触发指标突破时，发行新的股份。

损失融资（Loss financing） 风险管理技术的一种较为宽泛的分类，包括转移、自留以及套期，这种技术主要考虑的是保证在损失发生的情况下有基金可以加以利用。

赔款责任转移合约（Loss portfolio transfer） 分保人将源自于先前责任但未提出索赔请求的损失以整体组合的方式转移出去的限额保险保单。分保人向保险人支付费用、保费以及净准备金的现值从而为当前组合责任进行保险；保险人对这些损失承担责任。因此 LPT 将不确定合计损失转换成确定的责任，其现值等于未实现损失的净现值。

损失准备金（Loss reserves） 由保险人或再保险人建立的，为已报告且调整但未支付的索赔、已报告且归档但未调整的索赔，以及已发生但未报告的索赔建立的准备金账户。

损失敏感型合同（Loss sensitive contracts） 保费根据损失经验而定的局部保险合同。

定制保单（Manuscript policy） 根据投保人的特殊需求为其量身定做的客户化的保单。

道德风险（Moral hazard） 由于保险或其他形式的保护缺位而导致的行为的改变。

按揭违约风险证券化（Mortgage default securitization） 一种保险连接型证券，

可以使按揭债权持有人通过证券而不是标准的保险保单来得到违约保险。

多风险产品（Multi-risk products） 将多种风险合并到一个单一结构的保单，它为客户提供了一个整体的、价格更低且更有效率的风险方案。

多险种保单（Multi-line policy） 被公司寻求用以为多种风险起因提供保护的保单；标准的多险种保单包括普通保单声明及条件，以及特殊风险覆盖（有其自己的声明、覆盖形式和损失起因）。如果规定的任何一种风险起因发生，那么分保公司都会得到反映了免赔额和上限的赔偿。

多风险起因产品（Multiple peril products） 为多种相关的或非相关的风险起因提供覆盖的保险合同。

多触发机制产品（Multiple trigger products） 只有当多个事件发生后才提供补偿的保险合同。

不可分散风险（Non-diversifiable risk） 所有公司都普遍存在的风险，因而不能被消除，也被称为系统风险。

经营风险（Operating risk） 由公司日常经营活动导致损失的风险。

期权（Options） 标准化的场内合约或客户化的场外合约，根据这个合约，买者有权，而不是有义务，按照预先确定的行权价格购买或出售一项基础资产。

场外衍生工具（Over the counter derivatives） 交易双方直接而不是以正式的方式交易定制型的衍生工具，普遍的 OTC 衍生工具包括掉期、期货和期权。

过量避险（Over hedging） 当广泛的组合风险敞口有着“有益”的相关性而产生天然的风险抵消效应时，采取的不必要的过度通过衍生工具进行套期保护的行为。

超额保险（Over insurance） 当广泛的组合风险敞口有着“有益”的相关性而产生天然的风险抵消效应时，采取的不必要的过度保险行为。

已付损失回溯保单（Paid loss retrospective policy） 当保险人发生实际支付时，分保人就有支付增量保费义务的损失敏感型保险合同。

参数触发（Parametric trigger） 保险连接型证券的一种触发机制，当某一用来计量损失的指标达到一定数值时，中止利息和/或本金的支付。

部分保险（Partial insurance） 收取较低的保费，只为风险提供部分保护的保险合同；部分保护是通过免赔额、不保项目以及保单限额来实现的。

风险起因（Peril） 损失的原因。

保单上限（Policy cap） 在一个保险合同或再保险合同之下，保险人对投保人或再保险人对投保公司的最大支付额。

损失后融资（Post-loss financing） 针对损失事件作出的融资安排（比如，通过现金/准备金、留存收益、负债或权益融资）。

损失后管理（Post-loss management） 这一过程包括创造稳定的现金流及最小化财务困境发生的可能性，从而保证公司在损失发生后仍能持续经营。

降水量衍生产品（Precipitation derivative） 一种量身订制的衍生金融合约

（远期、互换和期权），防范在规定的一段时间内某一地区基于液体或固体降落量的降雪或降雨风险。

损失前融资（Pre-loss financing） 在损失状况发生之前就安排的可预测的融资（比如，通过保险、衍生金融工具、应急资本融资）。

损失前管理（Pre-loss management） 在最大化公司价值的前提下，为公司可能发生的损失提供准备，从而最大化公司价值的过程（内容覆盖了法律和合同义务）。

保费容量（Premium capacity） 保险人或再保险人对同一险种承保大量保单的能力。

额外保费（Premium loading） 覆盖保险日常支出并产生适当的边际利润的数额，是公平保费的一部分。

损害补偿原则（Principle of indemnity） 保险的一个核心原则，意味着投保人不能从保险活动中获利；也就是说，保险之所以存在是为了覆盖损失，而不是创造投机利润。

破产概率（Probability of ruin） 平均损失分布超过偿付能力基准价值（比如，最小盈余或实际净价值额）的概率。

财产每类超额再保险（Property per risk excess of loss） 为主保险人的任何超过每一类型风险的具体自留额的损失提供保险的再保险合同。

比例合约（Proportional agreement） 成数分保或溢额分保合同，这一合同号召保险人或再保险人按固定或可变保单限额比例等事先确定好的模式分担保费、风险敞口、损失以及按损失调整的支出。

限额预期保单（Prospective finite policy） 转换预期将在未来发生损失的时间风险的保险合同。

蜂巢式专属保险公司（Protected cell company） 与租赁式专属保险公司类似的专属保险公司，但其法律保护设计能为客户账户（单位）提供更有力的保护；各单位是被法律而不是被股东的协议所分割，这意味着资产间的混合是不可能的。

纯粹专属保险公司（Pure captive） 被单一发起者所拥有，并只为或主要为该发起者提供保险的注册保险公司或再保险公司，也被称为单一母公司专属保险公司。

纯巨灾互换（Pure catastrophe swap） 一种 OTC 交易，允许保险和再保险公司双方交换不相关的巨灾风险。

纯粹保费（Pure premium） 保险人收取的用于覆盖损失和经损失调整的支出的数额，是公平保费的组成部分。

纯粹风险（Pure risk） 只有造成损失而无获利可能性的风险，比如损失。

保护权益卖权（Put protected equity） 一种应急资本工具，公司从中介机构购买基于其本身股票的卖权，当股价下跌（如公司发生重大损失后）时可获得经济利得。

成数分保（Quota share） 一种比例再保险协议，根据该协议，保险人和再保险人同意按保单限额的固定比例，而不是按具体的金额来分配保费、风险、损失和经损失调整的支出。

随机变量（Random variable） 随机变量是具有不确定性结果的变量。变量可以是离散的（事件在特定时间段发生）或者是连续的（事件在任何时间点上发生），可能包含某一确定价值或任何价值。

保险费率（Rate on line） 保险总体获利能力的一个指标，以保险费除以保险额（上限）来计算。

再保险合约（Reinsurance contract） 保险人用以覆盖具体风险敞口的保险合同，合同可能在授权或谈判的基础上进行。

再保险集团（Reinsurance pool） 一组同意在一个联合的基础上承保风险的再保险人；在一个典型的再保险集团中，每一个成员同意按预先设定的比例分担损失（或者超过一定自留额的损失）。

租赁型专属保险公司（Rent-a-captive） 为有意愿进行自保但不想管理自己的专属保险项目的公司提供可利用的账户的一种专属保险公司；租赁型专属保险公司通过股东协议，将个体账户中的资产、负债以及风险敞口区分开来。

残值担保（Residual value guarantee） 一种或有财务担保，对所租出资产的残值风险提供保护，当发生损失时注入资本。

残值证券化（Residual value securitization） 一种保险连接型证券，通过将隐含在硬资产（价值高而稳定的资产）租赁中的残值变化风险转移给资本市场从而保护证券发行人。

分出转再保险人（Retrocedant） 从另一个保险人那里获得保险（将再保险风险分出）的再保险人。

转分保合约（Retrocession contract） 再保险人为了覆盖具体风险而采用的保险合同。

回溯性累积损失险（Retrospective aggregate loss cover） 分保人通过支付与准备金相等数额的保费，以及将向其他保险人分保的方式，为存在的损失及发生但未报告的损失进行融资的一种限额保险合同；然而，分保人必须在损失超过具体的数额时进行支付，因此，通过这种保险方式，相当于保留了部分的时间风险。

回溯性限额保单（Retrospective finite policy） 允许分保人对已经存在的责任风险和已经发生的损失进行管理的限额保险合同。通常的结构包括损失资产转移、逆向累积合约、回溯性累积损失险等，也被称作事后基金保单。

回溯性比率保单（Retrospectively rated policy） 要求分保人支付初始保费，以及在未来某一时间支付附加保费（比如，回溯保费）或获得偿还（比如，回溯性偿还）的损失敏感型保险合同，取决于任何已发生损失的规模。

反向可转换债券（Reverse convertible bond） 一种混合证券，授予发行人而不是投资人以确定的价格将债券转换成股票的权利。

风险（Risk） 未来结果或事件的不确定性。

风险厌恶（Risk aversion） 公司喜欢较小风险而不是较大风险，并愿意为保护/减轻损失支付价格的特性（比如，通过保险）。

风险容量（Risk capacity） 允许风险敞口从一方转移到另一方的风险范围。

风险识别（Risk identification） 对公司所有实际的、感觉到的以及预测的风险进行定义。

风险管理（Risk management） 风险决策制定的核心，这些风险决策指公司选择对风险敞口进行控制、保留、消除或扩展。

风险管理过程（Risk management process） 集中于对财务风险和经营风险进行识别、量化、管理和监控的四阶段过程。

风险管理技术（Risk management techniques） 通常被用以管理风险的一组方法，包括损失控制、损失融资以及风险降低。

风险监控（Risk monitoring） 对风险进行追踪和报告，并对其进行内外部交流。

风险理念（Risk philosophy） 反映了公司风险管理目标的声明。

风险分担（Risk pooling） 是风险分散在实务中的一个应用，也是风险管理市场的一个基本机制，它基于的思想就是独立的（比如，不相关的）风险可以被结合起来以降低整体的风险。

风险溢价（Risk premium） 风险规避公司为进行风险保护所进行的支付。

风险量化（Risk quantification） 确定风险能对公司经营产生的财务影响的过程。

风险降低（Risk reduction） 一种风险管理技术，包括从一种具有特定风险特征的业务中退出，或者通过资产池或资产组合技术分散风险敞口。

风险自留集团（Risk retention group） 一种风险自留工具，概念上与集团专属保险类似，一个集团通过资产池将组内成员的责任风险进行分散。

风险转移（Risk transfer） 一种损失融资技术，通过这种技术一方将风险敞口转移到另一方，通过支付一笔较小的、确定的成本（比如，风险溢价）以换取对特定损失的保护。

表定法（Schedule rating） 一种根据标的的物理特征对保费率进行调整的方法。

证券化（Securitization） 就是将一个企业资产负债表中的资产、负债或现金流通过可流通证券转移给第三方的过程。

高级专属保险公司（Senior captive） 更大地承保第三方业务，并获得更大额税收好处的一种纯粹专属保险公司形式。

单一文本法（Single text method） 将现存独立的保单重新整合到一份新保单中的过程，从而所有列明的风险起因都被包含于一个单一的协议之中。

子公司间专属保险公司（Sister captive） 纯粹专属保险公司的一种延伸。这种形式下的公司通常被发起者全资拥有，但是同时也为组成“经济大家庭”的所有成员服务，成员包括母公司的子公司及分公司以及控股公司的发起者。

软市场（Soft market） 来自于保险部门的过度保险容量供给导致保险价格降低的保险市场周期。

投机风险（Speculative risk） 既可能造成损失也可能产生利得的风险，比如，利得或损失。

延续损失保险合约（Spread loss） 限额再保险合同的一种，在这种合同下，分保人在一个多年期保险合同下，每年向经验账户支付保费；经验账户产生一个协议比率，被用以对任何发生的损失进行支付。如果任何一年中，该账户发生赤字，分保人就通过额外支付对短缺部分进行弥补；如果产生盈余，那么超额部分被归还。如果合同期满后，分散损失账户存在盈余，那么分保人和再保人按事先约定的比率对利润进行分配。

超额再保险止损（Stop loss excess of loss） 在考虑了其他的再保险形式之后，为整体保险结果提供保护的再保险协议。在这一协议下，当损失超过某一具体比率或数额时，将会获得补偿。

跨式组合期权（Straddle） 执行价格和期限相同的看涨和看跌期权的组合，多头方利用市场的高波动性来牟利，空头方利用市场的低波动性来牟利。

勒束式期权组合（Strangle） 执行价格不同但期限相同的看涨和看跌期权的组合，多头方利用市场的高波动性来牟利，空头方利用市场的低波动性来牟利。

水流量衍生产品（Stream flow derivative） 一种量身订制的衍生金融合约（远期、互换和期权），防范水道或地面的自然或调节的水流量风险。

代位求偿（Subrogation） 损失恢复的权力由分保人向保险人的转移。

盈余票据（Surplus notes） 一种次级证券，其功能和 CSN 很相像，但它是直接由公司而不是通过信托发行的。典型的盈余票据期限是 10 至 30 年，且必须经过保险监管部门的批准。

溢额分保（Surplus share） 再保险人同意在一个可变比率的基础上接受超过保险人自留限额的风险，但有一个确定的最大额度；分保人保留的数额被认为是一个险种并以货币表示。

互换/掉期（Swaps） 客户化的场外合约，根据这个合约，参与者按预先确定的指引定期交换流量。

转换触发（Switching trigger） 触发随着个体风险敞口在投保人的组合中的表现情况而有所变化（比如，如果公司的一个部门表现得很好，那么它可以就一种触发事件承担更多的风险）。

合成巨灾债券（Synthetic cat bond） 在巨灾债券中嵌入期权，允许但不是强迫债券发行人在需要的时候发行新的债券。

合成式的担保债务凭证（Synthetic collateralized debt obligation） 一种 CDO，基于资产被投资组合经理购买和进行积极管理，以取得期望的结果。基金型合成

CDO 是用发行票据方式筹集的资金来购买组合所实际持有的资产，而非基金型合成 CDO 则涉及使用信用衍生金融工具，包括总报酬互换、篮式期权或篮式互换。

气温衍生产品（Temperature derivative） 一种量身订制的衍生金融合约（远期、互换和期权），以几种气温指数之一为参照（如累积平均气温、取暖指数和制冷指数）。

气温连结型债券（Temperature-linked bond） 一种保险连结型证券，利息和本金的偿还与某一城市、城市群或地区的气候累积变化水平相关。

总报酬互换（Total return swaps） 对标的现金流头寸（比如，信用风险债券）的时间及规模进行综合复制的场外衍生工具。

交易信用证券化（Trade credit securitization） 一种保险连接型证券，是将交易信用保险向证券市场转移的一种结构安排。

合约再保险（Treaty reinsurance） 风险自动分保及被接受的再保险合同；主保险人事前同意按协商好的指引分保所有风险中的一部分，而再保险人必须要接受。

三重触发保单（Triple trigger） 在支付以前，三个事件都发生的保险合同。

投资不足（Under investment） 从信贷人而不是权益投资者的利益出发，将资本直接投向于回报和风险都较小的项目的现象。

未到期责任准备金（Unearned premium reserve） 属于资产负债表上的负债部分，代表着未偿付的，根据保单还未获得的那部分保费。

定值合同（Valued contract） 当损失发生时向分保人支付既定数额（事先协商好的）的保险合同。

可变触发（Variable trigger） 支付的价值取决于与定义的事件相关的该类触发发生的程度。

方差（Variance） 衡量风险的一般指标，反映各个结果偏离期望值的程度，具体表示为：方差 = 概率 × （结果 - 期望值）^{2}；风险也可以用标准差，即方差的平方根来衡量。

垂直分层（Vertical layering） 许多再保险人参与到超额损失再保险协议当中的过程，每一个再保险人选择自己喜好的那一层次风险敞口。

产量风险（Volumetric risk） 由于生产问题所造成的需求压力和供给限制所造成的产量不平衡而带来损失的风险。

风力衍生产品（Wind derivative） 一种量身订制的衍生金融合约（远期、互换和期权），当风速超过或低于规定的水平时要提供经济补偿。

参考文献

SELECTED BOOKS AND ARTICLE

Auer, M. and Berke, J. (2000) Risk management: Insuring the deal. *DailyDeal. com.*

Banham, R. (1994) Shopping the market for finite risk products. *Risk Management*, September, pp. 34 – 34.

Banks, E. (2004) *The Credit Risk of Complex Derivatives* (3rd edn). London: Palgrave Macmillan.

Banks, E. (2003) *Exchange-Traded Derivatives.* Chichester: John Wiley & Sons.

Banks, E. (2002) *The Simple Rules of Risk.* Chichester: John Wiley & Sons.

Banks, E. (Ed.) (2001) *Weather Risk Management.* London: Palgrave.

Banks, E. and Dunn, R. (2003) *Practical Risk Management.* Chichester: John Wiley & Sons.

Brealey, M. and Myers, S. (1981) *Principles of Corporate Finance.* New York: McGraw-Hill.

Buck, G. and Riches, P. (1999) *Risk Management: New Challenges and Solutions.* London: Reuters.

Carter, R., Lucas, L. and Ralph, N. (2000) *Reinsurance* (4th edn). London: Reactions.

Culp, C. (2001) *The ART of Risk Management.* New York: John Wiley & Sons.

Cummins, J. D., Harrington, S. and Klein, R. (1991) Cycles and crises in property/casualty insurance. *Journal of Insurance Regulation*, 10, 50 – 93.

Das, S. (2000) *Credit Derivatives and Credit Linked Notes* (2nd edn). New York: John Wiley & Sons.

Doherty, N. (1985) *Corporate Risk Management: A Financial Exposition.* New York: McGraw-Hill.

Doherty, N. (1997) *Financial innovation in the management of catastrophe risk.* University of Pennsylvania Working Paper.

Doherty, N. (2000) *Integrated Risk Management.* New York: McGraw-Hill.

Economist Intelligence Unit (2001) *Enterprise Risk Management: Implementing New Solutions.* Washington, DC: EIU.

Flitner, A. and Trupin, J. (2001) *Commercial Liability Insurance and Risk Management* (4th edn). Malvern, PA: American Institute for CPCU.

Froot, K. (1999) *The Financing of Catastrophic Risk*. Chicago: University of Chicago Press.

Froot, K., Scharfstein, D. and Stein, J. (1994) Risk management: Coordinating investment and financing policies. *Journal of Finance*, 48(5).

Hameed, O. (2000) ART: A legal view. *Global Reinsurance*, pp. 70 – 72.

Harrington, S. and Niehaus, G. (1999) *Risk Management and Insurance*. Boston: Irwin McGraw-Hill.

Hartwig, R. (2002) *The Long Shadow of September 11: Terrorism and its Impacts on Insurance and Reinsurance Markets*. New York: Insurance Information Institute.

Hoffmann, W. (1998) *Multline Multiyear Agreements*. Zurich: Swiss Re.

Kiln, R. (1991) *Reinsurance in Practice*. London: Witherby & Co.

Kloman, M. and Rosenbaum, D. (1982) The captive insurance phenomenon: A cautionary tale. *Geneva Papers in Risk and Insurance*, 7, 129 – 151.

KPMG (2001) ERM advice for pioneers. *Risk Management*, p. 64.

Lane, M. and Beckwith, R. (2001) Current trends in risk-linked securitization. *Risk Management*, August, pp. 17 – 28.

Matten, C. (2000) *Managing Bank Capital* (2nd edn). Chichester: John Wiley & Sons.

Mayers, D. and Smith, C. (1982) On the corporate demand for insurance. *Journal of Business*, 22, 281 – 296.

McDonald, R. (2003) *Derivatives Markets*. Boston: Addison Wesley.

Mehr, R. and Cammack, E. (1980) *Principles of Insurance* (7th edn). Homewood, Illinois: Irwin.

Monti, R. and Barile, A. (1995) *A Practical Guide to Finite Risk Insurance and Reinsurance*. New York: John Wiley & Sons.

Muller, A. (1999) Integrated risk management. Munich Re Working Paper, Munich.

Outreville, J. F. (1998) *Theory and Practice of Insurance*. Boston: Kluwer.

Phifer, R. (1996) *Reinsurance Fundamentals: Treaty and Facultative*. New York: John Wiley & Sons.

Pincott, A. (2001) *Transferring Risk: Insurance and its Alternatives*. London: Elborne Mitchell Publication.

Rejda, G. (2003) *Principles of Risk Management and Insurance* (8th edn). Boston: Addison Wesley.

Rosenbloom, J. S. (1972) *A Case Study in Risk Management*. New York: Meredith Corp.

Schon, E., Bochicchio, V. and Wolfram, E. (1998) *Integrated Risk Management Solutions*. Zurich: Swiss Re.

Shimpi, P. (2001) *Integrating Corporate Risk Management*. New York: Texere.

Shimpi, P. (2001) The insurative model. *Risk Management*, August, pp. 10 – 15.

Smithson, C. (1999) *Managing Financial Risk* (3rd edn). Boston: Irwin McGraw-Hill.

Sullivan, L. (2001) Building a risk management program from the ground up. *Risk Management*, pp. 25 – 29.

Swiss Re (1999) *ART For Corporations: A Passing Fashion or Risk Management for the 21st Century?* Zurich: Swiss Re Sigma Research.

Swiss Re (2003) *The Picture of ART*. Zurich: Swiss Re Sigma Research.

Tavakoli, J. (1998) *Credit Derivatives*, New York: John Wiley.

Tillinghast-Towers Perrin (2000) *ERM in the Insurance Industry* 2000 *Survey*, New York: Tillinghast.

Tillinghast-Towers Perrin (2000) *The September 11 Terrorist Attack: Analysis of the Impact on The Insurance Industry*. New York: Tillinghast.

Vaughan, E. and Vaughan, T. (2002) *Essentials of Risk Management and Insurance*, (2nd edn), New York: John Wiley & Sons.

Vaughan, E. and Vaughan. T. (2003) *Fundamentals of Risk and Insurance* (9th edn). New York: John Wiley & Sons.

Weinberg, E. (2002) *Foundations of Risk Management and Insurance*. Malvern, PA: American Institute for CPCU.

SELECTED INTERNET RESOURCES

Alternative Risk Transfer Portal: www. artemis. bm
American Insurance Association: www. aiadc. org
American Risk and Insurance Association: www. aria. org
Captive Insurance Companies Association: www. captive. com
Insurance Information Institute: www. iii. org
Insurance Services Office: www. iso. org
Risk and Insurance Management Society: www. rims. org